2015 年湖北医药学院硕士研究生启动金课题：乒乓球多球训练方法体系的构建（项目编号：2015QDJRW09），项目主持人。
2020 年湖北省教学研究项目：高校体育"课程思政"的切入和实现路径研究（项目编号：2020794），项目主持人。

U0733074

乒乓球项目教学与训练方法研究

王锋斌 著

吉林科学技术出版社

图书在版编目（CIP）数据

乒乓球项目教学与训练方法研究 / 王锋斌著. -- 长春：吉林科学技术出版社，2021.10
ISBN 978-7-5578-8827-5

Ⅰ.①乒… Ⅱ.①王… Ⅲ.①乒乓球运动 – 运动训练 – 研究 Ⅳ.①G846.2

中国版本图书馆CIP数据核字(2021)第199012号

乒乓球项目教学与训练方法研究

著　王锋斌
出 版 人　宛　霞
责任编辑　石　焱
封面设计　优盛文化
制　　版　优盛文化
幅面尺寸　170mm×240mm　1/16
字　　数　250千字
页　　数　228
印　　张　14.25
印　　数　1-200册
版　　次　2021年10月第1版
印　　次　2021年10月第1次印刷

出　　版　吉林科学技术出版社
发　　行　吉林科学技术出版社
地　　址　长春市净月区福祉大路5788号
邮　　编　130118
发行部电话/传真　0431-81629529　81629530　81629531
　　　　　　　　　81629532　81629533　81629534
储运部电话　0431-86059116
编辑部电话　0431-81629518
印　　刷　定州启航印刷有限公司

书　　号　ISBN 978-7-5578-8827-5
定　　价　70.00元

前　言
Preface

　　乒乓球运动自 19 世纪末诞生以来，在世界范围内已经有了 100 多年的发展历史。乒乓球在我国被誉为国球，已有 226 个国家和地区加入了国际乒乓球联合会。乒乓球运动是一项集健身、竞技、娱乐于一体的技能主导类隔网对抗性运动项目，对环境和设备要求简单，且参与者不受年龄、性别限制，因此普及度较高。

　　乒乓球运动具有球体小、变化多、技巧性强、趣味性高的特点，且能够满足人们对身体各部位锻炼的需求，不仅能够提升人的身体协调能力，使四肢更加灵活，还能够提升人体神经系统灵敏性，改善人体呼吸系统和血液循环系统的功能。作为全球性的运动项目，乒乓球运动备受各国人的喜爱，发展较为迅速，但作为对抗性比赛项目时，乒乓球运动因为观赏性和商业性有所限制，故期发展也处在一个较为尴尬的局面。

　　本书从乒乓球运动的起源和发展入手，研究分析了乒乓球运动的基本原理以及教学和训练方法，共分为十章内容：乒乓球运动概述、乒乓球运动的竞赛规则、乒乓球运动的基本理论知识、乒乓球技术训练、乒乓球削球打法训练、乒乓球双打训练、乒乓球战术教学与训练方法、乒乓球体能教学与训练方法、乒乓球综合训练方法、乒乓球项目教学与训练中常见问题解答。从基本理论逐步深入，针对乒乓球项目的技术、战术、体能、心理等各方面进行了全面分析研究，并总结概括了一些教学与训练方法，整体上架构了较为完善的理论知识和训练方法体系。由于作者水平有限，书中难免存在不足之处，敬请读者提出宝贵意见和建议。

目　录
Contents

第一章　乒乓球运动概述 ·· 001

第一节　乒乓球运动的起源 ·· 001

第二节　世界乒乓球运动发展概况 ·· 004

第三节　中国乒乓球运动的发展 ·· 012

第四节　中国乒乓球运动辉煌史 ·· 017

第二章　乒乓球运动的竞赛规则 ·· 022

第一节　乒乓球竞赛规则的发展历程 ·· 022

第二节　乒乓球竞赛规则的演变意义 ·· 028

第三节　乒乓球竞赛规则演变对乒乓球技术和训练的影响 ········· 031

第四节　乒乓球竞赛规则的演变趋势 ·· 037

第三章　乒乓球运动的基本理论知识 ································· 039

第一节　乒乓球运动的五大竞技要素 ·· 039

第二节　乒乓球运动的基本术语 ·· 047

第三节　乒乓球的基本站位、握拍方法和基本步法 ····················· 051

第四节　乒乓球运动的基本环节和动作结构 ······························· 056

第五节　乒乓球运动的力学原理 ·· 059

第六节　乒乓球运动器材 ·· 065

第四章　乒乓球技术训练 ·· 070

第一节　乒乓球运动的球性练习 ·· 070

第二节　乒乓球运动的基本技术 ·· 073

第三节　乒乓球技术打法的发展历程 ·· 097

第四节　乒乓球技术打法的发展趋势 ·················· 101

第五节　乒乓球单一技术和组合技术教学与训练规律 ·········· 103

第六节　乒乓球单一技术和组合技术教学与训练方法 ·········· 108

第五章　乒乓球削球打法训练 ····················· 113

第一节　乒乓球削球打法的发展历程 ················ 113

第二节　乒乓球削球打法的发展趋势 ················ 115

第三节　乒乓球削球打法训练方法 ················· 117

第四节　保障削球打法训练效果的因素分析 ············ 123

第五节　乒乓球削球打法的步法训练 ················ 128

第六章　乒乓球双打训练 ······················· 130

第一节　乒乓球双打的特点及基础知识 ··············· 130

第二节　乒乓球双打的站位和移动方法 ··············· 133

第三节　乒乓球双打的战术及训练方法 ··············· 135

第四节　多球训练法在双打训练中的应用 ·············· 140

第七章　乒乓球战术教学与训练方法 ················· 143

第一节　乒乓球战术的基本原则 ·················· 143

第二节　乒乓球的基本战术 ···················· 146

第三节　乒乓球战术意识的培养 ·················· 152

第四节　乒乓球战术行动训练 ··················· 155

第八章　乒乓球体能教学与训练方法 ················· 158

第一节　乒乓球体能训练综述 ··················· 158

第二节　乒乓球运动员体能特征分析 ················ 161

第三节　乒乓球专项力量素质训练 ················· 164

第四节　乒乓球专项灵敏素质训练 ················· 171

第五节　乒乓球专项耐力素质训练 ················· 173

第六节　乒乓球专项速度素质训练 ················· 177

第九章　乒乓球综合训练方法 ··· 184

第一节　乒乓球运动心理训练 ··· 184

第二节　乒乓球运动步法训练 ··· 191

第三节　乒乓球运动间歇训练法 ··· 196

第四节　乒乓球不同练习法在训练中的应用 ······················· 199

第十章　乒乓球项目教学与训练中常见问题解答 ··················· 204

参考文献 ··· 216

第一章　乒乓球运动概述

第一节　乒乓球运动的起源

一、乒乓球运动起源说

（一）网球起源说

网球运动的雏形应该是古老的游戏"室内网球"。1 000多年前，网球运动是靠手掌的掌心来进行击球的，后来改用皮革或布对手掌进行包裹然后击球，直到16世纪人们才开始用紧绷的线做成的球拍进行击球。据传19世纪末，草地网球是一项很流行的运动，因其受到天气和场地的限制极大，所以有些游戏制造商从草地网球获得了灵感，发展出了以室内球类运动为主题的游戏，从而诞生了乒乓球运动。

（二）羽毛球起源说

还有一种说法是乒乓球运动起源于羽毛球运动，最初的羽毛球游戏就是采用两个拍子，在中间无网的场地随意击打带羽毛的球类。人们曾经在一件1760年创作的雕刻作品中看出是两个中国小孩在用木球拍对小圆球进行击打，很像没有球台的乒乓球。

（三）英国大学生起源说

现今较为被认可的一种说法是，乒乓球运动起源于英国大学生。19世纪末，欧洲正盛行网球运动，不过由于网球很容易受到天气和场地的限制，所以有些英国大学生就将网球运动移到了室内，消除了网球受场地限制的弊端，用餐桌当球台，用硬纸板当球拍，把书立起来当球网，将网球在餐桌上打来打去。作为一种娱乐游戏，这个运动并没有什么统一的规则，而是根据不同的场地环境来制定规则，如可以将球直接发到对方的台面，也可以把球发到自己台面再弹到对方台面。球拍也多种多样，可以用硬纸板，也可以将球拍制作成类似网球拍的形状。为了不破坏家具，对球也会进行一定的加工，如在球外包裹一层毛线等。这种娱乐游戏虽然不如网球刺激，但也能让人乐此不疲，因为是从网球延伸而来，也被称为"桌上网球"。1890年，几个英国海军军官偶然发现了这种"桌上网球"运动，感觉颇为刺激。这种受场地和天气限制极小的娱乐型运动逐渐在英国流行起来。

（四）其他起源说

日本起源说：2 000多年前日本宫廷就流行一种用羽毛毽子做球的游戏，有人认为乒乓球是由这种游戏变化而来。俄罗斯起源说：19世纪初期俄罗斯曾流行一种用网球球拍击打插着羽毛的软木塞的游戏，被称为飞球，不过后来因为室外天气过于寒冷，所以迁入室内，本来巨大的网球球拍也相应产生了变化，从而促进了乒乓球运动的诞生。中国起源说：在清初，中国就已经有台球在民间流行，四川和云南交界山区的苗族人用晒干的果子当球，用门板当球台，用带柄的小木板当拍来两边对打，还有记载说清末时珠江流域也盛行类似游戏，不过不是用干果当球，而是用猪尿泡吹气做球，弹性很大，可以在空中、地上和桌上进行对打。南美洲起源说：哥伦布时期，南美的印第安人就用橡胶树的汁液做成实心球，将其晾干后进行击打，后来哥伦布或其他的探险者发现了这个游戏并将其带回了欧洲，从此在民间传开。

二、起源之地的争论

关于乒乓球运动的起源，世界各国有着不同的版本，不过争论最大的还是其到底起源于美国还是起源于英国。

（一）起源地美国说

据可查资料，"桌球"这个名字最早出现于1884年一个纽约人发明的游戏里。1887年，美国游戏公司帕克兄弟在游戏中正式使用"桌球"这个名字。1901年帕克兄弟通过英国的经销商杰奎斯及其儿子的乒乓球器材公司在美国专利办公室注册了"乒乓"的专利商标，于是已经在英国流行起来的乒乓球运动的所有器材上都开始标注美国的标志和专利号，并且这些器材也开始在美国销售。没过多久，帕克兄弟又从杰奎斯手里买断了全世界"乒乓"的版权，之后随着乒乓球的流行和竞技比赛的举办，乒乓球遍布全球。因为"乒乓"的版权在美国帕克兄弟公司的手中，所以人们后来就都认为乒乓球起源地就是美国。

（二）起源地英国说

相关资料记载，1886 年甚至更早，英国的体育用品公司埃尔斯公司就在销售一种游戏器材——用微型球拍进行游戏的草地网球，并特别注明了这个游戏不是在桌上玩的，而是在铺着厚实的绿色毡面的地上进行的。也正是因为这条特别说明，很多人认为乒乓球运动的起源地就是英国。

对大量资料进行分析后，会发现乒乓球起源地的争论很可能与商业利益有关。比如，最初的乒乓球器材就是由英国的杰奎斯及其儿子的公司制造，而在 1898 年之前，杰奎斯的公司就已经注册了一种击打橡胶球的室内游戏，名称就是乒乓球。只是后来美国的帕克兄弟公司预见了乒乓球的巨大商机，于是在 1901 年将乒乓球的商标专利掌握在自己手里。

尽管无法通过证据来确定乒乓球到底起源于哪里，但如今一致公认的最早有关"乒乓球"的文字记载就是出自英国：乒乓球源于 19 世纪 80 年代的英格兰，为上层社会晚餐后的一项客厅游戏活动。

三、"乒乓球"名字的诞生

根据历史的考证和各种起源说，现在大家普通认可网球运动就是乒乓球运动的前身。不过最初乒乓球并不是这个名字，而是被称为"桌上网球"或"桌球"，因为乒乓球最初用的是弹性不大的实心球，弹跳效果并不好，后来有人改用实心橡胶球，但又有些过重。1900 年前后，一位英国人从美国带回了用赛璐珞制成的空心玩具球，并用它代替了实心橡胶球，又有人用木拍代替了原来的纸板或网拍，"桌上网球"的娱乐性得到了巨大改善。因为空心塑料球有较大的弹力，而且在和木板与球台碰击时会发出"乒、乓"的声音，所以英国一家体育用品公司首先用"乒乓"作为了广告上的运动名称，后来"乒乓球"就成了这项运动的正式名称。

1900—1904 年，乒乓球运动得到了迅速发展，甚至改良版的乒乓球在这段时期就已经传到了日本。1904 年 12 月，乒乓球运动从日本传到了中国，最初是上海一家文具店从日本购回了几套乒乓球器材，用于在店内的表演，随后了解乒乓球的人越来越多，最终乒乓球在中国流行起来。1905—1910年，乒乓球运动在欧洲流行传播开来，很快又传到了韩国。后来因为第一次世界大战爆发，本来已经在欧洲发展很好的乒乓球运动进入了停顿时期。直到20世纪20年代，乒乓球运动才在热爱此运动的人们的推动下，重新在英国活跃起来，也是从这时起，乒乓球运动逐渐在全球范围内引起了人们的关注，原本仅限于家庭的游戏正式成为运动项目。1926年12月，国际乒乓球联合会（以下简称"国际乒联"）正式成立。

第二节　世界乒乓球运动发展概况

一、世界乒乓球运动发展历程

（一）欧洲鼎盛，竞赛规则完善期：1926—1951年

1926—1951年，除1939年世乒赛在埃及举办之外，其余17届世界乒乓球锦标赛（以下简称"世乒赛"）的举办地都在欧洲，且参赛的队伍也主要来自欧洲。在这18届世乒赛中共产生了117个冠军，除去美国获得过8个冠军外，其余的冠军都由欧洲运动员获得，最为突出的就是匈牙利队，差不多占有一半的世界冠军。

在这段时期，世乒赛主导的打法是削球和削攻结合，总结起来就是先防好自己，自己少失误，然后让对方多失误。之所以采用这种打法，第一个原因就是球拍具有利守不利攻的特性，当时运动员使用的多是颗粒胶皮的球拍，这种球拍弹性小且易掌控，摩擦力较大能够轻易让球旋转，用这种球拍防守既稳健又容易使球旋转，可以增加对手的失误，但用来进攻则明显表现出进攻力量不大和球速不快的特点；第二个原因则是球台的限制，当时球台宽度为146.4厘米，而球网高度为17厘米，所用的球是软式球，球台较窄但球网较高，球体弹力又较大，明显利守不利攻；第三个原因是当时处于乒乓球运动的发展初期，高难度的技术还没有掌控，贸然攻球特别是大板扣杀很容易自己先发生失误，且技术难度很高，而削球的失误较少，防守起来更加稳健；第四个原因则是当时的比赛中曾出现过原本领先，但因为急于进攻丢了决胜局，最后输掉了原本能获胜的比赛的情况，所以当时的运动员大多认为稳健的防守与减少自身失误和丢分才是获取胜利的最佳方法。

　　这段时期乒乓球比赛的规则也有些不足，在第 11 届世乒赛之前，大赛并未对比赛时间进行限制，所以曾多次发生过"马拉松"式的比赛。以第十届世乒赛为例：男单第 3 轮的一场比赛足足打了 7 个多小时都没结束，最后只能通过抛硬币来定胜负；在波兰和罗马尼亚的一场比赛中，双方打了两个小时 12 分钟才得到了这场比赛的第 1 分，甚至回合数过多导致裁判颈部受伤而换人；奥地利和罗马尼亚的男子团体决赛甚至整整持续了 2 天 11 个小时。为了控制比赛时间，在第十届世乒赛之后，国际乒联修改了原本不设时间限制的比赛规则，重新确立了一套规则：三局两胜的单打比赛不得超过 1 小时，五局三胜的比赛则不得超过 1 小时 45 分钟，如果运动员无法在规定时间内完成比赛，裁判有权直接取消两位运动员的比赛资格。正是因为这个规定的实施，在第十一届世乒赛美国和奥地利的女单决赛中，两位女运动员打了 1 小时 45 分钟仍然不分上下，裁判就以比赛超时为由判定两人双双取消比赛资格，甚至此次判罚直接导致了刚以 16 岁零 9 个月的年龄成为世界冠军的天才少女阿朗斯心灰意冷地退出了乒坛。自此后第 11 届世乒赛女单冠军的席位一直显示为空缺，直到 2001 年国际乒联才将记录修改为双方均是冠军，可时隔多年，两位运动员都已经先后离世，但也终于恢复了名誉。

　　这段时期内，乒乓球的规则和器材的改革都对乒乓球的技术发展起到了巨大的促进作用。比如，球台加宽到 152.5 厘米，球网降低到 15.25 厘米，球体改为硬球，限制比赛时间，禁止在发球前用手指旋转球，等等。这些改革对乒乓球运动的发展起到了巨大的推动作用，为攻球创造了有利的条件，促进了削攻结合打法的发展，更能为观众提供精彩而刺激的乒乓球比赛。

（二）日本称雄，打法改革期：1952—1959 年

　　1952 年，日本参加了第 19 届世乒赛，而令世界惊叹的是，这一年日本虽然仅有三男两女一共五个运动员参加比赛，但是在比赛过程中他们手握海绵球拍，采用直拍全攻型的打法，在 7 个比赛项目中一鸣惊人地获得了男子单双打、女子团体和女子双打四项冠军。这一结果也令原本在世界乒乓球技术中占据绝对优势的防守型削球打法优势开始减弱，向攻球打法发生转变。

　　从这一年到 1959 年的七届世乒赛中共计产生了 49 个锦标冠军，而日本就独占 24 个。在这七届世乒赛中日本之所以能够获得如此优异的成就，原因如下：

　　首先，日本运动员的基本功异常扎实，尤其是正手攻球的动作出奇稳定，击球力量大却不失水准。因为基本功扎实，所以遇到机会时就更容易抓住机

会，从而在关键时刻能够百发百中拿下分数。

其次，他们敢于创新。一是海绵拍配合进攻打法的创新。海绵拍在1951年第18届世乒赛上就曾由一位奥地利队员使用，但没有引起人们的注意，而日本队却发现了机会，因为海绵拍恰好能匹配日本的传统进攻打法，为了使其更加适合自己，日本还将海绵拍进行了细微改造，将海绵变软，使日本运动员用其使出进攻打法时更加有力，从而能够取得更大的进步。二是握拍的创新。之前世界乒坛的主流打法是横握拍削球，而日本却独树一帜，采用了直握拍远台全攻型打法，更加适合进攻打法。

最后则是日本运动员的气势和心态，虽然在参加世乒赛之前日本国内乒乓球界纷争不断，但也恰因为此，日本队员都拥有顽强的意志力，他们不管是在比赛中处于领先还是落后，都能够尽最大可能保持心态的平稳，凭借顽强的意志全力以赴，这种非凡的气势足以压制对手。

日本使用的海绵拍横空出世后遭到了很多人的反对，甚至有人要求将海绵拍取缔，这最终推动了国际乒联再一次进行革新。1959年，国际乒联作出了将球拍规格化的决定：球拍的形状、大小和重量无特殊规定，底板应平整坚硬，球拍海绵上必须覆盖正胶粒皮或反胶胶皮，海绵和胶皮的总厚度不得超过4毫米，其中胶皮的厚度不得超过2毫米。国际乒联对球拍的革新极大地提升了球拍击打乒乓球时的力量，提高了乒乓球的速度，很大程度上推动了乒乓球技术的快速发展，也促进了中国乒乓球运动在世界上的迅速崛起。

（三）中国崛起，亚洲争锋期：1960—1969年

1957年第24届世乒赛上，国际乒联作出了一项重要决定：将每年举办一届的世乒赛正式更改为每两年举办一届。1959年第25届世乒赛正值日本队处在巅峰状态之时，中国横空出世，中国运动员荣国团在男单比赛中连续战胜多国高手，夺得了中国有史以来第一个世乒赛冠军。1961年第26届世乒赛，中国获得了首次世界女子单打冠军。从1961年到1965年的三届世乒赛共有21个锦标冠军，中国就独占11个。这段时期，世界乒坛处于中日争霸的阶段，日本创造了一种新的技术打法——弧圈球，不过因为还处于初级阶段，虽然打出的球旋转强烈，但是弱点也较为明显，弧线过高、速度过慢，所以并没有展现出弧圈球应有的威力。而中国独具"快、准、狠、变"风格的近台快攻打法和以"稳、低、转、攻"为指导思想的削球打法将世界乒乓球运动推向了一个新的发展阶段。

第29和30届世乒赛中国并未参加，尤其是第29届世乒赛，直接给了日

本队一次夺取全部七项冠军奖杯的机会，而且在此次世乒赛中，朝鲜乒乓球队崭露头角，女队成为世界强队之一，而男队则连续打败欧洲强国各队，负于日本夺得了团体亚军。

（四）欧洲复兴，亚欧对抗期：1970—1979 年

进入 20 世纪 70 年代，世界乒乓球技术开始迅猛发展，欧洲运动员通过数十年的努力，闯出了一条新的发展道路。比如，欧洲运动员融合中国快攻和日本弧圈球打法的优点，同时结合欧洲人自身身材高大、习惯横握拍的特点，在 1970 年，奥地利创造了防弧球拍，并在 1971 年创造出了横拍弧圈结合快攻打法，同时瑞典创造出横拍快攻结合弧圈的打法，这两种打法的创新和发展让欧洲乒乓球运动开始走上复兴之路。在第 31 届世乒赛上，瑞典队连续战胜了中国和日本，一举夺得了男子单打冠军；第 32 届世乒赛，瑞典男队再次发威，打破了亚洲保持了长达 20 年的团体冠军记录，重新夺回男团锦标冠军；中国队则继续坚持和发展快攻打法，先是提出了反贴打快攻的新打法，又用反贴打快攻结合弧圈球的打法夺得了第 32 届世乒赛男子单打冠军；第 33 届世乒赛，男子单打冠军由匈牙利猛将约尼尔获得，而中国则重新夺回男团冠军；在第 35 届世乒赛上，匈牙利失去男团冠军奖杯 27 年后再次获得男子团体冠军，南斯拉夫则在丢掉男双冠军 25 年后重新夺回。

1970 到 1979 年五届世乒赛共计 35 项冠军，中国独占近一半，加上日本和朝鲜，亚洲整体实力依旧强于欧洲，所以这个阶段属于亚欧对抗时期，亚洲以中国、日本、朝鲜和韩国为代表，欧洲则以匈牙利和瑞典为代表，不断争锋瓜分锦标冠军，形成了群雄争霸的局面。

（五）中国高峰，独抗各国期：1980—1988 年

从 1981 年开始，到 1987 年第 39 届世乒赛，整个世界乒坛格局是男子方面欧亚势均力敌，女子方面亚洲强于欧洲，但中国独自站在冠军高峰多年。尤其是 1981 年第 36 届世乒赛，中国创造了世界乒坛自始以来从未有过的一个国家包揽所有冠军的记录：囊括了 7 项锦标赛冠军以及 5 个单项的亚军，相当于中国接近于独揽整个第 36 届世乒赛的高级冠军杯。且在之后的第 37 届、第 38 届、第 39 届世乒赛上，中国又连续 3 次获得了 6 项世界冠军。

（六）中国低谷，欧洲奋起期：1989—1994 年

中国乒乓球队在经历了 20 世纪 80 年代初的巅峰之后，在 20 世纪 80 年代末却一下子跌到了低谷。1989 年第 40 届世乒赛上，中国男队把单打、双打

和团体的冠军统统丢掉了。而且从第40届世乒赛开始，欧洲运动员又再次奋起了：1989年第40届世乒赛，欧洲运动员囊括了男单、男双和男团所有比赛项目的冠军；1991年第41届世乒赛，欧洲运动员获得了男双冠军，同时获得了男团前五名和男单前两名；1993年第42届世乒赛上，欧、亚两洲之间真正形成了势均力敌、平分秋色的局面，冠军被欧洲所得，男子单打的前四名也全部都是欧洲运动员，但是女单、女双和女团比赛的前四名都是亚洲运动员。在第42届世乒赛男单比赛中，世界乒乓球技术也显现了一种技术全面、近台、快速、凶狠且速战速决的新趋势。

分析欧洲运动员再次奋起的过程，可以发现其能够奋起最主要的原因有以下两点。

（1）欧洲运动员从防守型打法走上旋转与速度相结合的攻击道路之后，攻击力一直未能达到巅峰，但一直拥有着旺盛的生命力。攻击无法达到巅峰最大的问题在于技术上的漏洞，如因为身高臂长不擅长而处理台内球、发球局时前三板球得分率低且不够强、反手的攻击发力欠缺等，这些漏洞迟迟没有得到突破和完善。但随着时间的推移，到20世纪80年代末期他们的这些漏洞和缺点终于得到了弥补，台内、近台、中远台能攻，正手、反手和侧身也能攻，上旋、下旋、高球、低球都能攻。从此时开始，欧洲运动员终于形成了名副其实的全方位进攻型打法。

欧洲运动员的打法开始符合世界乒乓球技术的发展方向，主动积极弥补短板、尽全力发挥自身特长、不断全面发展自身技术、在技术全面的基础之上实现战术多变等，如主动积极弥补短板方面，欧洲本来的前三板球一直不够强悍，但他们一直在主动加强前三板球的进攻意识，也一直在培养运动员这方面的能力。前三板原本是中国队员特长，从第40届世乒赛统计数据来看，前三板的优势已经倾向欧洲运动员。在发挥自身特长方面，欧洲运动员也表现得很好，如第42届世乒赛男单冠军法国运动员盖亭，他擅长左手横握拍，打法虽然依旧是中近台两面拉弧圈的范畴，但是更加凶狠和主动，他会从发球和接球时起就尽一切可能抢拉，充分发挥和突出自身正手杀伤力强的特点和优势。第42届世乒赛男单亚军比利时运动员赛弗则正手和反手都能进攻，近台攻势凶猛，反冲弧圈球也非常出色，经常发球抢攻和抢拉半出台球，能够连续凶狠地进攻。第40届世乒赛男单冠军瑞典运动员瓦尔德内尔则创造性使用了"横拍直握"发球方法，发球技术在世界乒坛首屈一指，且极大地推动了欧洲前三板技术的提高，瓦尔德内尔的战术意识极强，对比赛节奏的掌控力鲜有人及，正手上手意识好，多以侧旋弧圈球为主，反手则可拉可打，技术手段极为丰富，被称为乒坛游击队长。

（2）欧洲运动员为了弥补自身的短板，会将训练和比赛紧密结合在一起，从而达到以赛代练、以练养赛的目的。也正是因为如此，欧洲运动员对比赛的适应能力特别强，从而锻炼出了异常坚韧的心理素质，在比赛中的关键场次或者关键时刻，表现会更加突出，能够冷静而恰当地处理比赛中遇到的任何问题。

（七）再攀高峰，中国一花独秀期：1995 年至今

1995 年第 43 届世乒赛，中国队终于从低谷期走出，在继 1981 年囊括世乒赛全冠军之后，中国队再次夺得世乒赛 7 项冠军，再度创造了辉煌，重新攀上了世界乒坛的巅峰。这一次中国队的胜利再次改变了世界乒坛的实力次序。1997 年第 44 届世乒赛，中国夺得六项冠军；1999 年第 45 届世乒赛中国又一次获得了 5 个单项的冠亚军；2001 年第 46 届世乒赛，中国第三次包揽了全部 7 项冠军……

自 2000 年之后，乒乓球三大赛事（世乒赛、奥运会、世界杯）共产生了 200 多个世界冠军，而中国乒乓球队就占据了大约 90%，中国乒乓球在世界乒坛的顶尖地位已然确立。虽然后期国际乒联进行了一系列针对中国乒乓球的改革，如乒乓球从小球改为大球，分制从 21 分改为 11 分，对发球也提出了众多新规定，但仍旧没有打破中国一枝独秀的局面，中国乒乓球队在一次次世乒赛中不断创造佳绩，走在了世界乒坛的前列。

从 1926 年第一届世乒赛至今已经走过了近百个年头，纵观整个世界乒乓球运动的发展，其实还是存在一定可见的规律。

（1）在一定时期内，某一类打法可能会显得较为优越，如欧洲的防守削球打法被日本的长抽进攻打法所替代，随后日本又被中国近台快攻打法所替代，之后欧洲又发展出快攻结合弧圈和弧圈结合快攻的打法。但是相对来说，任何打法的优越性均不是绝对的，只有不同的打法和技术不断融合创新，才有利于乒乓球技术的发展。

（2）乒乓球技术的发展符合事物发展的规律，都是从低级向高级、从简单到复杂的发展模式，乒乓球技术会不断完善，战术会越来越多变，只有全面提升基础技术和素质，才有可能在竞争激烈的乒乓球竞赛之中获得一席之地。

（3）乒乓球规则的变化和器具的发展改革与时代的发展和各国的实力有着密切的关系。比如，球台宽度和球网高度的调整都是为了适应乒乓球的飞速发展；日本海绵拍崛起后，国际乒联对球拍进行了限定。

（4）任何一个时期和阶段的乒乓球运动的佼佼者的崛起都是因为在某些方面有所突破和创新，或是在打法、技术上的创新，或是在器具运用上的创新，或是在训练方法上的创新，或是在整体素质上的突破。

（5）现今的乒乓球运动已经发展到了更高级的阶段，单纯的速度、旋转、力量和战术变化已经无法满足竞技的需求，必须将这些因素紧密结合起来，各个层面都需要达到一定高度，然后进行融合创新。竞技运动员不仅需要有一套属于自身的独特打法和优势，也需要兼备其他类型的打法，研究其他打法和战术的优势，同时培养出能够应对各类打法的全面能力。

二、世界乒乓球运动发展现状

（一）超级联赛发展过于缓慢

乒乓球是中国的国球，而中国作为世界上人口最多的国家，经常打乒乓球的人口基数十分巨大，无论是乒乓球运动的竞技比赛水平还是联赛的开展规模都处在世界的前列。然而，近几届乒乓球世界大赛比赛现场的观众上座率、转播的收视率还有世界媒体对各种超级联赛的关注度都已经陷入极其低迷的状态，这和乒乓球超级联赛的运作和经营管理模式创新度较低有很大的关系。乒乓球的超级联赛发展缓慢、举步维艰，这种状况给乒乓球爱好者以及乒乓球经营管理者都带来了巨大的压力和挑战。本来乒乓球超级联赛作为世界级高水平比赛，应该像美国 NBA、巴西足球、加拿大冰球等一样，带动世界各个国家乒乓球水平高速发展，但是目前的状况却令人担忧，乒乓球超级联赛的低迷势必会削弱人们对乒乓球运动的热情。

（二）世界乒乓球运动欧美人才匮乏

如今世界乒乓球运动人才多数集中在以中国为核心的东亚，而欧美的乒乓球后备人才严重匮乏，显得后继无人，尤其是瑞典、比利时、德国、奥地利等原本的乒乓球运动强国，一批批乒乓球老运动员退役之后，后补的人才却未得到发展和及时填补，使这些国家的乒乓球运动水平下降严重。与东亚地区乒乓球运动的实力不断增强不同的是，欧洲因为后续力量不足造成其和亚洲的乒乓球实力相差越来越大，其他国家的情况更加严峻，乒乓球运动人才青黄不接，这造成乒乓球运动成了以东亚为中心，以中国为主力的发展模式，如果继续以这种情况发展，乒乓球运动很容易失去世界性运动的特性，从而成为一个国家化和地域化的运动项目。

（三）世界乒乓球运动的商业价值

现如今世界级的乒乓球大赛的商业价值正在被重新评估，以奥运会的乒乓球项目为例，本身奥运会的规模就在不断增加，很多主办城市举办一次奥运会会给城市带来巨大经济和社会压力，因此减少奥运会的比赛项目已经成为一种降低负担的做法，一项体育运动是否具有商业价值，主要体现在观众是否喜欢看、项目是否有很多人参加这两个方面，若运动项目没有观众支持、没有运动员参加，也就意味着这项运动没有市场。乒乓球运动现今流行的主地域是亚洲和欧洲，这使乒乓球运动在世界范围内的商业价值极为受限制，这也成为世界乒乓球运动发展的一个内在阻力。

三、世界乒乓球运动发展出路

（一）中国需为世界乒乓球运动均衡发展而努力

（1）2009年初，中国乒乓球协会（以下简称"中国乒协"）曾经提出了一项关乎世界乒乓球运动未来发展的长远计划：养狼计划。即让中国高水准乒乓球运动员走出去，然后将世界各地优秀的潜力乒乓球运动员请进来。相当于由中国来训练外国乒乓球运动员，来帮助世界乒乓球运动员提高水平，缩小中国与世界的差距。这样做一方面是为了让乒乓球运动更加国际化，提高乒乓球运动的活力；另一方面则是为了增强竞争对手实力，增加比赛的观赏性。

（2）现如今中国各级乒乓球训练队以及中国乒乓球超级联赛都已经对全世界开放，世界各国乒乓球协会和运动员都能够进行训练和参加比赛。这样做一方面能够拉近世界乒乓球运动员整体的差距，提高世界乒乓球的整体实力；另一方面则能让中国逐渐成为培养各国乒乓球明星的摇篮，就如同美国NBA赛场。与此同时，中国的乒乓球超级联赛还需要进行市场化运作，不能仅仅为战而战，还应该为培养世界级乒乓球忠实球迷以及规范超级联赛的市场运作付出努力。

（二）世界各国需为乒乓球发展而努力

自从中国开始实行走出去请进来的乒乓球培训模式，很多国家开始逐步接纳中国高水平的乒乓球运动员，学习他们的经验和技术，融合到自身发展之中。另外，各国应学习欧洲杯的模式，逐渐将乒乓球运动办成各国各洲的顶级赛事，从而提升乒乓球运动的影响力。影响力提升后世界级大企业就会参与进来，同时会吸引人们的关注，乒乓球超级联赛自然就会被推向全球。当然，世界各国文化有所差异，在训练和培养运动员以及举办超级联赛的过程中，还需要考虑自身运动员的实际情况，加强与其他乒乓球强国之间的交流和合作，最终为世界乒乓球的发展做出贡献。

（三）国际乒联需为乒乓球发展而努力

2018 年，国际乒联迎来了一支崭新而年轻的领导团队，这支领导团队担心现有的乒乓球赛事已经无法满足核心利益相关部门及国家的需求，因此开始着手对世界乒乓球的赛事进行改革。

比如，乒乓球运动是各个国家参与度最高的运动项目之一，但是国际乒联举办的赛事奖金却不够高，很多赛事受到的关注度很少，如果长此以往，与足球、篮球、台球等运动商业价值增长的差距就会越拉越大。为了改变这一现状，国际乒联决定组办世界乒乓球职业大联盟（WTT），即世乒联系列赛事。世乒联的目标是助力国际乒联的赛事全面升级，从而进一步提升乒乓球运动在世界上的影响力，为世界乒乓球的发展做出自己的贡献。当然，世乒联赛事的主要目的是打造有利于球迷以及球员的平台和组织，从而最终优化赛事结构和奖金构成，为彻底革新乒乓球运动打下坚实的基础。现如今中国乒乓球协会主席刘国梁已经就任世乒联理事会主席，相信在这个瞬息万变、竞争激烈的体育市场中，乒乓球运动能够在众人的努力之下创造出一个全新的未来。

第三节　中国乒乓球运动的发展

一、中国乒乓球运动的开端

关于乒乓球运动在我国的开端，现如今较为被大众所接受的一种说法是1904 年由上海一家文具店老板引入，这位老板在日本看到了乒乓球的表演，于是从日本进口了一些乒乓球器材，包括球拍、球台、球网和球，然后将乒乓球器材摆在店中，并亲自进行示范来介绍这个游戏该如何进行，以便吸引顾客，自此乒乓球运动在上海推广开来。也有另一种说法是 1902 年一位欧洲人在天津寄出了一张明信片，明信片上用法文写道在天津的那些欧洲家庭中流行着乒乓球。

尽管直到如今也无法确定现代乒乓球运动到底是何时何地被何人引入中国，但可以确定的是现代乒乓球运动引入中国的时间是在 1900—1905 年。乒乓球运动被引入中国之后，曾经沉寂了很长一段时间，在最初的 10 余年中，乒乓球运动只是在上海、广州、天津等一些沿海较开放的城市开展，而且大多是一些由外国人控制的机构中的外国人和少数中国人会进行乒乓球娱乐活动，之后流行到了少数学校里面，在学校之外很难看到乒乓球的踪迹。那段时期大部分中国人对外国人打乒乓球明显抱有嘲讽和怀疑的态度。

1916 年，上海中华基督教青年会的童子部三位干事首创了青年会童子部乒乓球娱乐运动，他们购置了多套乒乓球器材，供青年会会员进行娱乐，这是中国乒乓球组织化的开端，也是中国乒乓球比赛的雏形。

二、中国乒乓球运动初传播

1918 年，乒乓球运动开始在全中国传播，练习乒乓球的人逐渐多了起来，尤其是上海市现四川中路 599 号的上海中华基督教青年会里，打乒乓球的人越来越多。为了更好地规范和管理乒乓球运动，青年会的干事顾光祖先生、青年会日校的唐昌民先生与青年会夜校的俞斌祺先生一起发起倡议，成立了上海乒乓球联合会。1919 年之后，上海乒乓球联合会开始组织乒乓球团体比赛，这是中国乒乓球运动团体比赛的开端。

1918 年前后，广州一些小学也开始在体育教师的指导下开展乒乓球运动，从 1926 年开始，广州有了正式的乒乓球比赛；1920 年，香港有了乒乓球运动，并于 1925 年组织了一个乒乓球联合队；1923 年，天津基督教青年会也开始在少年游戏室设置乒乓球台。

1924 年，在乒乓球界很多热心人士的多次努力下，乒乓球运动终于被列为全运会的表演项目，同时上海和天津等地出现了一些被称为比赛会的组织，只是这些推广活动并没有取得良好的效果。1925 年春天，日本某乒乓球代表捐助了一只大银杯作为上海中日乒乓球比赛的锦标，这次比赛是中日之间在中国的第一次较量，最终中国乒乓球队夺得了锦标。1927 年，中日两国乒乓球专家协定了乒乓球比赛的一些规则，之后日本发来邀请函进行乒乓球交流，中国由俞斌祺带领中华队前往日本进行乒乓球友好交流，最终取得了 6 场 4 胜的好成绩。1927 年 8 月，第八届远东运动会在上海举行，乒乓球比赛作为会外表演在远东运动会一鸣惊人，因为中国队成绩斐然，所以乒乓球运动开始引起国人的注意。之后各地开始组织乒乓球队伍，其中上海乒乓球运动的发展最为鼎盛。1927 年，戴季陶先生在广东发起了运动会，乒乓球也被作为一项运动列入了锦标比赛中。在这之后，广州和中国香港、澳门等地经常举行乒乓球比赛。天津和北京也开始出现一些拥有实力的乒乓球队，两地间开始举办友谊赛。山东青岛和济南等地也逐渐开始组织乒乓球比赛。1921—1930 年，中国各地的乒乓球竞赛接连不断，虽然这些比赛是由乒乓球团体发起，但奖品大多是由一些机关和商家捐赠，所以大多数比赛都是在为一些商家进行广告宣传。尽管如此，这些层出不穷的比赛也在快速推进着中国乒乓球运动的发展。

1927 年，中国乒乓球运动发展如火如荼时，日本大阪的乒乓球联合会考虑到比赛规则的需要，想和中国共同商议制定规则，所以联系了上海乒乓球联合会，只是上海乒乓球联合会认为自身并不能代表全中国，因此在报纸刊登了信息，听取了各方的意见和建议，最终采取委员会制的方式组成了全国乒乓球联合会，虽然最后因为这个全国乒乓球联合会的主要功用是对外交流，所以成立不久就名存实亡了，但这是中国全国性乒乓球组织的第一次尝试。

1935 年初，全国不少地方都开始组建乒乓球队，不断进行交流赛，在此情况下，上海成立了真正意义上的全国性乒乓球组织：中华全国乒乓球协会。这是中国乒乓球界正式对外联络的组织，也标志着乒乓球终于作为正式体育运动进入了中国体育界。

1936 年 2 月，国际乒乓球联合会邀请中国乒乓球队加入国际乒联，但当时中国政治局势并不明朗，且刚成立一年的中华全国乒乓球协会经费窘迫，球队的组织也不完善，因此并未加入。由于这段时期国内局势动荡，因此中国当时一直没有参加乒乓球的世界级比赛。

1937 年，中国乒乓球运动员才得以第一次和欧洲运动员进行接触，当时匈牙利乒乓球运动员沙巴都士名列世界第四，曾获得了世界单打冠军，他和其助手来到中国香港和上海进行乒乓球表演，中国运动员也和他们进行了多场友谊比赛，但只胜了两场。

从乒乓球运动开始在中国发展到中华人民共和国成立的这段时间，中国一共仅仅举行过两次全国性比赛，一次是 1935 年在上海举办的第六届全国运动会，由上海乒乓球联合会牵头，发起了全国乒乓球邀请赛，各地乒乓球组织纷纷响应；另一次则是 1948 年第七届全国运动会，这次全运会上全国 32 个省市以及多地华侨的乒乓球组织共 58 个代表队参加了比赛，但当时参加乒乓球比赛的队伍并不多，而且此次乒乓球锦标赛只设置了男女单打比赛。

三、中国乒乓球走出国门

1952 年，中国正式加入国际乒联，之后中国乒乓球国家队宣告成立，自此中国乒乓球运动真正开始走出国门。1952 年 10 月，北京举行了中华人民共和国成立以来的第一次全国乒乓球比赛，一共有 62 名男、女运动员参加了比赛，当时国际乒联主席应中国邀请来到北京访问，对中国全体运动员发表了热情友好的讲话，预言中国乒乓球队将会以世界强队的姿态出现在世界乒坛。

（一）低起点大跨步

1953 年，第 20 届世乒赛上终于首次出现了中国乒乓球队员的身影，参赛的运动员男子有 14 个队，女子有 10 个队。当时中国缺乏国际比赛的经验，根本无法将自身打法的特点充分发挥，对付下旋球的能力较差，因此最终被国际乒联评为男子一级第十名，女子二级第三名，可见中国乒乓球运动的起点还是很低的。当时技术水平较高的欧洲运动员根本看不起中国的直拍快攻打法，认为他们的横拍打法更为优越。中国乒乓球界却并没有因其他国家的看法改变自己的模式，依旧坚持直拍快攻打法，同时借助国际比赛的经验，开始创造不同的打法，有意识地训练了一批横拍削球手。之后的第 21 届和 22 届世乒赛中国并未参加，直到 1956 年第 23 届世乒赛，中国乒乓球队才再次进入世界乒乓球界的视野，这一次中国男子团体赛获得分组第二，女子队则名列第六，男子队被评为一级第六名，女子队被评为一级第十一名。这次比赛显示了中国乒乓球队既快又狠的快攻打法，但同时暴露了中国运动员在击球准确性，即基本功方面的极大不足，这时中国乒乓球队认识到，想要攀登乒乓球界的巅峰，就必须加强基本功训练，以此来提高击球的准确性。第 24 届世乒赛，中国再次参赛，这一次中国乒乓球队男女组均获得了决赛权，最终男子队被评为一级第四名，女子队被评为一级第三名，此时中国乒乓球队的打法风格再次发生了变化，在原本的既快又狠的基础上增加了"准"。虽然中国乒乓球队参加这三届世乒赛的成绩并不理想，但能够从中看出中国队虽然起点低，但是一直在大跨步进步。

（二）第一次攀上巅峰

1959 年，中国乒乓球队参加了第 25 届世乒赛，这次世乒赛中，中国乒乓球运动员荣国团为中国夺得了第一个男子单打世界冠军。荣国团为丰富和发展中国乒乓球快攻打法做出了重要的贡献，具体体现为他在原本"快、准、狠"的快攻打法基础上增加了"变"，此次乒乓球夺冠让中国乒乓球在全世界大放异彩。

当时中国乒乓球队有数十人进入了世界乒坛的前列，可能够冲入决赛并获取胜利的却仅有荣国团一人。经过仔细分析之后，中国乒乓球队认识到，中国乒乓球队的技术已经非常成熟，但是心理素质还不过硬，多数队员临场发挥不佳，一方面是过于紧张，另一方面是想赢怕输的思想压力过大，所以很多队员根本就没有打出自身水平，这也造成了此次世乒赛之前中国队多曾次胜过欧洲强队匈牙利，可在争夺决赛权时中国又输给了匈牙利的情况。

认识到问题后，中国乒乓球队开始注重队员心理素质的培养。第 26 届世乒赛被定在中国举办，这是中国举办的第一次世乒赛，所以全国上下十分重视。为了能够打出真实水平，中国乒乓球队全队不断分析和研究以前发挥失常的原因，同时对比发挥正常的比赛，最终总结了一套可行的方案，甚至为对付日本队发明了弧圈球技术，球队不仅派人前往香港观摩比赛，更有老队员模仿日本弧圈球打法以帮助训练主力队员。在第 26 届世乒赛前夕，周恩来前来看望了运动员，还请到了陈毅来给运动员做战前动员，启发运动员认识为国家打球的意义，这大大提高了中国乒乓球队的思想认识水平。由于技术上不断稳步前进，加上思想和心理上也有提升和调整，第 26 届世乒赛上中国乒乓球队发挥很好，获得了男单、女单和男团三项冠军，获得了女团、男单、女双和混双四项亚军，以及八项第三名。这一次世乒赛中国队大获全胜，极大地鼓舞了全国人民的热情，同时极大地推动了中国乒乓球运动的发展，甚至在中国掀起了一股乒乓球热潮。

20 世纪 60 年代初，中国的直拍近台快攻打法甚至一度成为世界最先进的打法，代表了世界乒乓球技术的新潮流。第 28 届世乒赛中，中国乒乓球队获得了五项冠军、一项亚军和七项季军，这次的成绩在世界上引起了震动，届时国际舆论普遍认为中国是世界头号乒乓球国家，有很多外国友人把乒乓球称为中国的国球。这一段时期中国乒乓球运动发展极其迅速，各种类型的打法争芳斗艳，如传统的直拍近台快攻打法、削球防守型打法等。

（三）反思创新

1966—1976 年，中国乒乓球在技术上停滞不前，而欧洲运动员在此期间获得了飞跃式的进步，他们根据自身特点和习惯，成功创造了横拍弧圈球结合快攻的打法。欧洲运动员的崛起让中国乒乓球界为之惊讶，甚至针对欧洲运动员的进步，中国还曾展开过一场学术性探讨，最终在打法上坚持了"快、准、狠、变"，同时增加"转"，并且大胆尝试了直拍反胶快攻打法，并取得了可喜成绩。只是，这段时期虽然中国乒乓球在进步，但世界乒乓球也一直在大跨步前进。第 31 届、第 32 届和第 35 届世乒赛，中国乒乓球队都成绩堪忧。第 35 届世乒赛上中国更是丢掉了全部三个男子项目的锦标冠军，这次中国男队全面失利引起了世界乒乓球界的震动。于是，中国男队在失利后开始锐意进取，总结了之前的经验教训，提炼出"练意志、练技术、练身体"的三大任务，开始发愤图强。

1981年第36届世乒赛，中国终于再次崛起，获得了全部比赛的七项冠军和五个单项的全部亚军，创造了世界乒坛前所未有的记录，这之后的几次世乒赛，中国在世界乒坛的地位愈发牢固。能够获得如此成绩，和中国乒乓球队大胆起用新人、锐意进取创新球技有巨大的关系。

1982年，国际奥林匹克委员会通过了一项决定：从1988年起，将乒乓球列为奥运会正式比赛项目。这一决定再一次推动了乒乓球运动快速发展。

到了20世纪90年代，欧洲诸强快速、凶狠加弧圈球的技术日趋完善，同时中国的一些优秀乒乓球运动员在国外形成了海外兵团，这些都令乒乓球比赛更加激烈。

进入21世纪，世界乒乓球运动逐渐发展成了中国乒乓球一枝独秀的态势，这些都与中国乒乓球运动员不断奋发进取、努力创新、得失中不断进步有着巨大的关系。乒乓球运动能够在中国如此快速发展和普及也和中国人的身体条件有很大关系。

乒乓球运动场地、设施要求不高，所以可参与性极强，如在室内室外都能打，男女老少都可以参加，不管天南海北，也不管天气寒冷还是炎热，谁都能够参与。天气好可以露天比赛，天气不好遇到大风大雨大雪可以到室内去比赛；条件好可以在高级球台打，而条件差水泥台也能打，甚至连球台都没有几张桌子拼起来也能打。同时，它是一项全身运动，健体健脑健心，又没有足球或篮球等运动那种直接的身体对抗，所以能够自主控制运动量，非常有利于全民普及。中国人口虽然众多，但整体体型偏瘦，骨架偏小，对于身体对抗性的运动欠缺一定的身体优势，而乒乓球偏重技巧和心理，所以非常适合中国人的身体条件，因此得到了众多人的喜爱，普及程度非常高。这些都为中国乒乓球运动的发展提供了坚实的后盾。

第四节　中国乒乓球运动辉煌史

从1953年中国第一次参加第20届世乒赛开始，中国乒乓球运动已经发展了近70年的时间，这半个多世纪以来，中国乒乓球运动健将屡创辉煌，为中国乒乓球运动的发展贡献了无数的荣耀和奖杯，对中国体育的发展有着极大的促进作用。虽然中国乒乓球运动在发展过程中遇到了很多挫折和困难，但中国乒乓球队依旧能够在最短的时间内调整状态，最终创造了许多脍炙人口的经典战例和不败的神话。截止到 2020 年中国共有 11 位运动员获得世乒赛男子单打冠军，共有 14 位运动员获得世乒赛女子单打冠军，共获得 21 次世乒赛男团冠军和女团冠军。在 2003 年世乒赛单项和团体正式分开之前，中国曾三次包揽世乒赛全部七项冠军，分别是 1981 年第 36 届世乒赛、1995 年第 43 届世乒赛以及 2001 年第 46 届世乒赛，虽然之后的世乒赛单项和团体分开，但中国依然多次囊括七项冠军：2006 年第 48 届世乒赛、2008 年第 49 届世乒赛、2012 年第 51 届世乒赛、2016 年第 53 届世乒赛，总计下来中国共七次获得了世乒赛的七项冠军。2019 年第 55 届世界乒乓球单项锦标赛中国再次以五金完美收官。

一、经典的第一

1959 年第 25 届世乒赛，中国乒乓球运动员容国团获得了中国第一个男子单打的世界冠军，这一成绩不仅彻底打破了世界各国对中国固有的看法，更为中国体育运动的发展打了一剂强心剂，也正是在容国团的带领下，中国乒乓球队开始进入世界强队的行列，乒乓球也从这时开始被国人奉为"国球"。1961 年，第 26 届世乒赛首次在中国首都北京举办，也正是在这一年，容国团在男团决赛中喊出了"人生能有几回搏"的口号，并第一次带领中国队荣获世乒赛男团冠军，同时邱钟惠则为中国带来了第一个女子单打的世界冠军。1965 年第 28 届世乒赛上，中国乒乓球女队在容国团的带领下首次获得了女子团体冠军、女子双打冠军和混合双打冠军，再次震惊世界。容国团的第一枚金牌以及那一声口号为中国乒乓球队注入了强大的精神力量，甚至成为中国体育界的一面旗帜。可以说正是容国团推开了中国竞技体育运动走向辉煌的大门，中国人才得以真正在世界体育竞技舞台上发光发热。

二、男子单打三项冠军

庄则栋分别于 1961 年、1963 年、1965 年夺得世乒赛男单冠军，也是中国历史上第一个实现男单三连冠的运动员，庄则栋的三连冠也意味着中国打破了欧洲对乒乓球项目的长期垄断，自此中国乒乓球运动开始进入飞速发展的阶段。2001 年、2005 年和 2007 年，以扣球力量大而著称的王励勤再一次获得三个世乒赛男单冠军。现役运动员中，马龙则分别于 2015 年、2017 年和

2019 年再一次实现了世乒赛男单三连冠，如今马龙依然保持着高水平的战斗水准。

三、乒乓球竞技大满贯得主

（一）女子大满贯得主

1. 邓亚萍

1989 年第 40 届世乒赛上，年仅 16 岁的邓亚萍第一次参加世乒赛就夺得了女双冠军，之后 1991 年获得世乒赛女单冠军，1992 年获得奥运会女单、女双冠军，1996 年获得世界杯女单、女双冠军。自此，邓亚萍成为世界乒坛第一位获得大满贯殊荣的女子运动员。值得一提的是，邓亚萍是中国奥运历史上第一个夺得四枚奥运金牌的运动员，在运动生涯中共获得了 18 个世界冠军，曾 5 次征战世乒赛，前后共收获了 9 金 5 银，从 1991 年到 1998 年在世界乒坛连续 8 年摘得世界第一的桂冠，也成为世界乒乓球运动史上排名第一时间最长的女运动员。

2. 王楠

1997 年第 44 届世乒赛中，王楠和邓亚萍等队友合作获得了女子团体冠军，这也是王楠获得的第一个世界冠军；1997 年世界杯上，王楠夺得了女子单打的冠军；1998 年底，王楠在女单世界排名中超越邓亚萍登上世界第一；1999 年第 45 届世乒赛中，王楠获得女单和女双冠军；2000 年，王楠在悉尼奥运会获得女单冠军，成为继邓亚萍之后第二个获得大满贯的女运动员。王楠的职业生涯中共获得了 24 个世界冠军，成为女乒世界杯的四冠王。

3. 张怡宁

张怡宁是继王楠之后女子乒乓球队又一领军人物，在 2001 年拿到了世界杯女单冠军，之后在 2004 年雅典奥运会获得女单冠军，2005 年夺得第 48 届世乒赛女单冠军，实现了个人大满贯，职业生涯中共获得了 19 个世界冠军，并且是获得世乒赛女单金牌最多的中国运动员。

4. 李晓霞

2008 年，李晓霞获得世界杯女单冠军，收获了职业生涯中第一枚世界单打冠军金牌，之后在 2012 年伦敦奥运会斩获女子单打冠军和女子团体冠军，2013 年第 52 届世乒赛上一举获得女子单打冠军，成为第四位女子乒乓球大满贯得主，职业生涯中共获得 19 个世界冠军。

5.丁宁

2011年第51届世乒赛中，丁宁获得女子单打冠军，同年获得了新加坡世界杯女子单打冠军；2016年丁宁获得里约奥运会女子单打冠军，成为女子第五位大满贯得主。至今丁宁依旧在役。

（二）男子大满贯得主

1.刘国梁

1996年，刘国梁获得第17届世界杯男子单打冠军，同年在第26届奥运会上获得男子单打冠军，之后在1999年第45届世乒赛上获得男单冠军，成为中国第一位乒乓球男子大满贯得主。2002年，退役的刘国梁担任中国国家乒乓球队男队教练，之后率领中国男队获取了无数的世界荣誉。2018年刘国梁从教练生涯退役，并于2020年担任世界乒乓球职业大联盟理事会主席。

2.孔令辉

1995年第43届世乒赛上，年仅19岁第一次参加世乒赛的孔令辉超越当时中国队一号主力王涛和"奇兵"丁松，获得了男单冠军，同年在第16届世界杯上更是一举获得了男单冠军，之后经过5年的奋斗，孔令辉在2000年第27届悉尼奥运会终于战胜世界乒坛"常青树"瓦尔德内尔，获得了男单冠军，成为小球时代的终结者，也成为中国第二位实现大满贯的男子运动员。

3.张继科

2011年第51届世乒赛，张继科首次参加世乒赛便在男单决赛中击败王皓，赢得了他的首个世乒赛男单冠军，之后在同年的巴黎乒乓球世界杯中又获得男单冠军。2012年第30届伦敦奥运会上，张继科摘取男单冠军，仅仅一年半左右的时间就成为第三位中国男子乒乓球大满贯得主。至今张继科仍未退役，刘国梁作为张继科的教练曾说过，张继科至今不退役应该是为了兑现和马龙一起退役的承诺。

4.马龙

马龙和张继科同样是1988年出生。马龙年少成名，在2006年就曾随中国乒乓球队出征世乒赛，并获得了男团冠军，但在单人赛事上却十年磨一剑，2012年才获得第一个单打世界冠军——2012年世界杯男单冠军，并在2015年迎来巅峰，连续夺得世乒赛、世界杯多个冠军奖杯。直到2016年里约奥运会赢得男单冠军，马龙方才实现了属于自己的乒乓球男子大满贯。马龙如今依然状态不减，而且曾经创下了连续224天56场比赛不败的纪录。

中国乒乓球运动自从进入世界视野，就一直以拼搏和创新著称，虽然在半个多世纪的发展中曾经遇到过多次低谷，但都一步步从低谷再次奋起。21世纪，中国乒乓球运动真正意义上进入了辉煌发展的阶段。当然，这份辉煌离不开乒乓球运动员前辈的努力拼搏和创新进取，也离不开层出不穷的运动员十年如一日的坚持训练，这份辉煌与荣耀是一代又一代前仆后继的乒坛传奇用汗水、泪水、坚持浇筑而成的。

第二章 乒乓球运动的竞赛规则

第一节 乒乓球竞赛规则的发展历程

任何一项运动的竞赛规则形成都是一个逐步发展并不断完善的过程，它会针对各个时期和发展阶段的不同特征进行调整，其目的就是让运动的竞赛规则与社会发展相适应，推动竞技运动的发展，同时使规则更加系统及科学化。尤其是对于世界范围内的竞技运动项目，规则的不断改革和完善会不断推进该运动向体育精神所体现的合理、公平、公正、可持续发展等多重方向发展。乒乓球运动的竞赛规则同样如此，从乒乓球运动诞生以来，乒乓球竞赛规则就一直在不断变化和改革，这不仅促进了乒乓球运动的健康发展，也在不断完善的规范之下竭力维持着乒乓球运动的平衡发展。

一、雏形期和发展期

乒乓球运动的竞赛规则真正形成是在1926年第一届世乒赛上，这是全球第一次大规模进行乒乓球运动的竞赛，但因为乒乓球是一项新兴的运动，所以当时仅仅是对球台球拍和计分方法进行了简单的规定，根本没有完善的规则，比赛中运动员的自由度很大，而裁判员的地位较高，运动员需要听从裁判员的某些临时安排，很多时候因为各个国家乒乓球运动的发展模式不一，很多方面并不是很统一。

1937年，国际乒联对球台、乒乓球尺寸和比赛规则进行了一定的规范：球台尺寸和网高开始统一，乒乓球从实心软球改为空心硬球，规定了三局两胜或五局三胜的打法。同时，限定了比赛最长时间：在各局比赛中，如果有一局达到了 20 分钟则不管双方比分是多少，谁领先谁胜，此局之后的每局比赛都不得超过 10 分钟；如果在一局比赛中限制时间已到而双方比分相同，则可延长 5 分钟，延时期间谁胜一分则谁赢得此局，如果延时后双方比分仍然相同则双方各无所得，如果是淘汰赛则双方均淘汰。此外，对发球方式进行了一定规范，如不允许用手捻球制造旋转球后击球，而是要将球放在手掌之上进行发球；禁止使用"卡拉尔"式发球方法（第 10 届世乒赛上，美国运动员卡拉尔将球捏在手里让球急速旋转之后再用球拍极力摩擦，从而发出了旋转速度骤然增加的旋转球，这一发球方法被称为卡拉尔式发球方法）。这次乒乓球竞赛规则的改变对乒乓球技术的进一步发展起到了促进作用，不仅结束了乏味的马拉松式比赛，也为进攻型打法开辟了新的道路。

1947 年，规定发球需要向上垂直抛起。

1951 年，规定运动员可以使用海绵球拍。

1953 年，规定合力发球属于不合法发球（合力发球就是在抛起发球时未等球升到最高点就用球拍击球，这样击球往往会制造出比正常发球更大的旋转）。

1955 年，规定发球时需要将球向上抛起且手掌张开。

1959 年，规定球拍必须覆盖正胶或反胶胶皮，且胶皮厚度不得超过 2 毫米，加泡沫橡胶后的总厚度不得超过 4 毫米。

1965 年，规定发球时要等球自由下落到合适位置才可击球，完全取消了合力发球。

1972 年，规定发球抛球时手必须高于乒乓球台面，并采用了轮换发球法，即一局比赛若超过 15 分钟双方未分胜负，则暂停比赛，之后的比赛实行双方轮流发 1 球的规则，且发球员除发球的一击之外，只能击球 12 次，若 12 次后还未取胜则判对方得分。此规则大幅度缩短了比赛时长。

1973 年，规定裁判员可以对发球犯规的运动员出示蓝牌以示警告。

1974 年，规定发球次序从原来的打到 20 平时每得一分就换发球改为打到 20 平或执行轮换发球时，每得一分就换发球；规定如果在对方将球击落本方台面后球因转速过高而折回对方台面范围，在球落台之前本方可以随时过网击球；规定除第三、第四局外，其他各局运动员能够随时叫停休息一分钟，休息时可接受场外指导；规定比赛中设裁判员一名、副裁判一名，也可不设副裁判而增设场外计分员一名。

1975 年，规定运动员发球时需要让裁判员看清发球是否合理，运动员刻意遮挡时裁判应予以警告，再次刻意遮挡则直接判罚一分。

1979 年，再次对球拍球台和场地进行了具体规定，同时对"阻拦"和"拦击"进行了重新说明：对方击来的球尚未触及本方台面，在越出边线或端线上空之前就触及了本方运动员身体或其穿戴的任何物品，称为阻拦；一方击球后处于比赛状态的球在尚未触及对方台面以前触及了对方执拍手或手中握的球拍，称为拦击。还规定发球时发球人不持拍的手必须在台面水平以上，如果裁判员对发球正确与否有所怀疑，可直接出示蓝牌警告。

1982 年，规定球拍两面应该为不同的颜色，且不允许用没有覆盖物的一面击球；禁止运动员背向对手发球，且不允许跺脚。发球不允许跺脚是因为当时国际乒联对球拍双面颜色没有要求，发球时也可以遮挡对方视线，这就导致发球时对手根本搞不清楚发的球到底转不转，于是有经验者可以勉强通过发球时球拍接触球发出的声音进行大概的判断，结果有些运动员为了混淆对方，会用跺脚来干扰对方的听力，从而使对方无法准确进行判断，为了避免这种干扰，这段时期国际乒联规定了发球不允许跺脚。

1983 年，规定发球人在发球时，执拍手和球拍必须放在球台的水平面之上；发球时球被击中时球与球网间的距离不得比网和发球人身体间的距离更远；规定发球跺脚将被判失一分。

1986 年，规定运动员球拍必须要有覆盖物，且发球时必须上抛 16 厘米以上；对球台弹性、球网、球的直径及球重做了更加规范的规定；取消了一局一胜制。

1987 年，规定只有在换发球的时候才能擦汗，第三局和第四局休息时间为两分钟；将发球上抛 16 厘米以上的规定进行了细化：发球时球要近乎垂直地面向上抛起，球离手之后上升的高度不少于 16 厘米。

1926—1987 年是乒乓球运动竞赛规则的完善发展阶段，除去相关硬性的尺寸规定，大多数规定其实都是对运动员某些行为的限制，以求比赛更加公平。

二、成熟规范期

1988 年，乒乓球正式成为奥运会的比赛项目，也是从这年开始，乒乓球竞赛规则开始步入成熟规范期，不仅限制运动员的某些行为，还增加了对裁判员和某些场地及工具的规定。

1989 年，规定裁判员与副裁判员都能够判决运动员发球动作不合规。

1990 年，规定副裁判员需协助裁判员尽某些职责；规定球台两端的无限延长线也属于球台的端线。

1991 年，规定乒乓球比赛场地的地毯要用橘红色塑胶；规定男子团体赛以五局三胜制替代传统的九局五胜制；规定发球时球必须要静止地放在不执拍手的手掌上。从这一年开始，原本于 1983 年规定的发球踩脚丢失一分的制度被取消，发球踩脚不再判失分，这个规则的改变其实也意味着竞赛规则不断完善，如球拍双面不同颜色的覆盖物使没有人能够再借用发球踩脚的方式来混淆对手的视听从而得分，而发球踩脚在另一方面也是运动员为了积攒力量和更好地发力的一种习惯，在比赛中无伤大雅。

1992—1994 年，规定如果指派两名副裁判员，那么每名副裁判员各负责一方的发球；规定无论球拍的两面是否包含覆盖物，球拍两面的颜色必须一面是黑色一面是鲜红色；规定不得使用让海绵胶膨胀从而提高击球速度的快干胶水，同时规定球拍的胶皮、海绵连同黏合剂的总厚度不得超过 4 毫米；规定参加比赛的运动员的短袖运动衫前面和侧面的广告总面积不得超过 40 平方厘米；对拦击和阻拦的定义再一次进行了修改，此次修改后不再有拦击而仅有阻拦：对方还击处于比赛状态、尚未越出台面或端线的球时，不管是用球拍还是身体或随身携带的物品等部位触球，都属于阻拦。

1995 年，规定球拍两面不论是否包含覆盖物都必须没有光泽，且球拍边缘包边不得呈现白色，也不可有光泽；规定在液体胶水被禁用之前，运动员要使用国际乒联批准的胶水或压力敏感胶纸来黏合球拍的覆盖物；将副裁判员改为了裁判助理。

1997 年，规定球拍的覆盖物允许使用没有国际乒联禁用成分的黏合剂或压力敏感胶纸黏合。

1988—1997 年，乒乓球运动的竞赛规则一直在不断完善，同时随着科技的发展越来越趋于规范和成熟，越来越能体现奥运体育精神和宗旨。

三、职业化道路

从第一届世乒赛到 1997 年，乒乓球竞赛规则的逐步完善也展现出了乒乓球运动的职业化道路，规则更加规范化系统化。最为显著的一点变化则是乒乓球运动的市场化运作。比赛中加入商家赞助等内容使乒乓球不再仅仅是一项体育运动，体育运动和商业完美地融合在了一起，乒乓球比赛有了更多的资金支持，发展自然也就更加迅速。随着大众传播媒介的更新，从收音机到电视机再到电脑和手机，每一个新的传播媒介的普及都对乒乓球运动产生了巨大的促进作用，所以乒乓球运动的市场化运作是必然的趋势。

1998 年至今，乒乓球运动的竞赛规则一步步向职业化道路迈进。

1998 年，国际乒联决定限制使用长胶，并给出了正式的长胶定义：颗粒粒高与直径之比大于 0.9 的都属于长胶，并限定颗粒粒高和直径之比大于 1.1 的长胶拍如不做改进，只能使用到 1999 年 7 月 1 日。2000 年，国际乒联又对比赛用长胶做了限制，规定颗粒直径与高度之比不得小于 10：11。这项规定对乒乓球运动的发展有一定的促进作用，因为长胶拍面击球容易产生较为反常和怪异的旋转现象，这种反常变化很容易令对手失误，从而在对抗不熟悉长胶性能的运动员时能够轻易取胜，但是长胶拍面虽然会让对方失误增多，但己方也不容易掌握，且降低了乒乓球运动的观赏性和娱乐性，极其不利于乒乓球运动的长远发展。中国乒协很早以前就已明文规定少年比赛一律不得使用长胶拍。后来国际乒联还对长胶拍进行了补充规定：必须是国际乒联允许使用、胶面有国际乒联标记的长胶拍面，而且不允许对其进行二次加工，比赛前必须由裁判员进行检查认可后方可使用；长胶拍面局部可以掉胶粒，但不能超过 5 颗。

1999 年，规定世乒赛参赛人数的上限减少，男单、女单、混双为七人（对），男双和女双为三对。

2000 年，规定运动员所穿运动衫上的广告数量可增加到 3 个；规定 2000 年 10 月 1 日后，乒乓球比赛用球正式从原来的 38 毫米小球改为 40 毫米的大球，重量从原本的 25 克增加到了 27 克。这一规定使球体增大了 16% 以上，球重增幅 8%，球的旋转能力平均减弱了 13%，球的速度平均降低了 23%。

2001 年，规定自 9 月 1 日起，一局 21 分制改为 11 分制，且每两分要换发球，十平之后多得两分方可获胜；将单打的五局三胜制改为七局四胜制；规定若一局比赛进行了 10 分钟仍在继续，双方都打到至少九分时除外，需要开始轮换发球法。和 21 分制相比，11 分制每局减少了 10 分，每次少发三个球，比赛节奏更快，关键球出现的概率更大，从而提升了比赛精彩度，比赛时间缩短了近四分之一，21 分制下打满五局至少要得 105 分才能获胜，而 11 分制下打满七局得 77 分就能够获胜。比赛时间的缩短和比分的减少使关键点出现的概率增加，给运动员造成的心理压力增大，能够促进运动员注重对心理素质的训练。但相对来说，这种计分规则会增加比赛结果的偶然性。

2002 年，规定自 9 月 1 日起正式实施无遮挡发球，从发球人抛球那一瞬间开始，球与两个网柱所构成的动态的虚拟三角形内，高度和范围在裁判员所能看到的视线之内，这一空间内不得有任何阻挡物，包括手、手臂和衣物等，以不会遮挡接发球方和裁判员的视线为限。

2004 年，对抽签制度进行了改革，规定从本年奥运会起，每个协会参赛的两对双打运动员必须分布在同一个半区，以防止相同协会的队员进入决赛。

其实是变相限制同一个协会包揽金牌和银牌。

2005 年，国际乒联再次规范阻挡定义：对方击球后，球在向比赛台面方向运动或在比赛台面上方且没有触及本方台区时，若触及了本方运动员或其穿戴或携带的任何物品即为阻挡。定义中去掉了原本的"未越过端线之前"的字句。规定取消了广告需国际乒联理事会批准的条款，增加了乒乓球比赛广告投资的范围；规定每个会员协会报名世乒赛单项比赛的男女运动员均不得超过五人，以前是七人，但世界排名前十位的运动员不占此名额，最多可加至七人；同时规定编排过程中不再将同一协会的运动员分在不同半区，而是让运动员根据世界排名的顺序自然进入。

2006 年，规定自 9 月 1 日起比赛场地不得使用具有挥发性有机胶水的黏合剂。

2008 年，规定自 9 月 1 日起，乒乓球运动禁止使用含挥发性有机胶水的黏合剂，从此乒乓球运动的球拍海绵体黏合剂从有机改为无机；限制运动员通过改变注册队伍、更换国籍来获得国际比赛的资格；从北京奥运会开始，乒乓球运动实行团体比赛的赛制，取代了原来双打的单项比赛，并将双打比赛放在了团体赛的第三场进行。

2009 年，再一次减少了各队奥运会单打比赛的名额上限，从三人减少为两人。

2014 年，规定从 7 月起乒乓球国际比赛启用一种新型塑料球，直径、重量更大，直径标准从原本的 39.5 ～ 40.5 毫米上调到 40 ～ 40.6 毫米，球的直径误差更小，且最小直径变得更大，国际乒联还要求新塑料球必须标注"40+"，从此乒乓球进入了"40+ 时代"。新球尺寸所做的微小调整令球的旋转、速度以及弹性都产生了非常明显的变化。

2016 年，国际乒联听取瑞士乒乓球协会的提议，决定将球网增高，只是此项规定尚未实施，但国际乒联已经承认此项规定并正在展开测试。

2017 年，T2 亚太乒乓球联赛采用了 24 分钟限时的不同计分制。赛制为七局四胜制，但时间限定在 24 分钟之内。在 24 分钟之前采用 11 分制，任何一方达到 11 分则赢得一局，运动员需要在 24 分钟的时间内赢得尽可能多的局数；如果到 24 分钟时恰好有一局比赛还未结束，则该局比赛中拥有更高分数的球员获得胜利；若 24 分钟结束未得到四局胜利，则进入 5 分制的小局比赛，同样是七局四胜制，但只要得到 5 分就能赢得一局，不需要领先 2 分，任何一方率先在七小局中拿下四小局则获得胜利。当然，T2 的联赛规则并非全世界通用，只是在 T2 亚太乒乓球联赛施行，未尝不是对乒乓球运动竞赛规则的一种创新，只是这种限时的模式对乒乓球运动来说其实并不合理，因为乒乓球运动属于得分多、单分时间并不固定的项目，自然适合计分制而不适合计时制。T2亚太乒乓球联赛虽然不在国际乒联正规比赛体系之中，但是享有国际乒联的正常积分，且参赛资格还与世界乒乓球巡回赛的排名严格挂钩，所以各国乒乓球运动员不得不参加。

第二节　乒乓球竞赛规则的演变意义

乒乓球竞赛规则的不断演变归根到底还是遵循了一定的规律，其最终的目的也必然是促进乒乓球运动的普及和发展。

一、促进乒乓球运动的普及和发展

体育源于人类的生产和生活，不管是田径运动还是各种球类运动，其最根本的特点就是能够在人们的生活中普及，而普及某项运动最终目的就是能够达到在娱乐之中进行体育锻炼的目的。所以，任何一项运动如果只是为了比赛而生那就变得毫无意义了，运动的发展根基就在于大范围的推广。

乒乓球运动之所以从最初的娱乐活动逐渐成为正式比赛项目，最主要的原因就在于它本身就具备极其强大的魅力，观赏性、技巧性、锻炼价值都极强，同时器材获取条件和学习的条件都不苛刻，所以乒乓球运动的推广难度先天就较低。而且国际乒联成立以来一直十分关注乒乓球运动的推广，如将其列为奥运会项目，不断举行世乒赛、巡回赛等各种公开赛，这些赛事更是在不遗余力地向全世界展示乒乓球运动的迷人之处。

现如今，国际乒联已经成为成员国最多的国际联合会之一，越来越多的国家加入了国际乒联。从推广角度来说，乒乓球竞赛规则的演变是非常有利于乒乓球运动在全世界范围内普及和发展的。从2000年以来，国际乒联一直在通过调整赛制、器材和规则来提高比赛的精彩度，其最根本的目的还是期望能够通过竞赛规则的改变使更多的运动员能够得到鼓舞和提升，从而扩大乒乓球运动的普及范围。

二、推动乒乓球运动攻守平衡发展

最初乒乓球运动以削球为主，注重防守，但攻击强度和速度均有所不足。随着竞赛规则及运动器材的不断变化，乒乓球运动开始注重攻守平衡，有攻有守的乒乓球运动的观赏性和技巧性得到了巨大提升，而且竞赛规则的完善和规范化也促使乒乓球运动员不断进行创新。比如，最初运动员会想方设法在球拍和发球模式上做文章，以便取得更好的竞技成绩，但随着竞赛规则和器材的规范化，乒乓球运动逐渐限定了球拍和发球模式，最终会让运动员意识到运动不该寻找捷径，而应该首先练好基本功，同时要锻炼强悍的体魄和培养足够的心理承受能力，最终提高自身的技术水平，获取更好的成绩。竞赛规则对乒乓球器材的规范使得运动员不再将过多的精力放在寻找器材漏洞之上，而把更多的精力放到了基础、技术和战术以及心理素质提升之上，这样的做法无疑促进了乒乓球技战术水平和运动员体能、心理素质等各方面的大幅度的提升。

随着运动员的技战术水平的不断提高，运动员的竞技能力也有了巨大的提升，这就使乒乓球运动原本的攻守平衡被打破。攻守平衡被打破后，乒乓球运动的公平性就明显无法得到更好的保障，乒乓球比赛也就变得毫无亮点可言。因此，为了能够让乒乓球运动攻守平衡重新回归，竞赛规则的制定就显得异常重要了。2000年之后，乒乓球竞赛规则的发展更加职业化，像无遮挡发球、大球的普及、11分制、有机胶水的禁用、球拍的规范化等规则措施其实都是为了让乒乓球运动重归攻守平衡。无遮挡发球能够更清晰地展现发球技巧，大大缓解了攻守之间的矛盾，使运动员能够有针对性地进行技术训练和提升，同时会促进运动员对打法进行创新，而且无遮挡发球还能够降低接球难度，使乒乓球比赛不至于仅靠几次发球就定出胜败，从而增加乒乓球运动回击球的次数，提升了视觉观赏效果；大球的普及则降低了球速和旋转，能够提升观赏度；11分制则能够缩短比赛时间，提高比赛的不确定性，使比赛变得更加精彩，对运动员的心理素质、技术熟练度和身体素质都有极高的要求，从而能够让运动员更有针对性地进行提升；有机胶水的禁用和球拍的规范化则能够更好地体现公平性，使运动员不再针对器材漏洞进行战术研究，重新回归到注重基础的技战术上，也能够促进乒乓球运动的技术发展。

乒乓球竞赛规则就是在这样不断维持运动攻守平衡的基础上不断发展和完善，规则的发展能够推动乒乓球运动的技术进步，乒乓球运动也会在维持攻守平衡的过程中更加精彩。

三、提升观赏性和普及程度

不管什么运动，其发展永远离不开大众的支持和喜爱，乒乓球运动的发展同样如此。最初的世乒赛上，因为偏重防守和削球，比赛双方经常会陷入彼此防守的僵局，谁都不希望丢分，从而使本来应该观赏性极强的乒乓球运动成为冗长无趣的马拉松式对抗，甚至曾经出现数个小时无法分出胜负的局面。这种马拉松式对抗对运动员的体力是巨大的负担，而且毫无攻击亮点的比赛对运动员的技术也没有丝毫促进作用。更大的问题是，长时间的马拉松式对抗很容易造成观众的反感，从而使乒乓球运动的受欢迎程度及大众的喜爱度大幅度降低。正是为了防止受欢迎程度降低的情况持续，国际乒联最终限制了每局比赛的时间，并提出了严厉的惩罚手段，从而杜绝了赛场上冗长无趣的马拉松式对抗。

现如今的一些乒乓球运动竞赛规则更是降低了比赛的难度，但是提高了比赛的精彩度，使比赛的观赏性更高，比赛结果更具有悬念，也使观众更有兴趣去观看乒乓球比赛。比如，大球的使用和无遮挡发球的普及令沉寂了几十年的削球打法再次活跃在了比赛台上，再加上如今新媒体设备不断更新，多角度拍摄模式以及全方位观看比赛的技术使削球的优美的球体弧线，还有让人惊叹且不可思议的回旋球、上旋球及下旋球等都成为观赏性极高的靓丽风景，这明显提高了乒乓球运动比赛的观赏性，会吸引更多的人喜欢这项运动，从而提高普及程度。

四、提高裁判员的公正性

在任何一项体育运动的竞技过程中，裁判员的作用都是极为关键的。但毕竟裁判员也是人，在进行评判过程中自然容易掺杂一些个人观念，而竞赛规则的出现就是为了提高裁判员评判的公正性。在最初的乒乓球竞赛中，竞赛规则还不完善，甚至在前期阶段裁判员还需要针对竞赛情况进行一定的调整，这就很容易造成一部分运动员因为不熟悉裁判员临时调整的规则，所以自身的实力无法全面发挥。随着时间的推移和乒乓球运动的普及推广，乒乓球竞赛规则的规范化和统一化能够给裁判员的评判提供更多依据，从而使裁判员的评判更加客观和公正。乒乓球竞技过程中的发球技术的发展和球拍器材的变化就是一个很好的例子。前期乒乓球运动的球拍规格并不统一，运动员在训练和比赛过程中除了会训练符合自身特点的技术，还有可能会根据不同球拍规格训练不同的发球技术，而为了不让对手轻易察觉到技术的不同，就容易在发球和球拍上做文章，如在发球时加入一些小动作，或者使用特殊球拍迷惑对手。这些其实对于乒乓球运动的发展及裁判员评判时的公正性极其不利。随着对发球技术限制的增加和球拍规格的统一化，发球时的一些小动作开始变得没有必要，从而可以让裁判员更加清晰地看清楚和了解到运动员的真实实力。有了一定的竞赛规则，裁判员就能够通过这些规则来评判运动员是否有犯规或不合理的行为，然后就能够客观地对这些行为进行处罚和评判。所以，乒乓球竞赛规则的不断完善能够不断提高裁判员评判时的公正性和客观性。

第三节　乒乓球竞赛规则演变对乒乓球技术和训练的影响

一、竞赛规则演变对乒乓球技术的影响

乒乓球运动的基本技术有速度、旋转、落点、力量、弧线等，任何一次击球都会相应地产生速度的变化、力量的变化、旋转的变化等。如今乒乓球竞赛规则的演变，尤其是球拍规范化、小球变大球、11 分制、无遮挡发球、无机胶水这几种规则的出现对乒乓球技术的影响极大。

（一）球拍规范化

1995 年，国际乒联规定乒乓球拍必须一面黑色一面鲜红，拍面不可有光泽，球拍边缘包边不得呈现白色，也不可有光泽。这个规则的出现使运动员无法再利用以前的倒板发球及接球技巧来迷惑对手，运动员需要真正依靠自身的扎实实力来战胜对手。在球拍未能规范化时，运动员为了不让对手察觉到发球的技巧和接球的技巧，会使用两面材质不同的球拍，但两面颜色一致或相似，这样就能在接发球的过程中通过倒板来迷惑对手，让对手无法摸清到底是用哪一面哪种材料的拍面进行了接发球，从而无法估测出球的旋转、速度以及弧度，容易被打得措手不及。在这一时期，倒板甚至一度成为接发球的一项极其特殊的技术。但相对来说，虽然倒板有一定技术性，但运动员使用时更注重其迷惑性，这对乒乓球技战术的发展和进步是有着一定阻碍的。所以，球拍规范化规则的出现促进了运动员自身的技战术和基础实力的提升，对乒乓球运动的发展十分有益。

（二）小球变大球

2000 年，国际乒联规定比赛用球改为大球，球直径增加到 40 毫米，重量增加到 2.7 克，颜色指定为白或橙；2014 年，规定大球直径再次增加，重量也相应提升，乒乓球运动进入"40+ 时代"。

虽然球的直径变大和重量变大视觉上并不明显，但这样一来球在空气中运行时产生的摩擦力和阻力就会变大，而单位力量对球的击打所产生的速度就

会变小；球变大对球的旋转也有巨大影响，因为球变大后，击球时球心与球面接触点的夹角就会变小，球的旋转就会相应降低；球体变大会使重量变重，相同力量下球的速度也会变小。

大球时代球体的变化影响到了乒乓球运动技术的变化，甚至会令一些原本很具优势的乒乓球冠军无法再保持自身优势。大球时代能够增加比赛过程中的持球时间，使比赛中回击球的次数增加，可以给比赛增加更多的看点，从而使比赛更加精彩。

（三）11分制

2001年，国际乒联规定21分制被11分制取代，同时采用间隔式发球，即每得两分就换发球，10分平局之后则超出两分的一方获胜，也将单打的五局三胜制改为了七局四胜制。

对乒乓球竞赛来说，实行11分赛制之后，比赛时间是非常短暂的，同时实行的每得两分换发球制更加让运动员无法预测战术变化。比赛时间变短造成了比赛的偶然性变大，同时对运动员技术的要求相应增加，因为这个规定明显加快了比赛的节奏，比赛看起来会更加精彩，对抗性更强，同时偶然性和突发性也更强，这对运动员的技术、战术和心理素质都有很高的要求。

比赛时间很短，就需要运动员能够以最快的速度投入战斗之中，对运动员的比赛心态具有极高的要求，而且11分制每局的休息间隔很短，所以运动员就需要能够在极短的时间内调整自身心态，同时保持良好的精神状态。因为时间较短，所以对运动员体力的要求相对下降，但对心理素质提出了更高的要求——因为节奏快，分数减少，所以要求运动员对每一分都要重视，这就造成了争抢前三板分数的比赛模式，拿下前三板势必会给对手带来极大的心理压力，而对手如果心理素质不过硬，心理调节能力不够强，就很容易因为前三板的失分而心理防线不稳固。前三板的重要性同样改变了运动员的战术选择，发球技术也会从原本的被动技术转化为主动技术，战斗过程也会形成发球后抢攻抢分的模式，同样接发球的技术会相应产生变化，因为需要抢分，所以现在很多时候接发球会采用进攻打法。

当然，赛制的变化会让比赛过程变得捉摸不定，所以无法说哪种技术绝对占据优势，这也是在考验运动员的临场随机应变能力，运动员需要根据多变的战场来适时调整自身的技术，故比赛过程会更加灵活，比赛的精彩度自然就得到了巨大的提高。

（四）无遮挡发球

在没有实施无遮挡发球规则之前，运动员都喜欢遮挡发球，从而令对手没办法看到发球过程，很难判断球的旋转方向，增加了接发球的难度。但相对来说这种遮挡发球对乒乓球比赛来说并不公平，接发球方会很吃亏，甚至有可能接发球运动员因为无法摸清发球模式而无法发挥自身的真实水平。这对乒乓球运动的发展十分不利。

2002 年，国际乒联规定实施无遮挡发球，发球运动员发球的全程都必须在裁判视野范围之内，任何遮挡都会被判为犯规。这无疑对运动员提出了巨大的挑战，运动员不仅需要想方设法提高发球的技巧和改变发球方式，还需要在不违反规则的情况下发出高质量的旋转球。无遮挡发球使球的旋转更容易看清楚，尤其对于接发球运动员来说，这是最大限度提升接发球运动员技术的规则，正因为能够看清楚发球的旋转，所以很多接发球运动员接球时会实施抢攻战术。

相比之下，无遮挡发球降低了发球难度，也降低了接发球的失误率，从而提高了一个回合的相持板数，对后续的对攻技巧的要求也更高，更加考验运动员比赛过程中的实力和基本功，同时增加了乒乓球运动的观赏性。所以，无遮挡发球使运动员不得不研究各种发球动作，同时需要不断加强基本功的训练，只有基本功扎实，在比赛中才不容易出现失误，技术的稳定性也会更高，从而才能保证后续实施战术的成功率。

（五）无机胶水

2006 年，国际乒联规定比赛场地不得使用具有挥发性有机胶水的黏合剂；2008 年，规定乒乓球运动禁止使用含挥发性有机胶水的黏合剂。从此之后，乒乓球运动所使用的黏合剂正式迈入无机时代。

有机胶水在使用后会使乒乓球拍的海绵膨胀，从而能够增加球拍在击球时的弹力，因此在此规则实施之前，很多运动员会在球拍上涂好几层有机胶水，以极大增加球拍的弹力从而提升击球的速度和旋转。无机胶水则完全不同，在乒乓球拍上使用无机胶水后海绵不会发生膨胀，对击球时的弹力、速度和旋转影响很小，所以间接提高了相互持球时间，增加了单回合击球的次数。同时，无机胶水对人体的毒害较小，无机胶水的规则对运动员的健康有一定的益处，而且符合绿色环保的时代主题。

无机胶水的规则对球拍影响较小，相对来说更加考验运动员的精细打法，因为无机胶水变相增加了比赛中的相持过程，而相持过程中的表现能够考验运动员的技术是否过硬，所以新规则之下运动员必须加强基本功训练，同时不断改进自己的技术。这不仅对乒乓球运动发展中基本技术意识的提高有所促进，也促使运动员对技术进行创新，而技术的创新又能够推动乒乓球运动的发展。

二、竞赛规则演变对乒乓球训练的影响

乒乓球训练是乒乓球教练对运动员进行有计划有组织的教育训练过程，其中包括最基础的体能训练、技术训练、战术训练、心理训练，细分则还有智力训练、身体形态训练、思想教育训练、意识训练等多个方面。

（一）规则演变对各训练要素的权重影响

自 2000 年各种新规则实施之后，乒乓球训练的体系、模式和方法也相应产生了一定的变化。比如，新规则下乒乓球各项训练要素的权重已经由原本的技术、战术、体能、心理的排序演变为了体能、心理、技术、战术。

在小球时代，乒乓球竞赛的对抗主要有速度与旋转两方面，而且以速度为主，力量虽然是其中的一大要素，但并非占据主导地位；到了大球时代，球速降低、旋转减弱，但对力量的需求得到了巨大的提升，毕竟想要获得速度和旋转，就需要足够的力量进行支撑，因此在现阶段，体能训练中力量训练的强度必须要加强，同时需要调整动作幅度，合理利用手臂、腰、腿的力量，将其融合，从而加强击球的力量。

在小球时代，比赛过程中运动员常以借力为主，习惯性以手感来打球，所以对于发力并不是太过看重；进入大球时代后，就需要协调好发力和借力的关系，因为大球时代需要主动发力主动迎球，如果还是依靠借力和手感来比赛，只会令自身陷入被动。

乒乓球运动本来就是一项以精细技术对抗为主的项目，因此运动员的心理状态在比赛中占据着至关重要的作用。小球时代乒乓球运动员主要是需要缓解紧张及环境变化带来的不适，在真正比赛过程中，21 分制比赛并不太注重心理适应能力，所以运动员可以在比赛过程中边打边观察，然后以轻松的状态来试探对手的缺点和战术，待适应之后再调节心理状态关注全局；11 分制之后，因为时间和分数变少，所以对运动员的心理适应能力要求提高，需要运动员在战斗时快速进入状态，如果适应能力差，很容易造成无法发挥自身应有实力的结果。

在大球时代运动员的心理状态变化更加迅速和激烈，同时对体力的要求也在增加，这又给运动员心理增加了压力。所以，在如今的乒乓球运动训练

过程中，心理训练的重要性又一次提升，如果没有良好的心理素质，即使技术和身体素质及战术训练都非常理想，也很难在各种大赛之中取得较为理想的成绩，因为心理素质和运动员实力的发挥息息相关。

（二）规则演变对训练指导思想的影响

规则的演变使乒乓球运动竞赛发生了一些新变化，毕竟制定规则的目的就是给予每个运动员一个相对公平公正且客观的竞赛环境。新规则之下，乒乓球竞赛也开始产生新的对抗模式，因此在乒乓球训练过程中需要厘清新的规则，研究新的制胜规律，制定最为合适的训练指导思想。

（1）提升力量训练的重要性，改原本的"稳"为"主动"。积极主动发力才是制胜的关键，毕竟在新规则之下没有力量就没有足够的速度和旋转，所以不论是基础技术训练还是身体训练都要将力量训练放在首位。

（2）新规则之下，相持搏杀会成为一种常态，所以当今的训练指导思想要强调以中远台为主，远近台结合，而不能继续以前只重视近台技术的做法。近台技术主要体现在前三板，但在相持搏杀为制胜关键的今天，必须要将近台技术和中远台技术结合起来，消除技术层面的死角，全面提高训练水平。

（3）乒乓球运动的本质还是对抗，所以训练过程中一定要强化实战的观念，增强实战和临场应变的能力。这样才能使运动员快速进和保持对抗的状态，适应新规则下的乒乓球竞赛模式。

（三）竞赛规则演变对技术训练的影响

乒乓球运动新规则的实施涉及整个乒乓球训练的大局，以前的乒乓球训练较为关注前三板的重要性，对相持阶段对抗训练的关注则少一些。现如今新规则已经执行，需要乒乓球技术训练做出一定的调整，这样方能适应新规则，不断培养出适应社会发展的乒乓球人才。

1. 发球训练和接发球训练

无遮挡发球的执行将原本较为强调的发球得分弱化，但相对来说无遮挡发球只是强调了发球动作公开化，对发球的落点、速度、旋转等都没有进行限制，所以技术训练中首先要强调的是发球训练和接发球训练。发球训练的重点要放在加强和改进反手发球、下蹲式发球和高抛发球技术，尤其是反手发球的技术，反手发球容易形成遮挡，必须要训练反手发球以适应无遮挡发球规则的需要，同时要注重发球后发力抢攻的进攻技术训练，这样才能形成新规则之下以力量为主的新前三板优势。接发球训练的重点是加强接发球抢攻能力训练，需加强接发球一方抢前三板的意识，并提高防守和后发制人的能力。接发球质量的好坏会直接影响到比赛中技术水平能否正常发挥，所以在接发球训练过程中，首先要注重对发球的旋转判断，其次才要掌握接发球的方法。

2. 相持球训练

新规则实施后，前三板的重要性有所弱化，以前强调前三板，所以对近台发球抢攻的练习比重较大。但新规则之后，相持球的重要性得以提升，因此要在继续抓好前三板的质量基础上注重相持球的训练，即中远台和远近结合进攻性技术的组合训练，同时加强攻防转换的训练。还要加强近、中、远台步法的灵活性训练，研究相持阶段的抢攻技术，最终形成特长突出、技术全面的实力型打法。

（四）竞赛规则演变对训练体系的影响

新规则之下，乒乓球以前三板为基础、以侧身攻为核心的传统训练模式已经无法满足需求，因此训练体系也需要进行相应的调整。

在现今新规则的影响下，运动员的主要训练内容已经转换为以力量训练为主，技术、战术和意识训练为基础，心理训练为核心的训练体系，需要将力量训练作为日常，将技术训练紧抓不放且循序渐进，将对抗训练融合到日常训练之中，将战术训练作为重点，从而让运动员在系统训练过程中寻找自身短板，有计划有目的地进行提升训练，减少盲目性和不确定性。只有抓住重点有针对性地解决训练中出现的实际问题，才能够更加科学地架构完善的训练体系。

每个运动员的身体素质、技术能力和心理特征等都不同，所以在训练过程中还需要对运动员个体的差异有所了解，坚持因人而异、因材施教的训练原则，加强个性化训练方案的研究以及坚持多元化训练方式，同时可以给予运动员一定的自主训练空间，让他们在训练过程中能够充分挖掘自身的潜力，形成独特的打法和技术风格。

在新规则的基础上，现如今的乒乓球训练体系应该属于体能、心理和技战术训练三位一体化，这是规则变动下乒乓球运动发展的必然，也是系统训练的必然，因此在制定训练方案时需要三个方面均关注，不能顾此失彼，只有实行三位一体化合理训练，才能培养出敢于搏杀、技术扎实、体能强悍、心理素质高、应变和承受能力强的新时代乒乓球运动员。

第四节　乒乓球竞赛规则的演变趋势

乒乓球竞赛规则演变的宗旨就是打破如今国际乒乓球竞技的不均衡格局，虽然国际乒联已经做出了多项竞赛规则的改革，但依旧未能达到预期效果。

首先，现如今 11 分制的竞赛规则造成了比赛结果的偶然性过大，很难充分反映运动员的真实水准；其次，多项竞赛规则的改变都是为了增强乒乓球比赛的观赏性，但是就目前而言效果并不理想，现今 11 分制的赛制使运动员为了得分打法更加凶狠，但缺少了战术的变化，很多创新技术不敢在大赛中使用，很多时候快节奏的发球和得分会导致观众还未能享受到观赏竞技的乐趣，比赛就已经进入尾声；最后，乒乓球运动区域性发展并不均衡，乒乓球竞赛规则的演变还需要考虑乒乓球运动在全世界范围内的推广，只有全球百花齐放，乒乓球运动才会发展壮大。

一、器材改革

乒乓球运动的比赛器材的改变与乒乓球运动的发展前景息息相关，不论是球台的改革还是场地的加大，都要针对运动员的判断、移动、还击和分析等诸多因素来促使运动员的身体素质、技术能力和心理素质的全面展现，只有这样才能吸引更多人参与到乒乓球运动中来，缩小乒乓球运动在全世界范围内的区域差异。

二、发球方式改革

乒乓球运动作为对抗性较强的运动，想要更好地提升其观赏性，就需要运动员在比赛场上将自己的技术、战术水平等完全展现出来，无遮挡发球和大球改革就是基于这种考虑。但现如今的发球方式依旧很难满足观众欣赏比赛的需求，因此后续竞赛规则的改革必然还包括发球方式的改革：通过规则来限制隐蔽技战术的发展，同时增强规则的可理解性和可操作性，不断让发球技术向公平合理的方向发展。

三、商业化进程

要想让乒乓球运动得到长远发展，还需要考虑支撑这项体育运动的经济基础，这就需要不断提高乒乓球比赛的商业价值。2017年，对T2亚太乒乓球联赛的赛制进行了灵活改变，虽然未能达到很好的效果，但其尝试性的竞赛规则改变却值得借鉴。任何一项运动的竞赛规则都不该是千篇一律的，如民间乒乓球选拔、爱好者擂台赛或大球实验赛等都是在灵活运用竞赛规则的变化来提升乒乓球运动的商业价值。不断改革完善竞赛规则能够为乒乓球运动拓宽商业价值创造有利条件，相信未来乒乓球运动会越来越注重商业价值，实现以经济为基础，完美展示乒乓球运动竞技风采的和谐局面。

四、保持攻守平衡

乒乓球运动作为对抗性体育竞技运动，必然遵循攻守平衡的特点和发展规律，因为只有攻守平衡，乒乓球比赛才能更加精彩，其观赏性才能更强。在乒乓球运动发展过程中，曾经出现过多次攻守不平衡的时期，攻守不平衡只会造成回合数减少、观赏性差，甚至妨碍新技术和打法的出现，只有乒乓球比赛能够体现打法丰富、技术精湛、对抗激烈、攻守兼备等特点，才能更加具备吸引力。想要实现攻守平衡，就需要运动员不断创新技术，探索新战术乒乓球运动才会有更加广阔的前景前景。

五、满足传播需求

乒乓球运动不像篮球或足球这种视觉效果更加突出的运动，很多时候在转播和直播比赛过程中，观众根本无法看清球体的运动轨迹和运动员细微的技术展示，这无疑会造成乒乓球运动的传播效果大幅度降低。可以强调色彩合理搭配以提升比赛的视觉效果，从另一种角度赢得观众；可以通过各种新媒体技术，以捕捉、回放、慢放或特写来展示击球瞬间或精彩球的运动轨迹，甚至可以将其制作成动画的形式等，为观众呈现耳目一新的视觉效果；或者可以举办一些花式乒乓球运动竞赛，一方面可以增加娱乐性，另一方面也能在此过程中搜集一些对各类竞赛有益的规则，从而更快更好地借助媒体来推广乒乓球运动。

第三章 乒乓球运动的基本理论知识

第一节 乒乓球运动的五大竞技要素

要想在乒乓球比赛中提高击球的准确性和威胁性，就需要研究分析击球的力量、速度、旋转、弧线和落点，这五点也被称为乒乓球运动的五大竞技要素。

一、五大竞技要素概述

（一）力量

乒乓球运动中击球力量是球产生加速度的根本原因，球拍对球的作用力的大小与球拍击球时的速度成正比，击球瞬间的挥拍速度越快，击球力量就越大，反之亦然。一般击球力量越大，球被击中后在空中飞行的速度就越快。击球力量大能够提升球的飞行速度，而球速越快对方接球时就需要越多的经验和越快的反应速度，从而缩短对手准备的时间，降低其回球质量。击球力量大，对手接球时作用于球拍的作用力也会较大，从而增加对手调节拍形的难度和接球的难度。

（二）速度

球的飞行速度由球拍撞击产生，因此击球力量越大，球的飞行速度也就越大。从时间角度分析，要加快击球速度，一方面是要尽量缩短准备击球所需要的时间，毕竟运动员需要判断来球的速度、力量、旋转、落点和弧线，还需要从对方的站位、引拍和挥拍动作以及球的飞行弧线来进行分析，找到合适的击球方式，这无疑需要花费一定的时间；另一方面是要尽可能地缩短球在空中飞行的时间。不过球的飞行速度是相对的，有时虽然尽可能缩短了准备击球所需要的时间，如在球的上升期就借力还击，但相对来说击球之后球在空中飞行的时间也变长了；如果能够最大限度地缩短打出距离，虽然准备击球所需要的时间变长了，但击球后球在空中飞行的时间则变短了。所以，在训练和比赛过程中，应该在力求加快速度的基础上学会采用不同的速度和节奏来干扰对手的判断。只有能够灵活运用不同的击球速度，才能够在乒乓球训练和比赛中掌握主动权。

（三）旋转

对于乒乓球运动而言，要想让球产生旋转，不仅要将使球旋转的力真正作用到球上，还需要加大球拍与球的摩擦力。虽然球的材料已经确定，无法主观改变，但球拍的性能有些差别，尤其是在各种胶皮的运用方面。在正胶、反胶、生胶、长胶和防弧胶这五种的胶皮中，反胶是摩擦系数最大的，因而使用反胶球拍更利于球的旋转。想要给乒乓球制造旋转，就需要击球时的作用力不通过球心，而球发生旋转的强弱取决于作用力的大小和作用力到旋转轴心的垂直距离。

1. 上旋球和下旋球

乒乓球球心和水平方向的端线形成的横轴叫左右轴，球绕横轴向前旋转为上旋球，球绕横轴向后旋转则为下旋球。

2. 左侧旋球和右侧旋球

乒乓球球心和垂直方向形成的竖轴叫上下轴，球绕竖轴向左旋转为左侧旋球，球绕竖轴向右旋转则为右侧旋球。

3. 顺旋球和逆旋球

乒乓球球心和水平方向的边线形成的轴叫前后轴，球绕前后轴顺时针旋转是顺旋球或正旋球，球绕前后轴逆时针旋转则是逆旋球。

（四）弧线

弧线是指乒乓球被击出后的飞行轨迹，一般分为第一弧线（出手弧线）和第二弧线（弹起弧线）两部分。

（1）第一弧线即球在被球拍击中后到落在对方台面之前的飞行路线。第一弧线由弧高、打出距离、弧线弯曲度及弧线方向四个要素组成。其中，弧高是指弧线最高点和台面之间的垂直距离；打出距离是击球点到落球点的水平直线距离；弧线弯曲度则和弧高及打出距离有关，与弧高成正比、与打出距离成反比；弧线方向则是以击球者为准，球在被击出后的飞行方向，一般为向左和向右。

（2）第二弧线即球从对方台面弹起到触碰球拍或地面等物体之前的飞行路线。第二弧线由弧高、弹出距离和方向三个要素组成，方向是以击球者为准，分左、右、前、后四个方向。

（3）在乒乓球运动中还有一种特例，那就是发球的弧线。发球的弧线的出手弧线是从发球者球拍击中球到球落在本方台面的这段弧线，之后的弹起弧线则分为两部分：第一弹起弧线，球从本方台面弹起到落在对方台面前的飞行弧线；第二弹起弧线，球从对方台面弹起到触碰球拍或地面等物体前的飞行弧线。

（五）落点

落点也就是球被击出后落在台面的点，一般分为三种：第一种是第一落点，即发球时球在本方台面的落点，它直接影响发球的质量和准确性，如发急球第一落点应该在本方台面端线附近，而发近网下旋球时第一落点应该靠近球网；第二种是来球落点，即对方击球后在本方台面的落点；第三种是回球落点，即本方击球之后在对方台面的落点。

一般情况下，落点的好坏有三个评判标准：第一个是极限位置，如近网落点、近边线落点、近端线落点和追身球（根据对方站位将球的落点贴近其身体）；第二个是借助对手的技术漏洞，如对手有较为明显的反手技术差或正手技术差，好的落点要处在对手技术弱点之处；第三个是迷惑性，这需要对对方的心理和行为习惯进行推敲和摸索，配合假动作实现声东击西。

二、五大竞技要素的训练方法

（一）力量

加大击球的力量需要从两个方面进行考虑，一个是发力技巧和方法，另一个则是击球瞬间的挥拍速度。这两者相辅相成，在触球瞬间的用力方向决定了击球后球的运动方向和作用力的利用率，要想加大击球力量，就需要在触球瞬间将用力方向接近或穿过球心。

（1）需要经常性地进行速度性力量的锻炼，增加发力肌肉的整体质量，同时要锻炼全身各部分肌肉，让身体各部位尽量多地参与到速度发力之中。

（2）要学会正确的发力技巧，掌握好各有关肌肉群的协调用力，并了解发力顺序，用脚和腿带动躯干，再由躯干带动大臂、大臂带动前臂、前臂带动手腕，要充分发挥脚、腿、髋、腰、臂、腕、手指的力量，同时有效利用各个关节支点的加速作用。

（3）要掌控好用力方向和发力时机，用力方向要尽量统一，避免反方向的分力；发力时机就是在球拍触球的瞬间，要让挥拍的速度达到最大值。

（4）适当加大引拍距离和击球动作的半径，在击球发力前要让参与用力的肌肉尽量放松和拉长，在击球后应当迅速放松同时注意动作的还原和重心的调整，以便下一次用力。

（5）适当加大力臂后，还需要把握合理的击球时间、击球位置，方便身体各部分肌肉群发挥出最大的力量。

（二）速度

击球的速度慢，就会给予对方更多的准备时间，对方判断来球就越准确；击球速度快，就能给对方判断来球增加难度，因此提高击球速度在乒乓球运动训练和比赛中极为重要。

（1）站位近台，提早击球时间。

（2）完善体能训练，提高反应速度，锻炼步法，提高移动速度。

（3）加大击球力量，主动出力，尽可能让作用力接近球心，同时击球动作要多向前用力，降低球在空中飞行弧线的高度，缩短打出距离和击球后球在空中飞行的时间。

（4）加快击球时的瞬间速度，充分发挥前臂、手腕和手指的作用，发力要与借力相结合。

（5）适当减小击球动作的幅度，如引拍动作要小而快，做到击球有力；触球瞬间发力要集中，发挥更大的爆发力；击球之后迅速制动并快速还原。当然，每种击球动作都有其自身的运用范围，适当减小击球动作幅度是为了提高击球速度的快攻动作，如果是进行大力扣杀，动作幅度必须要适当加大，如借用全身之力进行重击。

（三）旋转

乒乓球运动中，一般很少有绕单一基本轴旋转的球，常见的是绕两种基本轴旋转的球，不过首先需要清楚绕基本轴旋转的球该如何制造。

1. 各种旋转球的制造方法

上旋球的特点是弧线弯曲度大，飞行时会向前拱，对方平挡之后球会向上飞，可以拍形前倾，摩擦球的中上部分，就能够制造上旋球；下旋球的特点是前进力度小，容易向下飞，可以拍形后仰，摩擦球的中下部分或底部向下切，就能够制造下旋球；左侧旋球飞行曲线是向右拐弯大，落台之后依旧向右拐，对方平挡后球会向左飞，可以拍形立起拍头朝下，从右向左摩擦球的右侧面，就能够制造左侧旋球；右侧旋球飞行曲线是向左拐弯大，落台后依旧向左拐，对方平挡后球会向右飞，可以拍形立起，拍头朝下，从左向右摩擦球的左侧面，就能够制造右侧旋球；正旋球的飞行弧线在空中不明显，但落台弹起后右拐弯厉害，对手平挡后球的飞行轨迹不明显，可以拍形平放，从右向左摩擦球的底部，就能制造正旋球；逆旋球和正旋球飞行情况相反，也较为常用，可以拍形平放，从左向右摩擦球的底部，就能制造逆旋球。

2.增强旋转的方法

首先需要选择摩擦系数较大的拍面，如利用反胶拍面来制造旋转球；其次要加大挥拍击球的力量，最大限度地加快挥拍速度和击球瞬间的速度，不仅要发挥腿、腰、上臂和前臂的力量，更需要特别注重手腕和手指力量的作用，在触球时用力方式是摩擦球而不是撞击球，还应该采用向内凹的弧形挥拍路线来适当加大球拍与球的摩擦时间，从而加大摩擦力增强旋转；最后要学会用球拍适当的部位击球，如正手发下旋球应用球拍远离手偏下的部分触球，能够加大球拍与球的摩擦距离。

（四）弧线

用不同的方式进行击球所造成的弧线会有所不同，所以想打出受控制的弧线，就需要捋清影响弧线的要点。首先是击球点位置的高度和击球时间，不同的击球点高度和击球时间均会影响球飞行弧线的选择。其次是击球的角度，也可以叫击球的拍形，主要由击球瞬间的拍面角度和击球的用力方向决定。再次是击球的初速度，这一要点和力量有关，出手的角度相同时，初速度越大打出距离越长，弧高越高。最后是旋转性质，击球时赋予球的旋转性质不同，出手弧线和弹起弧线产生的效果也会不同：上旋能增加第一弧线弯曲度，同时增加第二弧线的飞行速度降低弧高；下旋则能减小第一弧线弯曲度，缩短第二弧线的弹出距离，同时增加弧高；左侧旋能够让球的第一弧线和第二弧线的方向向右拐；右侧旋则能够让球的第一弧线和第二弧线的方向向左拐。

1.攻球和削球中弧线的运用

攻球和削球是乒乓球运动中两项基本技术，攻球是以速度和力量取胜的攻击技术，削球则是偏向于防守的技术。在攻球和削球时，上旋和下旋都起到了至关重要的作用，这就是对弧线的运用。

攻球时运动员在加大攻击速度和力量时，打出距离会越来越大，为了防止球出界，就需要尽量压低弧高，但并非没有限度，如果弧高过低，球就容易触网失分，这时就需要借助上旋。上旋能够增加弧线弯曲度，可以提升击球的准确性和威胁性。弧圈球能够比扣杀更稳健的一个重要原因就是上旋的作用。初学攻球者攻球弧线弯曲度很小，往往会造成球路很直，不是直着出界就是直着触网，造成这种现象的原因就是不会发挥上旋的作用。

削球是注重防守的技术，对它的最基本要求就是弧线的弧高要低。上旋球的飞行弧高较高，打出距离较远，而下旋球能够使球的飞行弧高较低，打出距离较近。因为削球偏重防守，自然击球的力量较小，打出距离较短，但同时打出的弧高较高，很容易被针对，想要打出更有利于防守的削球，就必须做到击球弧高较低，且越低越好，最好能几乎擦网而过，想要达到这一要求，就必须使用下旋式削球，这样才能让削球技术做到既稳又低。

2.控好第一弧线

合理的第一弧线是击球准确性的保证，尤其是在还击过程中，需要重视还击不同的来球对第一弧线是有不同要求的。

来球是近网低球时，还击的弧线弯曲度要大，打出的距离要短；来球是近网高球时，还击的弧线弯曲度可以小些，甚至可以直接扣杀不要弧线弯曲度；来球是远台低球时，还击时则需要较长的打出距离和较大的弧高；来球是上旋球时，还击时要压低弧线曲度，缩短打出距离；来球是下旋球时，则要有意识地制造弧线来增加打出距离。

还击时击球点越低，相应越需要适当增加打出距离，同时制造更大的弧线弯曲度；还击时击球点越高，距离球网越远，越需要注意制造弧线，还需要较大的打出距离；削球还击时，应该保证较低的弧高，最好能够近乎擦网而过，增加对手接球难度；发球时，不管采用什么旋转性质和落点，都应该尽量减小弧线弯曲度。

3.运用变化的弧线

弧线的多变性能够增加球的威胁性，一般由于拍形、击球时间、用力方向和用力方法的不同，击球弧线可分为四种：动作以向上为主，略带向前，拍形基本与台面垂直，可以形成第一弧线的弧高较高、速度较慢、弧线弯曲度较大，第二弧线较高的弧线；动作以向前为主，拍形略前倾，可以形成第一弧线近似与台面平行、弧线弯曲度较小、速度较快，第二弧线与台面近似平行但打出距离较远的弧线；第一弧线近似从上向前下方直线飞行，速度很快，第二弧线高度极低，球触台后会迅速向下滑落；球略带侧旋，第一弧线从上向前下侧方呈弧状飞行，第二弧线向侧下方滑落。

关于增加对手击球难度的弧线，大体有以下几种：压低回球弧线高度；在前后方向上变化的飞行弧线；加大或变化回球弧线向左右两侧偏的角度。尤其是加大或变化弧线向左右两侧偏角度的运用，很容易令对方产生疏忽和无力感。

（五）落点

对于击球落点的控制，首先需要训练腕关节的灵活性，提高用手指调节拍形的细微能力，要长时间习惯性进行变化拍形角度和拍面方向的练习；其次要在进行各种基础技术训练时，有意识地对击球落点提出要求，如按规定的路线将球回击到规定区域；再次加强训练时要增强每一板球的落点意识，尽量做到指哪打哪，不断完善触球瞬间的细节调整，提升拍形、击球部位和力量的控制力；最后按照规定的路线变化来进行技术加战术的练习，如一点打两点，即击球的位置大体不变，但要求回球落点处在两个不同的位置；多点打一点，即回球落点位置固定，但要用不同击球模式和位置进行。

三、五大竞技要素的辩证关系

乒乓球运动的五大竞技要素（力量、速度、旋转、弧线和落点）决定着每一板球的时空特征和运行性状，也决定着每一板球的质量和制胜的分量。通过长期实践摸索，中国乒乓球界从乒乓球竞技的本质特点出发，根据五大竞技要素和特点，总结出了乒乓球竞技制胜的五个关键因素：快、准、狠、转、变。

（一）"快"：乒乓球的速度特征

虽然乒乓球五大竞技要素既相互制约又相互联系，但速度在竞技制胜之中却在第一位，快能够在竞技过程中，使对手在相对较慢的击球速度下形成的技术难以适应，能够让对方因为没有充分的反应时间而造成被动或击球失误。中国传统的直拍近台快攻就是速度优势的完美体现。随着乒乓球技术的不断发展和竞赛规则的不断完善，在速度与旋转的对抗中，快更多地开始体现在反应时间和反应速度上。

（二）"准"：乒乓球落点和弧线

在乒乓球竞赛中，要想让球过网就必须让球产生适宜的弧线，合理制造弧线是达准的前提。但仅让球过网是无法给对手制造很大压力的，要想达到竞技制胜，就必须在稳定过网的基础上加强落点的变化和准确性。也可以说，想要做到准，就必须综合掌握弧线的稳定性、落点的准确性、动作的合理性和使用的连续性，只有在准的基础上完善击球技术才能让打法更具有威胁性和主动性。现今的乒乓球技术要求运动员击球落点和线路上更加多变才能达成竞技制胜，所以运动员一定要不断深入思考击球的落点和弧线的综合运用。

（三）"狠"：乒乓球的力量

狠是乒乓球运动中打法积极主动的体现，是以击球的力量大小和速度快慢为基础，同时融合击球力量、击球速度、旋转和落点各方面竞技要素之后形成的进攻型打法。随着乒乓球运动的发展和竞赛规则的完善，乒乓球竞技中所体现的打法越来越向积极主动进攻和凶狠的方向发展。

（四）"转"：乒乓球的旋转

虽然乒乓球运动的基础旋转仅有几种，上旋、下旋、侧旋、顺旋和逆旋，但这几种基础旋转经过相互之间的组合，可以衍生出数十种旋转方式，这就给乒乓球运动带来了更多的趣味，而且乒乓球的旋转还能够和力量、速度、弧线、落点相结合发展出更多的变化，尤其是在乒乓球运动发展过程中，中国曾经的直板近台快攻打法受到欧洲弧圈球的有力挑战，之后在技术风格中加入了转，最终将力量、速度和旋转有机统一起来，从而取得了优异的成绩。可以说，随着乒乓球运动的发展，乒乓球竞技要素的融合方式会越来越多变，越来越创新，从而不断促进乒乓球运动技术的发展。

（五）"变"：乒乓球竞技要素的融合

乒乓球竞技技术的变化和战术的变化能够让运动员在比赛过程中更快地把握主动权，如在比赛过程中控制击球速度的快慢、力量的大小、旋转的强弱，掌握落点的变化，就能够在多变的技术影响下打乱对手常规的击球习惯。另外，乒乓球的变能够随机组合，不断创新，从而不断完善乒乓球运动技术。

（六）竞技要素的辩证统一

在乒乓球运动竞技要素中，力量和速度属于基础，但五大竞技要素相互融合，能够体现出千变万化的技术风格。自弧圈球技术诞生以来，一直被人们所运用，根本的原因就是弧圈球技术能够将力量、速度、旋转、弧线和落点这五大乒乓球竞技要素和谐地统一到一起，弧圈球技术能够同时拥有旋转强、力量大、速度快且弧线好等多方面的优势，这才是乒乓球竞技要素在乒乓球技术中的典型体现。而且，乒乓球五大竞技要素如果与运动员个人的技术风格相结合，就能够形成各自不同的制胜方式，如快攻打法以速度为主，弧圈和削球打法则以旋转为主。但同时，每一种打法又并非仅有一种风格，即使运动员采用的是同一种打法，根据每个运动员不同的个性、习惯、身体素质和技术特性，与五大竞技要素进行融合后，也会形成完全不同的技术风格。

乒乓球运动员的技术水准既和五大竞技要素的单个水平相关，又和五大竞技要素相互组合的水平有关。五大竞技要素是相互依存、相互制约的关系，这种内在的联系引导着技术和打法的不断演进，同时推动着乒乓球运动的发展。

第二节 乒乓球运动的基本术语

一、站位

（一）近台

近台指站位在离球台端线 30～50 厘米的范围。

（二）中台

中台指站位在离球台端线 70 厘米左右的范围。

（三）远台

远台指站位在离球台端线 100 厘米以外的范围。

（四）中近台

中近台指介于近台与中台之间的站位，离球台端线 50～70 厘米的范围。

（五）中远台

中远台指介于中台与远台之间的站位，离球台端线 70～100 厘米的范围。

二、击球时间

击球时间是指所击的来球从台面弹起至回落的那段时间，具体可分为以下几点。

（一）上升期

来球从台面弹起至接近最高点的这段时间称为上升期。其中，球从台面弹起刚上升的阶段称为上升前期，球从台面弹起接近最高点的阶段称为上升后期。

（二）高点期

来球从台面弹起达到最高点的这段时间称为高点期。

（三）下降期

来球从最高点开始下降以后的这段时间称为下降期，其中球从最高点开始下降的最初阶段称为下降前期；球下降到接近台面或地面之前的阶段称为下降后期。拉下旋来球，一般在下降前期击球；削接弧圈球，一般在下降后期击球。

三、击球路线

击球路线指从击球点到落点之间形成的线。以击球者为基准，一共有五条基本击球路线：右方斜线、右方直线、中路直线、左方斜线、左方直线。中路直线在实际比赛中是根据击球者的站立位置而定。

四、击球部位

击球部位是指击球时球拍接触球的位置，具体划分可以以击球员为准，将球分为四个面：前面、后面、左侧面和右侧面。一般情况下很少有运动员会击球到前面，只会在偶尔出现的对手打的回旋球时，击球员随球过网击球才会击球到这个部位；后面则是最常见的击球部位；在侧身正手发高抛球时，最常见的击球部位就是左侧面；正手发奔球时，较多的击球部位是右侧面。

以上四个面又可以按照钟表的半圈刻度划分为七个部分：上部（顶部）、上中部、中上部、中部、中下部、下中部和下部（底部）。随着乒乓球运动的发展，相应的细化术语也有所发展，过去划分击球部位时只有下、中下、中、中上和上五个部位，在教盖弧圈球技术时需要触及的部位只能说成中上部偏上，而如今则可以改为上中部。击球部位的细化使划分更加准确，更加有利于教学过程中描述细节的动作。

五、触拍部位

触拍部位是指运动员用拍面的哪些部位进行了击球。一个球拍可以分为拍柄、拍身两部分，拍身可细分为拍面和拍身边缘。接近拍柄的位置可以称为近区或近端，离拍柄最远的拍身下方可称为远区或远端，近区和远区中间的部分则称为中区。

六、拍面角度

拍面角度泛指拍面在三维空间中的角度变化，可以分为以下三个部分。

（一）拍形

拍形也被称为拍面倾度。将拍面与台面垂直时视为 0°，随拍面不断前倾而增加其角度，拍面前倾至水平时，为前倾 90°。拍面后仰亦然，当拍面后仰至水平时，为后仰 90°。

（二）拍面方向

拍面方向指球拍绕上下轴左右偏转时，与球台端线所形成的角度。拍面与球台端线平行时（拍面正对前方）视为 0°，随拍面不断向自己右侧偏转而增加其右偏角度，当拍面右偏至与球台端线垂直时（拍面正对自己右侧时），拍面方向为右偏 90°。拍面向自己左侧偏转亦然，当其向左偏至与球台端线垂直时（拍面正对自己左侧时），拍面方向为左偏 90°。

（三）拍面横度

拍面横度指球拍绕前后轴转动而形成的拍面角度的变化。拍柄与球台端线垂直时视为 0°，随球拍绕前后轴不断向左或向右转动而增加其左横角度或右横角度。当拍柄与球台端线平行时，为左横 90°；球拍绕前后轴向右转至与球台端线平行时，为右横 90°。平常说的拍形呈半横状，即横度为 45°。

七、发力方向

发力方向就是球拍的挥动方向。例如，拉加转弧圈球的用力方向为向上为主，略带向前；拉前冲弧圈球的用力方向为向前为主，略带向上。

八、发力方法

发力方法就是挥拍击球时的用力方法。根据不同的对比方式或发力模式，发力方法各有不同。

（一）通过来球速度和击球挥拍速度对比划分

此模式下击球的发力方法可分为以下三种。

发力：来球速度小于球拍速度时。

借力：来球速度大于或等于球拍速度，且球拍速度大于或等于零时。

减力：来球速度远远大于球拍速度，而球拍速度小于零时（球拍向后缓冲）。

实践中，可以通过运动员自身用力方式来解释，来球靠运动员用力挥拍击回的叫发力；来球主要靠触拍后被反弹回去的叫借力；球拍触球瞬间有一个向后缩的动作，借以减弱对方来球的反弹力叫减力。我国快攻运动员打球时多采用发力中借力的方法，也叫借力打力，故攻球速度快，力量大。

（二）根据发力方向与球心的关系划分

从发力方向与球心的关系看，发力方法又可分"撞击"和"摩擦"。发力方向穿过球心叫撞击，特点是球速快；发力方向不穿过球心而远离球心叫摩擦，特点是能够增加球的旋转。现代乒乓球技术要求把撞击与摩擦、速度与旋转结合起来，即使是打同一个球，往往也要撞击与摩擦相结合，但不同打法侧重不同，如快攻以撞击为主，弧圈球以摩擦为主。

（三）从运动员肌肉用力划分

根据运动员击球时的肌肉用力不同，发力方法可以分为爆发力与匀速用力。一般情况下，乒乓球运动员基本上使用的都是爆发力，但个别技术不能用爆发力，如快带技术，只能使用匀速用力方法，忌用爆发力。

九、击球点位置

击球点位置指的是击球时球拍与球接触的那一点和击球员身体所处的相对位置。具体可以从三个维度的距离来确定击球时球所处的空间位置：一是击球时，球处于击球员身体的前后位置，表现为球与球员身体前后距离；二是击球时，球与击球员身体的左右位置，表现为球与球员身体左右距离；三是击球时，球所处的高低位置，表现为球与地面的垂直距离。击球点位置是和击球者、球台、击球时间紧紧联系在一起的。

第三节 乒乓球的基本站位、握拍方法和基本步法

一、基本姿势和站位

乒乓球运动的球速快，变化多，所以为了便于回击各种不同落点和性能的来球，每一次击球前，都需要根据自身的身体特点和打法特点，力求让自己站立在一个相对固定的位置，并且保持一种相对稳定的姿势，这个相对固定的位置就叫基本站位，而相对稳定的姿势则叫基本姿势。

（一）基本姿势

以右手执拍者为例，进攻型打法的基本姿势为两脚开立，比肩稍宽（肩宽的 1.2 ~ 1.4 倍），左脚稍前，右脚稍后，前脚掌内侧着地，脚后跟略抬起；两膝自然微屈，重心在两脚之间，含胸收腹，身体略前倾；肩关节放松，执拍手臂自然弯曲，手腕适当放松，执拍手位于身前偏右处，拍略高于台面。

削球打法的基本姿势与进攻型打法略同，稍显不同的地方在于两脚间距略宽，重心稍低；右脚在左脚之前，上体前倾较少，执拍手放于胸前。

虽然基本姿势大体相似，但仍然需要根据每个运动员自身的身体条件和技术特点略微有一定的变化。比如，弧圈球打法的运动员，动作幅度大，跑动范围亦大，离台也较远，所以两脚间距就要比快攻运动员大，重心也略低；个子高的运动员，两脚间距就可能大一些。即使同是左推右攻打法的运动员，其基本姿势也不尽相同。推挡多、侧身少的运动员基本姿势多为两脚平站，执拍手的位置稍偏向反手位，球拍下端朝向反手位；侧身抢攻多的人，左脚多在右脚前半至一脚的距离，执拍手放在身前偏正手位的一侧。

（二）基本站位

仍然以右手执拍为例，进攻型打法的基本站位是距离球台端线 50 厘米左右。其中，擅长近台进攻的运动员，站位可再稍近些；擅长中近台进攻的运动员，站位可稍靠后些；擅长正手侧身抢攻或弧圈球打法的运动员，可站在球台中线偏左；擅长打相持球或反手实力较强的运动员，可站于球台中间略偏反手的位置。

削攻型打法的基本站位是距离球台端线 100～150 厘米，多在球台中间略偏反手的位置。进攻能力强的，站位可稍近些；以防守为主的运动员，站位可稍远些。

当然，基本站位并不是某一个固定的位置，而是一个大概的范围，不同打法类型的基本站位不同。这些都需要根据运动员个人的身体条件和技术特点进行相应的调整。比如，直拍近台快攻打法的运动员基本站位所指的范围就较小，而弧圈球打法的运动员基本站位所指的范围就较大些，削球打法则更大；即使同为弧圈球打法运动员，侧身抢攻多的运动员基本站位就要比使用反手多的运动员更偏左一些；身材高大的运动员基本站位通常会离球台稍远一些。

还需要考虑对手运动员的打法特点适当调整自身基本站位，如果对手是削球打法运动员，其削球落点的长短就会影响本方基本站位的前后变化；若对手是左手握拍运动员，而本方是右手握拍，就需要将基本站位稍向中间偏移。

二、握拍方法

握拍技术是学习乒乓球的入门技术之一。正确的握拍方法可提高手、臂及手腕的灵活性，为日后技术的提高打下良好的基础。因此，初学乒乓球的人一定要先学好握拍技术。

基本的乒乓球握拍方法分直拍握法和横拍握法两种，不同的握法各有其优点和缺点，也会产生各种不同类型的打法。其中，直握拍反手推挡好，便于左推右攻，台内攻球灵活，正反手交替击球变换快，拍形变化不大，动作较为隐蔽，是我国和日本的传统握拍方法；横握拍正反手攻球力量大，反手攻球容易发力，也便于拉弧圈，控制范围较大，是欧洲的传统握拍方法。现代乒乓球运动对这两种握拍法都有所提倡。

（一）直拍握法

1.快攻型直拍握法

使拍柄贴在虎口上，以食指第二指节和大拇指的第一指节分别压住球拍两肩并构成一个钳形，两指间距离适中，其余三指自然弯曲叠置于拍后，中指第一指节侧面顶在球拍背面约三分之一处。正手攻球时，拇指压拍，食指放松，小指与无名指协助中指顶拍发力；反手推挡时，食指压拍，拇指相对放松，小指与无名指亦协助中指顶拍发力。这种握法的特点是手腕较为灵活，便于利用手指的变化来改变拍形角度，能够更敏锐地调节用力方法和用力方向。

2. 弧圈型直拍握法

弧圈型直拍握法和快攻型直拍握法基本相同，只是在正手拉弧圈时，拍面背后自然叠放的三指略微伸直，以便于击球时能够较好地保持前倾拍形的稳定。

日式弧圈型直拍握法有所不同：拇指的第一指关节在拍前紧贴拍柄左侧，食指扣住拍柄与拇指共同形成环状，拍后其他三指自然微屈，其中中指和无名指基本伸直，并以中指的第一指节顶住球拍背面的中部。这种直拍握法适合反胶弧圈型打法，正手拉弧圈时，拇指需用力压拍，小指与无名指协助中指顶拍发力。因为这种握法几乎将手臂、手腕和球拍连成一线，所以类似于在用横拍，充分扩大了活动范围，同时正手拉弧圈和扣杀时容易发挥手臂的力量。但此方法缺点也较为明显，即手腕灵活度不够，在处理台内球、追身球、快攻球和反手近台球时会比较困难。

3. 削球型直拍握法

拇指弯曲紧贴拍柄左侧，稍用力下压，其余四指分开并自然伸直托住球拍的背面。攻球时，食指迅速移到拍前，以第二指节扣住拍柄，拍后三指仍弯曲贴于拍的上端。这种握法之下削球打法难度较大，已经很少有人使用。

4. 直拍横打型握法

直拍横打型握拍方法基本同于直拍快攻型握法，只是为了便于解决反手位的进攻，在用背面进行攻球时，需要做细微调整。用背面进行攻球时，拇指需要用力压球拍左肩，食指则相对放松，在球拍背面的其他三指要增加弯曲，避免击球时球打到手指上，同时背面三指需用中指不离开中线，且需相应用力。当然，直拍横打握拍的缺点也是背面三指不易用力，且需要手型变化快，拍形不易固定。

（二）横拍握法

横拍握法的特点是正反手攻球力量大，攻削球时握法变化小，反手攻球容易发力也便于拉弧圈，但正反手交替击球时，需变换击球拍面，攻斜、直线时调节拍形的幅度大，易被对方识破。正手攻台内球时较难掌握，处理追身球也有一定的难度。

横拍握法如同人们见面时握手一样，中指、无名指和小指自然握住拍柄，虎口贴住拍肩，大拇指在球拍的正面位于蜷起的中指旁边，食指自然伸直斜放于球拍的背面。深握时虎口紧贴拍肩，浅握时虎口轻微贴拍肩。正手攻球时，食指稍向上移动；反手攻球时，拇指稍向上移动。近年来，随着横拍弧圈球打法的出现和技术的发展，横拍握法已经极为普遍。

（三）握拍注意事项

（1）不管是直拍握法还是横拍握法，握拍都不应过紧或过松。过紧会使手腕僵硬，影响发力时的手腕动作；过松则影响击球力量和击球的准确性。

（2）握拍不宜太浅或太深。尤其是直握时，食指和拇指构成的钳形不能过大或过小，以免影响手腕动作的灵活性。

（3）在变换击球的拍面、调节拍面角度时，要充分利用手指的作用。例如，直拍握法进行正手攻球时，需大拇指用力，食指放松；反手推挡时，需食指用力，大拇指则放松。

（4）不应经常变化握拍方法，否则会影响打法类型及风格的形成，初学者更应注意。

三、基本步法

有了合理的姿势和站位，仅仅是乒乓球运动好的开始，在开始进行击球时，每次击球几乎都和移动有关，运动员为了选择合适的击球位置所采用的脚步移动方法就是步法，它是乒乓球击球技术的根基，只有在好的步法技术的支撑下，运动员才能够保持合适的击球位置，也才能让球的力量、速度和旋转得到充分发挥，从而保证击球动作、回击球动作的准确性，提高击球质量。从合理的击球技术角度看，只要来球的落点和线路发生极其微小的变化，也应该用相应的移动步法来调整身体，以确保击球的质量。因此，在训练中，运动员必须要养成"以脚带手"的良好习惯。

乒乓球运动中对步法的基本要求就是用最快速的移动方法到达合适的位置；移动过程中保持重心平稳没有巨大起伏；移动中动作协调，保证击球瞬间身体能够保持稳定且有助于后续动作。

乒乓球运动的基本步法有大、中、小不同的移动范围，有前后左右、斜前、斜后等不同的移动方向，有单脚、双脚、交叉、滑动、跳动等不同的移动方法，较为常用的基本步法技术有以下几种。

（一）单步

移动方法：以一只脚为轴，另一只脚向前、后、左、右不同的方向移动一步，完成移动后身体重心顺势落到移动的脚上，然后进行击球。

单步特点：单步移动一般在来球离身体不远的小范围内运用，因为移动范围小，动作简单而快速，所以移动过程中重心的转换也比较平稳，是快攻、削球及弧圈球常用的步法之一。

（二）跨步

移动方法：跨步也称为跟步，当来球距离较远时，常用此步法以来球方向为目标进行移动。一只脚用力蹬地，另一只脚向前、后、左、右或斜方等不同方向跨出一大步，身体重心随机转换到跨步脚，蹬地脚迅速滑动半步跟随过去，然后进行击球。

跨步特点：跨步的移动范围较大，移动速度快，一般在来球距离较远时进行使用。由于跨步动作幅度大，所以需要降低身体重心的高度以保证身体的稳定，所以不宜连续使用，而且大多采用借力击球的方式，若需要发力击球，因为动作幅度过大所以不宜采用跨步。同时，跨步在向左右移动时常与并步或跳步结合运用，以得到更快的调整。

（三）跳步

移动方法：以与来球方向相反的脚用力蹬地，然后两脚同时离地向来球方向跳动，用力蹬地脚先落地，另一脚跟着落地，之后进行击球。

跳步特点：跳步的移动幅度比单步和跨步都大，移动前后双脚的距离基本不会发生太大变动，因为跳步移动会有短暂腾空时间，所以对保持身体重心的稳定有影响，重心的转换也很快，通常需要靠踝关节及膝关节的缓冲来减少重心起伏。一般在球离身体较远时使用，可用来连续回击来球。快攻打法常用跳步来进行侧身击球，左右移动时则会将跳步和跨步结合运用；削球打法常用移动范围很小的跳步来调整站位。

（四）并步

移动方法：并步的移动方法和跳步类似，只是移动过程中不做腾空的跳动。并步移动时先以与来球方向反方向的脚向来球方向并一步，然后与来球方向同方向的脚再向来球方向迈一步，之后进行击球。

并步特点：并步的移动幅度比单步大，但比跳步要小，因为没有腾空跳动，所以比较有利于保持身体重心的稳定，适合削球打法使用，快攻和弧圈打法在攻削球做小范围移动时也会经常使用并步。

（五）交叉步

移动方法：交叉步的移动方法是先以靠近来球方向的脚为支撑脚，使远离来球的脚迅速向来球方向跨出一大步，然后支撑脚在跟着向来球方向迈一步，之后进行击球，因为在移动过程中双脚会形成交叉，因此叫交叉步。

交叉步特点：交叉步移动幅度比前几种步法的移动幅度都大，移动速度也较快，主要用来对付离身体比较远的来球。快攻或弧圈打法在侧身进攻后扑右角空当，或在起动中拉削球时常会用交叉步；削球打法左右移动时很少用交叉步，但在接短或削球突击球做前后移动时则常用交叉步。

乒乓球的基础步法虽然只有以上五种，但在训练和比赛中进行实际运用时比较复杂，经常会多种基础步法混合进行运用，最终的目的就是能够迅速靠近来球并保持身体稳定，有效地进行回击并能快速调整姿态。

（六）小碎步

移动方法：小碎步也称为垫步，移动方法是用两脚的前脚掌内侧蹬地，然后两脚尽量靠近地面，在身体重心稳定的情况下，向来球方向移动。

小碎步特点：小碎步的移动幅度很小，属于连接不同步法进行组合运用时使用的步法技术，它对运动员重心的调节、发力方式的选择、击球位置的选择都有重要的作用，很多时候运动员使用单一的步法技术仍然找不到合适击球位置时，就可以用小碎步进行调整，或结合其他的基础步法来获取更佳的击球位置。

第四节　乒乓球运动的基本环节和动作结构

一、乒乓球运动的基本环节

（一）准备

乒乓球运动员在每一次击球前都要有所准备，一方面是身体方面的准备，包括站位和身体姿势等；另一方面则是心理方面的准备，眼睛要紧盯对方或紧盯球，确保全神贯注。

（二）判断

准确的判断是乒乓球运动后续移步和击球的前提和基础，需要根据对方的站位、击球的时间、击球的部位，拍形角度以及拍面方向，对方的发力方法，特别是球触拍瞬间对方的动作和情况，然后根据对方击球后球的飞行弧线、速度、旋转特点等，判断对方来球的落点及具体性能。

判断对方来球性能是判断环节的第一步，第二步则是根据判断好的来球性能和落点，选择自身的回球技术，是拉还是打、搓等，同时要根据选择的回球技术来判断身体在什么位置击球更为合理，决定触拍时用的拍形和角度，然后进入下一环节。判断的环节中，经验是非常重要的，因为时间极短，需要运动员在瞬间做出最为合理的判断。

（三）移步

在判断环节得到来球的落点后，需要根据落点的不同，通过移动脚步的方式来获取最合适的击球位置。同时，根据自身的技术特长和习惯，也需要进行移步。对移步的要求首先是有利于本次击球，最好保证自己的移步能够让击球达到期望的效果；其次要不妨碍下次击球，不能为了让本次击球达到期望，移步到对方回球后自己无法快速调整的位置。要想达到这两个要求，就要看准移步时机，不能过早也不能过晚，同时要有合理的步法组合，这一点就需要在平时的训练中打下扎实的基本功。

（四）击球

通过移步达到合适的击球位置，下一步就是进行击球。击球大体可以分为五个步骤：蹬脚送胯、扭腰带肩、转肩甩臂、转腕顶指、顺势挥拍。

1.蹬脚送胯

这是击球的第一次发力，即击球时机到来时开始重心移动，需要两个脚协调作用，调整重心进行移动，如由后弓步变为前弓步，将原本弯曲的膝关节蹬伸直或将原本伸直的膝关节弯曲，根据不同需求来调整发力方法。

2.扭腰带肩

脚和膝关节的力送到胯部之后，力量通过腰部传递到上半身，同时通过扭腰带肩将腰和肩膀的力传递到手臂。这是击球的第二次发力。

3.转肩甩臂

通过肩膀的力量将全身力量传递到手臂，通过甩臂的动作将力发出，这是第三次发力，同时依据击球的技术需求，进行加转、加速等。此动作需要动作快、有爆发力。

4.转腕顶指

此部分动作最大的特点是根据技术要求对球拍进行调整，同时对球加转、加速等，动作需求极为细腻。这可以说是第四次发力。

5. 顺势挥拍

顺势挥拍主要是为了完成击球之后，使所有的动作完整，顺势挥出球拍之后方便快速还原。

在击球环节，转肩甩臂和转腕顶指两个动作部分都可以不用发力，也可以都发力，或者只有一个发力，需要视来球情况和击球计划进行调整。如果只在转腕顶指环节发力，需要手臂做好配合，否则命中率较低，且动作不自然。

（五）还原

还原就是在击球后，根据具体情况，迅速还原到基本站位、基本姿势，或对身体重心、球拍和身体位置进行适当调整，以便于下一板球的还击或有利于发挥自身特长。

二、乒乓球运动的动作结构

（一）准备动作

此阶段包括站位和引拍两部分。

1. 站位

应该根据对方来球的情况，选择对自身击球最为有利的站位和姿势，站位和姿势的好坏直接影响整个击球动作和效果。比如，正手攻球（以右手握拍为例），就应当右脚稍微向后站，双膝微屈，重心放在右脚而身体略向右侧身，如果正手攻球时双脚平站或者右脚在前，就很难攻出力量大的球。

2. 引拍

引拍就是在击球前扭腰转肩将球拍先向后带然后借机用力的过程。引拍对击球动作也有很大影响，因为引拍是击球前蓄力和准备的过程，但在引拍过程中不要一心想着进行发力和制造旋转，而应该保持专注但不紧张，蓄力而不僵硬的状态。正手攻球的引拍动作应该是前臂横摆，手腕自然放松，使球拍与台面垂直或略前倾，这样才有利于对来球发力；如果正手攻球时进行抬肘引拍，就很难发挥前臂的作用。

（二）击球动作

击球动作就是挥拍击球，主要是整合全身进行发力，包括参与整个动作的所有肌肉部位、发力方向、发力顺序、发力方法和触球部位、击球技巧、击球时间等，击球时手腕和手指以及拍形的动作是较为主要的，同时需要脚、胯、腰、肩、臂、腕、指的整体协调配合。以正手攻球为例，击球动作的顺序应该是右脚用力点地，然后促使胯部和腰部向左转动，带动肩膀和手臂向前挥动，传递的力应以前臂发力为主，根据不同击球动作需要做出不同方向的用力，触球瞬间需要手腕控制好拍面角度，以辅助手臂发力，前臂需要略有内旋动作，以保证用力能够较为完整地作用到球上。

（三）结束动作

击球结束后，虽然球已经脱拍飞出，但由于惯性作用，身体还会带着球拍向用力方向运动一段时间才结束，为了能够更快地调整姿势和站位，迎接下一板击球，就需要有一个结束动作。手臂和手腕及整个身体应该立刻放松，将残余惯性力散掉，然后迅速还原站位和身体姿势，准备再次击球。结束动作时散力和还原较为简单，最关键的是调整站位和姿势准备下一次击球，即再次进入准备动作阶段。

第五节　乒乓球运动的力学原理

了解乒乓球运动的力学基本原理，能够给乒乓球运动提供理论和技术方面的指导，从而深层次分析不同技术动作的力学条件，最终使运动员在训练中能够正确认识和掌握合理的技术动作。

一、击球力学原理

从基本力学的角度而言，在乒乓球运动过程中，不管是发球还是挡球或是回击球，都是力学基本原理的综合应用，其中最经典的就是力学三要素：力的大小、方向和作用点。击球时所用力的大小、用力的方向以及击球瞬间球与球拍接触的力的作用点决定了击球后球的飞行轨迹，了解清楚乒乓球击球的力学原理，能够帮助我们更好地掌握击球后球的运动规律。

（一）击球时的发力：杠杆原理

在乒乓球运动中，杠杆原理是运用最频繁也是最基础的力学原理，杠杆的作用就是通过不同的支点，让力的方向得以改变。在乒乓球击球时，可以将我们的躯干、肩膀、手臂和球拍当成一根完美的动力臂，然后依靠蹬地、扭腰、转肩、挥大臂、收前臂、转腕的动力，将我们身体的各个关节作为杠杆的支点，以手臂的骨骼为力臂，将力最终作用于乒乓球上的过程，其中骨的作用和杠杆相同，因此可称之为骨杠杆。让骨杠杆产生作用，首先是靠肌肉的收缩来产生足够的作用力，然后牵引骨骼绕关节进行杠杆运动，同一个击球动作，若关节运动的角速度不变，那么杠杆末端的速度就会和杠杆的长度成正比，即同一个击球动作，若发力时运用手臂的前臂和大臂相连成为杠杆，则比仅以前臂做杠杆击出的球速度更快，给人的感觉就是力量更大。比如，在拉弧圈球时，如果引拍的动作相对较大，让击球点离身体重心更远些，同时在击球的瞬间小臂突然发力，充分利用大臂和前臂的杠杆来加速，那么击中球时的摩擦速度和穿过球心的主作用力就会越大，从而击出的球转速更快、飞行速度也更快。如果在乒乓球击球过程中无法很好地发力，最大的原因就是无法很好地协调自己的身体，要想避免这一点，就需要通过模仿基础的技术动作，有针对性地对自己的动作进行改进，再经过大量的练习，从而达到更好的击球效果。在此过程中，进行骨杠杆运动也需要注意一定的次序和时间安排，如反手攻击时，若肘关节在引拍后期快速向前牵引甚至超越球拍，就能增加挥拍的动力臂和角速度，从而增强前臂的摆动速度，击出的球自然就会更具有威胁性，速度和力量也更大。

（二）挡球技术的发力：反射原理和动量转化原理

挡球是乒乓球运动非常基础的一项技术，需要通过来球的方向、来球的速度和旋转进行合适的动作调整，其力学原理就是反射和动量转化。

1. 反射

球拍作为击球的工具，就是反射原理中的反射面，很多时候在练习挡球技术时发生方向的偏差，一方面是因为球的转动，另一方面就是因为没有应用好反射原理，根据期望击球的方向，需要恰当地调整拍形角度，利用反射原理的入射角等于反射角，来调控击球的方向。在做练习时首先要清楚球拍作为反射面进行击球时入射角和反射角的规律，然后调整好球拍的拍形角度，从而使球的方向和落点相对稳定。

2. 动量转化

挡球技术对练过程中，很多时候根本无法完成连续多回合挡球，这其中的原因也能够用力学原理来解释。挡球过程中除了需要运用反射原理，还会用到动量转化原理，乒乓球的运动速度 v 和质量 m 相乘代表乒乓球的动量，这个动量的产生是通过球拍加持在球上的力 F 和作用于球的时间 t 形成的，用力学原理表示即 $F_t=vm$，这其中球的质量是不变的，所以在击球时用力更大、球拍作用于球的时间更长，那么击出的球速度就会更大。清楚了其中的力学原理，在对练中就可以针对性进行训练，控制自身的用力和球拍作用于球的时间，寻找一个双方都能接受的速度，从而实现多回合挡球练习。

（三）旋转的秘密：力矩原理和摩擦原理

1.力矩原理

乒乓球运动中，球的旋转是最为常见也最为多变的，使物体产生旋转的力学原理就是因为力矩作用，力矩 M 和作用于物体的力 F 以及力臂 L 有关，用力学原理表示即 $M=FL$，作用力越大，力臂越长，力矩也就越大，那么球旋转也就越厉害。当进行击球时，如果击球的作用力直接穿过球心，就相当于作用于球上的力臂为零，所以即使用很大的力进行穿过球心的击球，球也不会产生任何旋转。要想让球发生旋转，就需要在用力的基础上，保证作用力不穿过球心，产生一定的偏移，这样力臂才能变大，从而使球旋转。

2.摩擦原理

运动的物体在接触另一个物体时，会产生运动方向改变的现象，这不仅有力矩的作用，还有摩擦力在产生作用。乒乓球运动中这种现象更是常见，当旋转的球和球台发生接触后，会出现不同的方向变化，如侧拐、上拱或下沉，甚至旋转的球在接触球台后球速还会发生改变，这就是摩擦力的作用。当球顺旋或逆旋较强时，触碰到球台后，因为摩擦力会产生向左或向右的力，从而使球发生左拐或右拐；当球上旋较强时，触碰球台后会因为摩擦力产生向上向前的力，从而会使球加速，同时向上拱；相反，下旋则使让球减速下沉。了解了这些原理，就能够找到更加精准的动作进行击球，使击球技术更加合理和到位。

（四）弧线的产生：流体力学原理

在乒乓球运动中，旋转球非常常见，但加转弧圈球的弧度会比较大，而削球或搓球的弧度则相对比较小，这种现象背后的力学原理就是流体力学原理。简单来说，流体力学原理就是指液体或气体由于不同的密度或流动方向，会产生不同的作用力。对于乒乓球运动来说，主要需要考虑的是气体，即球在空气中飞行所产生的作用力。

不管是上旋球还是下旋球，或者是左侧旋、右侧旋，球在空中飞行过程中会出现一定的弧度，而且会因为不同的旋转造成不同大小的弧度。这主要是因为不论是向哪个方向旋转的球，因为球自身的旋转和运动方向会对空气造成一定的影响，如上旋球的弧度会较大，这主要是因为球向下旋转速度快，且向前运动，就会造成球上前方的空气密度大于球下后方的空气密度，球在空中受到空气流体和旋转力的合力是向下的，因此产生的弧度大，其他种类旋转的球也是如此。

以上所说的这些力学原理就是乒乓球运动中经常出现和运用的原理，理解这些乒乓球运动背后的原理有助于快速理解和掌握球的运行规律，从而更加快速地掌握和理解所学的击球技术，同时运用到实践中，也能够快速提升击球技术。

二、发球力学原理

在乒乓球运动中，发球是一项重要的技术，发球属于乒乓球比赛中唯一不受对方来球制约的技术，可以在比赛规则允许下，凭借自身的战术意图和技术风格，在任何位置发出任何线路、落点、旋转和弧线的球。发球可以直接得分，或与自己的下一板击球紧密结合在一起从而争取主动权，还可以起到控制对手和破坏对手进攻的作用，甚至能够和战术结合实现不同的打法。现如今国际乒联对比赛规则的改革极大地影响了发球的力量、旋转和隐蔽性，要想熟悉掌握和充分运用各种变化的发球，以利于自己先发制人，就必须要了解在发球时球和球拍的相互作用过程及其中作用力产生的原理，这样才能够做到知己知彼、有的放矢。

在乒乓球运动中，发球员将球向上抛起就是发球的开始，直到球从最高点落下用球拍击球，然后球离开球拍按一定弧线和旋转运动，最后到对方还击之前的过程，都属于发球的过程，可以将发球过程细分为三个阶段进行背后原理的分析。

（一）触拍前

主要是球被抛起并下落的过程，在这个过程中球不会旋转，呈现的是自由落体运动状态，只受重力的作用。在这个过程中，只有一个因素会影响球的速度，那就是球下落的时间，球下落时间越长球速越大，反之则球速越小。球速越大，球和球拍发生接触时的相互作用就越强。

（二）触拍击球

这是一个非常短暂的过程，但在乒乓球发球过程中至关重要，因为球的下落速度、运动员的爆发力、拍形、触球部位、击球点和击球时间等都因人而异，所以会造成发出的球千变万化，而且球和球拍接触时并非点接触，而是面接触，所以球和球拍的相互作用非常复杂。不过从整体来看，可以认为，球和球拍属于完全弹性碰撞，即两个物体碰撞时相互作用力仅由形变程度决定，这个过程就是动能转化为弹性势能，然后弹性势能再重新转化为球和拍的动能。其中，最大的变化就是球的加速旋转，因为球和球拍的碰撞是存在摩擦的，整体理解就是球和球拍的碰撞决定了球整体的运动，球和球拍的摩擦决定了球的旋转。发球后球的运动方向和速度主要是由发球员力的大小和作用力的方向决定，发球后球的旋转问题则遵从力学中的转动定律。

球在与球拍发生短暂碰撞和摩擦后，碰撞时所加的力量和方向会使球的方向和速度产生变动，而摩擦作用则会使球从不转逐渐开始旋转，甚至越转越快，这就是球的加速旋转过程。

1. 旋转强度

旋转强度 ω 和旋转周数 n 成正比，和旋转时间 t 成反比。用公式表示为 $\omega = \dfrac{n}{t}$。旋转强度还可以赋予方向，可以用攥拳四指和直立大拇指的右手螺旋来表示，其中拇指方向可以表示旋转强度方向，四指螺旋方向是球的旋转方向。

2. 旋转加速度

球从接触拍到离拍瞬间旋转速度是多少，表示的就是旋转强度，但球在接触拍前是不转的，那么在接触拍的那一段时间中，球拍必然会带给球一个旋转加速度，促使球的旋转从零快速增加。球的旋转加速度、β 和球的旋转强度增加量（$\omega - \omega_0$）成正比，和球接触球拍的摩擦时间 t 成反比。因为球在触拍前并不转，所以球的旋转强度增加量可以直接用球离拍时的旋转强度来替代，用公式表示为 $\beta = \dfrac{\omega}{t}$。一般情况下，在相同作用时间下，给予球拍摩擦的力越大，作用于球的力矩越大，则球的旋转加速度越大。

3. 旋转惯量

每一个旋转体都有自己的旋转惯量，它的大小和物体本身的质量及转轴的位置有关。对于乒乓球来说，它的旋转惯量 I 是和自身重量 m、球体半径 R 的平方成正比的，用公式表示为 $I = 2/3R^2m$。在 2000 年之前的 38 毫米直径的小球时代，乒乓球的旋转惯量相对较小，所以让小球产生旋转所花费的力会较小；如今所采用的是 40+ 大球，球的重量和半径都有所增加，所以相比而言让大球产生旋转所需花费的力会增加很多。这也是大球时代力量元素地位提高的根本原因。

4. 旋转力矩

乒乓球的旋转速度和旋转方向主要由它所承受的外部力矩决定,乒乓球的旋转力矩就是球和拍的相互作用力与该力对某一转轴力臂的乘积,用公式表示为 $M = F \cdot R \cdot \mathrm{Sin}\,\theta$。乒乓球运动的转轴力臂就是作用点到球心,也就是乒乓球的半径,即 R 是恒定不变的,而 $F \cdot \mathrm{Sin}\,\theta$ 可以称为切向力,即沿球的旋转方向所施加的作用力。

任何击球所形成的作用力都可以将其分为两个力:一个是穿过球心的力,为撞击力,主要作用是改变球的方向和提高球的速度;另一个则是和运动方向垂直的力,为摩擦力,主要作用是改变球的自身旋转速度和旋转方向。

根据这个力学原理可以知道,在某一个旋转方向上,若想让球的旋转速度增加,可以增加作用于球的作用力,也可以增加作用力与球半径的夹角。以正手发下旋球为例,通常发正手下旋球的技术要领是力量集中、吃薄、躺平。力量集中就是指增加手对拍的作用力,这样球的旋转力矩就会增大;吃薄则是在力量集中的前提下,注意发力方向,增加切向力;躺平则是在其他条件相同的情况下,注意击球部位,增大作用力与球半径的夹角。躺平的动作相当于球拍和球完全垂直,那么球自由落体的动量就能在很少损失的情况下转化为切向力,从而增加球的旋转力矩。

(三)触拍后

球离开球拍后就是发球的最后阶段,这个阶段中球就是一个按照一定弧线运动的旋转体,具体球会沿什么弧线运动,球自身会怎么旋转,主要是由第二步触拍击球的技巧来决定,但在球开始飞行后,还有三个方向的作用在影响球的运动。

1. 重力作用

重力的影响来自球的重量,也就是地球的吸引作用,对球的作用力的方向是持续一直竖直向下,大小恒定。

2. 空气作用

这部分属于流体力学部分,主要是球在向前运动时,空气对球产生的粘滞阻力,和球在旋转过程中空气对其产生的压力。

3. 台面摩擦作用

即球飞行到对方台面触台瞬间,台面的弹力和摩擦力对球的作用,如今球台都有所标准,因此球的弹性和台面的弹性、摩擦系数都是相同的,对球产生的作用主要由球自身的速度、旋转情况和球的变形程度来决定。

综上所述，发球后球会具有两个惯性，运动惯性和旋转惯性，在空气和台面对球的运动和旋转阻碍很小的情况下，球基本会保持离拍时的前进速度、旋转强度和旋转方向，直到对方触拍还击。所以，发球时的力量、速度和旋转是发球能够对对方造成威胁的关键元素。

第六节　乒乓球运动器材

一、球

乒乓球运动所用的球在最初是弹性不大的实心球，之后被改用空心球，后来定型为用赛璐珞材料或类似材料制成的球型，白色或橙色且无光泽，2001年之前规格为直径 38 毫米，重量 2.5 克。

1981 年世乒赛后，曾有人提出将乒乓球直径加大的建议，因为随着乒乓球技术的不断发展，运动员击球后的球速越来越快，球体旋转越来越强，很多运动员对阵时根本不会持续很多回合就会分出胜负，因为乒乓球的速度快如闪电，很多时候观众可能还没看清球的动向，运动员之间的胜负就已经分出来了，这在很大程度上减弱了乒乓球爱好者的兴趣，也使乒乓球的观赏性极大地削弱了。但在那时这个建议并未得到人们的重视。

1999 年，第 45 届世乒赛期间举行的乒联代表大会上，大球改革的提案再一次被推出，但是因为并未获得四分之三的多数票同意，该提案被搁置。2000年 2 月 23 日，国际乒联特别大会和代表大会终于通过了大球改革的提案，决定从 2000 年 10 月 1 日起，开始使用直径 40 毫米、重量 2.7 克的大球来取代38 毫米的小球。

虽然看似乒乓球的变化并不大，仅仅是直径增加了 2 毫米，重量稍微重了 0.2 克而已，但事实是这个变化所带来的是整个乒乓球运动打法和技术上的大变革。球体的增大使同样的击球力量下，球体的速度会变慢，旋转会变弱，威胁性则更小。本来国际乒联增加球体体积的目的是增加回合数，提高乒乓球运动的观赏性，可是随着新打法和新技术的涌现，增强观赏性这一初衷并没有得到实现，反而使比赛中回合数比小球时代更加少了。这主要是因为很多顶级乒乓球高手在不断创新乒乓球的细节打法，从这个角度来看，虽然乒乓球运动的观赏性并未改进，但能够不断促进乒乓球技巧的创新和发展，大球改革变相促进了乒乓球运动未来的发展。

2014 年，国际乒联决定从 2014 年 7 月 1 日起，乒乓球国际比赛启用全新的以高分子聚合物为原料的新塑料球，用以替代沿用了上百年的赛璐珞制造的乒乓球，且乒乓球直径从 39.5 ～ 40.5 毫米微调为 40 ～ 40.6 毫米，比原本的大球更大一些，所以被称为 40+，并决定 2016 年 6 月 30 日之前，赛璐珞和新材料两种乒乓球都能够在市场上合法销售，但到 2016 年 7 月 1 日后，赛璐珞制造的乒乓球全面退出乒乓球的历史舞台。

二、球台和球网

在乒乓球运动发展的初期，并没有完善的规则，比赛时所用的球台长度较短，宽度为 146.4 厘米，球网高 16.77 厘米，直到第 11 届世乒赛后的 1937 年，国际乒联对球台进行了调整，长度增加到 274 厘米，球台宽度增加到 152.5 厘米，网高从 16.77 厘米降到 15.25 厘米。

现如今乒乓球台的标准尺寸为台面长 274 厘米，宽 152.5 厘米，台高 76 厘米，球网高 15.25 厘米，球网一律为暗绿色，网顶要有宽度小于 1.5 厘米的白边，将球台划分为两个相等的台区。台面应与水平面平行，台面用木材或其他材料制成，但其弹性标准需要一致：球从 30 厘米的高处自由落到台面，反弹高度应为 23 厘米，摩擦系数需要小于 0.6，台面四条边应各有一条 2 厘米宽的白线，长的称为边线，短的称为端线，每个球台被一条与边线平行的 0.3 厘米宽的白色中心线等分，台面颜色只能是蓝色或绿色且无光泽。

三、球拍

（一）球拍的发展

乒乓球刚刚在欧洲兴起时，因为主要流行于欧洲贵族之间，并且是由网球发展而来，因此最初乒乓球球拍所用的是类似于网球拍的小型穿线球拍。随着乒乓球运动的发展，球经过了数次改革，穿线球拍再也无法满足乒乓球运动时的需要，于是有钱的贵族开始改制球拍，他们用薄薄的羊羔皮取代了原来球拍上的穿线，制成了拍面完整的羔羊皮球拍。后来，因为羔羊皮球拍耐用性差且造价非常高，人们开始试着用木材做球拍，因为其造价低且耐用，于是木球拍开始在乒乓球运动中普及。

1902 年，英国首次举行乒乓球比赛，一位运动员使用了一块贴有颗粒胶皮的木球拍，极大地增加了球和球拍之间的摩擦，从此乒乓球开始进入旋转时代。1951 年，奥地利运动员在颗粒胶皮和木板之间增加了一层泡沫橡胶，创新了海绵球拍，因为增加了球拍的厚度和软度，并保留了表面的颗粒胶皮，所以海绵球拍的弹性和攻击力量得到了很大的提升，这种球拍也被保持到了现今，被人们称为正胶海绵拍。1952 年，日本运动员就用厚达 0.8 厘米的正胶海绵拍配合远台长抽的攻击打法，一举夺得了世乒赛男单冠军，之后乒乓球拍的改革一直没有停止。

1959 年，中国乒乓球运动员张燮林无意间发现了一种比一般胶皮颗粒长一些的胶皮，颗粒长度超过了 1.5 毫米，也被称为长胶胶皮，恰好他比较擅长削球，于是开始使用这种长胶胶皮拍，最终形成了连削带扣、刚柔并济的打法风格，最终被乒乓球界称为"魔术师"。

后来，中国乒乓球队员又利用长胶拍发明了两面倒板打法，即借用两面不同的胶皮的不同性能来形成极其多变的打法风格，从而开创了怪球时代，而且胶粒越弄越长，打法也越来越怪，最后国际乒联不得不限制了长胶胶粒的长度和两面胶拍的颜色。

到 20 世纪 60 年代，一家日本球拍公司研制了一种黏性很强的橡胶材料，并突发奇想将原本凸起的橡胶颗粒胶向外贴的模式反了过来，即将凸起的橡胶颗粒朝内贴在球拍的泡沫橡胶上，最终创新出了反胶海绵拍，这种球拍不靠表面粗糙来增加摩擦力，而是靠着橡胶面的黏度和增加球与胶皮的接触面来增加摩擦力，这给乒乓球界带来了巨大的变革，形成了一次球拍的创新革命。因为反胶海绵拍增加了球拍和球之间的摩擦力，使旋转球的力度越来越强，最终促成了弧圈球的诞生。

1959 年，国际乒联规定球拍必须覆盖正胶或反胶胶皮，但胶皮厚度不得超过 2 毫米，同时因为日本使用过超厚的海绵拍，所以还规定球拍海绵橡胶和胶皮的整体厚度不得超过 4 毫米。

乒乓球运动发展至今，球拍一直在随着运动员技术的成熟和发展不断产生变化，总结起来如今的乒乓球球拍有五种规格。

1. 正胶海绵拍

正胶海绵拍也叫短颗粒胶皮，胶面颗粒向上，颗粒高度与直径相等，特点是弹性好、击球稳且速度快，由于胶皮黏性小，所以不太容易制造强烈旋转，在处理台内旋转球和正手抽杀方面较为出众，所以较为适合近台快攻型球员使用。

2. 生胶海绵拍

生胶也是颗粒向上的短颗粒胶皮，只是颗粒高度小于直径，且和正胶胶皮的制作工艺有所不同，一般根据胶皮的硫化程度来区分生胶和正胶，硫化程度较低、胶皮较为透明的是生胶；硫化程度较高、胶皮不太透明的为正胶。生胶有减转的作用，比较容易控制球，击球特点是击球有下沉，搓球旋转弱，在反手拨打台内短球时颇具优势。

3. 反胶海绵拍

反胶就是将原本颗粒向上的胶皮翻过去贴在球拍上，是黏性较大的光面向上的一种胶皮，因为反胶胶面黏性大，所以很善于制造旋转，同时因为胶面黏性大也具有一定的缺点，很容易吃转，掌握时有一定的难度。反胶比较适合于打法以旋转为主的运动员，如弧圈球和削球。反胶球拍也是现在最常见的球拍，各国欧洲运动员几乎全部采用反胶胶皮，亚洲也有近八成运动员在用反胶胶皮。

4. 长胶海绵拍

长胶指的是颗粒长度超过 1.5 毫米的胶皮，特点是能够减弱旋转的影响，而且很容易回击出不规则和反常规的怪球。进入 21 世纪，国际乒联限定了长胶胶面的使用，规定比赛中禁止使用颗粒高度和直径比大于 1.1 的长胶拍。现如今因为长胶的特性被极大消弱，所以使用长胶拍的运动员较少。

5. 防弧胶海绵拍

防弧胶和反胶一样是表面光滑无颗粒的一种胶皮，颗粒向内且颗粒高度很低，这造成光滑胶面的弹性较小，同时防弧胶胶皮下的海绵较硬，黏性也较小，可以理解成防弧胶胶皮是以完全老化的反胶做成。其特点是几乎没办法制造旋转球，同时几乎不受旋转球的影响，只是防弧胶球拍击球力量较弱，击球下沉飘忽，对抗弧圈球非常奏效，所以被称为防弧胶。

现如今的乒乓球界虽然以反胶两面拍为主，但其实每种胶面的拍均有一定优势，如正胶和生胶这类短颗粒胶面对长胶和防弧胶这类不善于进攻和制造旋转的胶面更具优势；长胶这类长颗粒胶面对比反胶这类善于制造旋转的胶面则更具优势，因为可以借用反胶的旋转形成更加不规则的怪球，当然如今反胶技术极为成熟，长胶被限制，所以长胶已很少使用；反胶则在面对正胶和生胶这类短颗粒胶面更具优势，因为反胶拍拉开台面距离后能够制造足够的旋转，此时正胶和生胶球拍根本无任何把握回击这种球，而且容易击球打滑。

对于乒乓球球拍，还要求底板坚硬平整，且至少要有 85% 的天然木材，如果加强底板的黏合，每层黏合不能超过总厚度的 7.5% 或 0.35 毫米。拍面覆盖物要覆盖整个拍面但不能超过边缘，同时靠近拍柄及手指握拍部分可以不进行覆盖，覆盖物必须采用国际乒联现行许可的牌子和型号，边缘必须附有清晰可见的商标型号及国际乒联的标记。覆盖物可采用一层颗粒向外、连同黏合剂厚度不超过 2 毫米的无泡沫橡胶胶皮，颗粒必须平均密度分布整个胶面，每平方厘米不少于 10 颗且不多于 50 颗，也可采用一层颗粒向内或向外的海绵胶、连同黏合剂厚度不超过 4 毫米的胶皮覆盖，其中覆盖在泡沫橡胶上的颗粒胶皮厚度不得超过 2 毫米。球拍两面不管有没有覆盖物都必须是无光泽面，且一面为黑色另一面为鲜红色，拍子边缘包边不得呈现白色且要无光泽。拍面覆盖物可用压力感应胶纸或其他国际乒联批准的黏合剂进行黏合。

（二）球拍的选择

乒乓球球拍是乒乓球运动中不可或缺的工具，不同的球拍有着不一样的特点，从而可能会导致技术和打法的不同，因此如何选择球拍也需要做出慎重考虑。一般情况下需要针对不同的需求和特性来进行球拍的选择，如初学者首先需要考虑自己的不同学习阶段来选择不同的球拍，在基础训练阶段应该选择弹性较小容易控制的球拍，而在提升技术和加强训练的过程中可以选用增加击球杀伤力的球拍。达到一定阶段则需要根据自身不同的特长、风格来选择不同的球拍，如弧圈球技术好的可以选择稍软的底板配备较硬且较厚的海绵以及较黏的反胶来提高旋转及攻击的速度，提升控球的时间。如果擅长快攻和扣杀，则可以选择较硬的底板配备较软且厚度适中的海绵和速度较快的胶皮，来增加自己驾驭球的能力，提高击球的力量。如果追求弧圈结合快攻的则应选择软硬适中的底板配备硬度和厚度与自己风格相适宜的泡沫海绵，具体则需要根据自身拉球与攻球的使用率来选择。

（三）球拍的养护

乒乓球球拍自入手开始，即使完全不适用，但只要打开密封袋后，胶面的寿命也大概仅有一年左右，当然具体寿命视使用方法和频率各有不同。乒乓球球拍要置于避免阳光直射、较为干燥的地方，不得放在加热器或冷气出风口，否则胶面很容易受到氧化和损伤。如果手上有油污尽可能不要去触碰胶面，更不要去触碰其他人的球拍胶面，如果胶面有油污则需要用较为适合胶面的清洁剂进行清理，若胶面上沾有普通污垢，则可以用湿软布轻轻擦拭。球拍如同战斗中的武器，若想要尽可能地发挥自身的实力和技巧，就必须要注重自身球拍的养护。同时，有一些关于球拍的特殊规则用以限制球拍的更换和使用，如比赛中球拍的性能发生了变化，队员需要更换球拍时必须要及时通告裁判员和对手，还需要向裁判员的对手展示新换的球拍并允许他们检查；比赛期间队员离场休息时，球拍需要放在比赛的球台上，除非得到了裁判员特别的许可，否则拿走球拍都视为违反规则，并会受到不同程度的惩罚。

第四章　乒乓球技术训练

第一节　乒乓球运动的球性练习

乒乓球运动不同于其他体育项目，它有一个熟悉球性获得球感的特殊过程，只有熟懂球性、获得球感，才能为后期高难度动作的训练打下坚实的基础。

一、乒乓球运动球性练习内容

（一）节奏感练习

节奏感练习主要有两个方面内容：一个是主动变化击球的节奏，做到快中有慢、慢中有快、轻中有重、重中有轻；另一个是当对方改变击球节奏时，能够及时地调整自己的击球节奏，从而适应节奏的变化。节奏感练习最主要的目的是了解球的弹跳规律和球拍对球弹跳规律的影响，属于最基础的熟悉乒乓球特性和球拍特性的练习，只有打牢基础，才能对球和球拍的性能了如指掌，才能在后期学习乒乓球技术时游刃有余。

（二）器材操控感知练习

乒乓球器材主要分为球、球拍、球台、球网等各个方面，尤其是球拍，属于乒乓球运动中的主要"战斗"器材。相对来说，球、球台和球网都属于固定且变化较少的器材，而球拍因为其不同的大小、不同性能的胶皮拍面，都会取得不同的击球效果，因此在学习乒乓球时，在熟悉球的弹性性能后，必不可少的就是熟悉不同性能球拍的操纵感觉，同时对不同的执拍方式进行熟悉，以便后期选择适合自身的执拍方法。只有熟悉这些，在后期选择技术方向和打法风格时才能更加适合自身。

（三）空间感练习

空间感练习主要的目的是熟悉球被击中之后的弹性变化及路线变化，同时在此过程中也能够了解空气媒介、球拍和球台的阻力及弹性变化，而且进行空间感练习也有助于在击球过程中掌控合适的力度，提高击球弧高、线路和落点的准确性。

（四）力量感知练习

乒乓球运动作为一项体育运动，力量的控制自然是极为重要的一项基本技能。乒乓球的运行靠的是球与球拍的撞击、摩擦，然后开始在空中飞行，具体的飞行速度、线路和旋转都和击球时一瞬间的发力有巨大的关系，因此力量感知练习就变得尤为重要。力量感知练习最主要的目的是建立球拍触球时的肌肉感觉，培养执拍手臂控制球拍力度和击球瞬间力量爆发的能力，只有熟悉了自身的力量变化和击球时力量的传递方式，才能够在后期学习技术时快速调整力量的大小，掌握各种不同的击球技术。

二、乒乓球运动球性练习方法

（一）徒手颠球练习

在尚未开始接触乒乓球运动时，初学者对球的弹性性能没有了解是很难掌握球的弹跳规律的，所以可以先徒手用手掌和手背进行颠球，来快速熟悉乒乓球的弹性性能。

（1）用手掌一面进行颠球。持球手将球抛起，然后击球的手快速移动到球下方用力颠球，手掌较为柔软，球受到的缓冲力较大，所以需要稍微用力，然后在颠球时尽量将球控制在手掌心的部位，便于连续颠球。

（2）用手背一面进行颠球。和手掌一面颠球动作类似，但不同的地方是需要轻些用力，因为手背比手掌硬度高，同样需要尽量将球控制在手背中心的部位，便于连续颠球。

（3）手掌和手背颠球拥有一定熟悉度之后，可以采用手掌、手背交替颠球的方法来熟悉球的弹性性能。因为手掌和手背对球作用时有所不同，所以交替颠球能够很快了解球的弹性性能，且能快速掌控击球时的力度变化，增强对力量的感知。

（二）大板拍颠球练习

对球的弹性有所了解后，可以进一步手持球拍进行颠球练习，初始可以使用纯木板无胶皮的球拍进行颠球，与用手掌、手背颠球方法一样，不同的是在用木板拍颠球时注意距离感，击球时板拍到球的距离要相应远一些，握拍方式也可采用直握或横握。板拍颠球能够练习力量调控以及击球空间感知，使用不同的力度会使球飞起不同的高度，同时能够熟悉握拍方法，方便后期选择适合自己习惯和感觉的握拍姿势。

（三）胶皮拍颠球练习

方法同上，但需要注意胶皮拍会有很大的弹性变化和旋转变化，初期练习时可以先进行球拍性能及发力技巧的熟悉，当适应之后就可以有意识地制造旋转颠球。可以先熟悉正旋，再熟悉逆旋，最后练习正旋和逆旋结合的颠球。这个过程一方面是熟悉胶皮拍的弹性性能，另一方面则是熟悉不同胶皮对球的旋转产生的影响和变化。

（四）撞墙颠球练习

在前面几种颠球的基础之上，可以进一步进行撞墙颠球，首先选择一面平整且具有一定空间的墙，然后离墙1米左右，用球拍击球使球撞在面对的墙上，球拍作用于球的作用力方向与墙的夹角在五六十度最佳，球击墙的高度在练习者头和胸之间最好。在练习过程中，可以调整力量，以中等为宜。因为撞墙颠球时球会撞墙后向斜下方弹回，所以练习时球拍要后仰击球的中下部，方便在球路变化不大的情况下连续撞墙颠球。随着熟练度提高，可以适当增加力量、增大球拍作用于球的作用力方向与墙的夹角，击球距离从1米增加到2米左右。后期可以增加左旋或右旋进行撞墙颠球练习，不过因为增加左旋或右旋会使球撞墙后回弹方向产生偏移，所以可以两人分立，每人接一球来进行练习。

（五）撞地再弹墙练习

离墙1米左右，先用球拍击球让球弹向地面，然后经过地面反弹再撞向墙弹回，再用球拍将弹回的球击向地面，循环往复。熟悉之后，可以适当加大离墙距离和击球力度。此方法一方面可以快速增强球感，另一方面能够简单了解多次反弹后的球路模式，为熟悉球台撞击打下基础。

（六）两人对颠练习

两个人一起练习，视两人的身高及击球力度相距适当的距离，然后面对面互相颠球，即一方击球弹向对方球拍，另一方亦如此。熟练度提升后可以适当增加两人距离，同时可以规定弧线高度，如在两人中间增加障碍，甚至可以调整障碍高度满足练习需求。通过这种练习方法能够快速熟悉击球力量大小的控制和击球弧线的调控。

以上的颠球练习都最基础的熟悉球性的方式，在达到一定的熟悉度之后，就可以采用各种不同的颠球方式进行球性的深度练习，如过障碍颠球、颠球转体、跑动中颠球接力、双人跑动颠球等。这些方法都是为了能够快速熟悉球性，以便为之后的乒乓球训练打下坚实的基础。

第二节　乒乓球运动的基本技术

一、发球技术

在乒乓球比赛中，发球是每一分球的开始，而发球技术也是乒乓球技术中唯一不受对手制约和限制的技术，因此运动员可以运用发球技术最大限度地实施自己的战术意图，其主动性和优势极为明显。也正是因为发球技术不会受到种种制约，因此也是乒乓球技术中最具潜力的技术之一。在乒乓球运动的发展历程中，因为发球技术高超而直接得分的案例数不胜数，可以说发球在乒乓球运动中是最有主动优势的技术之一。

发球技术一般由抛球和挥拍触球两部分组成，要想发出高质量的好球，第一需要抛球稳定，不管是抛球的高度，还是球上升及回落的线路都必须足够稳定；第二就是击球点要准确，不仅触球点的高度需适当，球拍触球时的触点也需要根据不同战术和发球风格进行调整，但必须要触点准确；第三是发球的本方球台落点要适当，根据发球需求的不同要找准不同的首次落点；第四是发力需要根据需求进行不同的调控；第五则是球触拍时要保证用力方向和球拍摩擦球的位置精准，即使用相同的动作姿势，也能够通过改变用力方向和摩擦球的位置呈现出不同的旋转球；第六则是需要学会全身各部位的协调与配合，才能在发出高质量的球的同时，快速还原到合适的接球状态。

发球不仅能够最大限度地发挥自身的优势和特点，还能够为抢攻制造足够的条件，另外如果对对手有一定的了解，还能够有针对性地对对方进行技术特长的压制，破坏对手的战术和给对手造成心理压力。发球技术可根据球的旋转性质、动作姿势、抛球方式、正反手发球等方面进行细分，如根据球的旋转性质可分为平击发球、奔球、转与不转发球、侧旋发球等；根据发球动作姿势可分为上手发球和下蹲式发球；根据发球抛球方式可分为高抛发球和低抛发球；根据发球所用不同的手可以分为正手发球和反手发球。

（一）正手发球技术

乒乓球运动员一般都会有正手和反手之分，即根据习惯用手来进行划分，若习惯用手为右手，那么正手则位于身体偏右侧同时扩大手臂关节外展角度来进行击球，反手则位于身体偏左侧同时缩小手臂关节内扣角度且手腕外翻来进行击球；习惯用手为左手则方向相反。此部分以惯用手为右手的运动员为例进行基本技术的分析。正手发球因为手臂更加灵活和自然，所以发球质量更高、威胁更大，特别是直握拍的运动员，用正手发球更能发挥手臂和手腕的作用。一般正手发球的姿势是左脚在前右脚在后，两腿膝盖微屈，右肩略向右偏斜，上身略微前倾，托球的手自然置于身前，略高过球台，执拍手则置于托球手后且略高。这是比较常见的正手发球准备姿势，当然根据发球需求的不同，准备姿势也会有一定的变化。另外，发球握拍时虎口不能太死，应该留有一定的空隙，让手腕和手指拥有一定的发挥空间，横握拍运动员在发球时甚至会对自己的球拍做一定的调整。

1. 正手平击发球

平击发球的特点是击球后球的速度比较慢，力量也比较轻，一般会带有一定程度的上旋，属于发球技术中最简单的发球方法，技术比较容易掌握，也是复杂发球技术的基础。

正手平击发球的站位需身体离台约40厘米，偏左角位置，抛球后执拍手要向后上方引拍，拍面需要略微前倾，当球从最高点下落至比球网略高时球拍向前下方挥动击球的中上部，球被击出后第一落点大约在本方球台中部，击球后手臂要继续顺势挥动然后迅速还原。正手平击发球的动作过程是用右脚发力的同时移动身体的重心到左脚，然后力传递到前臂时进行发力，可以在挥拍击球的瞬间增加微微向前下方要求的动作，从而提高发球质量。

2. 正手奔球

奔球的特点是击球后球的速度较快，两落点间距离长且冲力较大，球在飞行时弧线较低，球路角度比较大，在一定程度上具有右侧上旋的旋转，可以用来突袭对手反手位来牵制对手，扰乱对手侧身抢攻的意图。

（1）发球时要尽量靠近球台，抛球后执拍手向后引，球拍稍微立起类似发侧旋球的姿势，击球时球拍立起并向前下方快速挥动，触球瞬间手腕要从后向前用力抖动发力，击球的中部，击球点尽量靠近球台来降低球的弧高，触球瞬间球拍沿球右侧中部向中上部分摩擦，第一落点靠近己方球台端线，以便发出长球。可在侧身位发斜线和直角大角度奔球，也可以在球台中央向对手两大角发大角度奔球。

（2）横拍正手奔球的基本站位和动作与直拍类似，只是在挥拍击球瞬间会有所不同：触球瞬间球拍要发直，拇指用力压住拍肩，拍面稍微斜一些以增加隐蔽性。

3. 正手转与不转发球

转与不转发球的特点是能够用相同的动作发出旋转反差很大的发球，能够造成对手判断错误从而直接得分或获得主动。转与不转发球时转球主要以强烈下旋球为主，落点则以近网短球为主；不转球则可以兼顾长球。

（1）直拍正手转与不转发球遵循一般发球姿势，离球台约 15 厘米，稍微不同的是左脚在前右脚在稍侧后，能够方便发挥腰的扭力。抛球时需要注意避免垂直抛球，而应该向后上方抛球，从而使击球时能够借助球向后下落的力，球抛起后向后上方引拍，拍面适当后仰，手腕外展放松，同时腰稍微向后转便于发力。挥拍击球时要以腰带动手臂向前下方挥动，触拍瞬间拍面后仰手腕加力。转与不转发球最为关键的技巧是要在触球瞬间再决定发转球还是不转球：若发下旋加转球，则用球拍下半偏前方的部位摩擦球的中下部，而发不转球则用拍的上半部分推送球的中下部。

（2）横拍正手转与不转发球基本动作和站位与直拍类似，不过在触球瞬间执拍手要由后上向前下方挥拍击球，同时手腕和手指的用力方式有些不同：发下旋加转球时，前臂做旋外转动快，拍面后仰角度大，触球瞬间手腕和拇指食指需加强用力，增加下旋旋转；发不转球时，前臂做旋外转动慢，拍面后仰角度小，触球瞬间要用力均匀，手腕加速弹球。

4. 正手侧旋发球

侧旋发球的特点是能够通过不同的旋转和不同的速度形成多种变化组合，属于直拍运动员的特长发球。当然，横拍通过姿势调整和动作技巧也可以发出高质量的侧旋球，不过需要较大的腕力。侧旋发球根据左右旋转不同可以分为逆侧旋球（向右旋转）和正侧旋球（向左旋转）。

（1）直拍正侧旋发球遵循一般发球站位和姿势，抛球时腰向后转，球拍向上引，挥拍击球时球拍要向前下方挥动，正侧下旋发球时球拍要略微向后仰，触球时摩擦球的内侧下部；正侧上旋发球时球拍要略微立起，触球时摩擦球的内侧中部。直拍逆侧旋发球的区别在于球拍前挥时要做肘关节外提、前臂和手腕内收的动作，需要用球拍向身体外侧用力摩擦球。通俗来说，直拍正侧旋发球和逆侧旋发球的区别就是正侧旋从身体外侧向内摩擦球引起球正旋，逆侧旋从身体内侧向外摩擦球引起球逆旋。

（2）横拍的侧旋发球和直拍的主要区别是手腕的用力，直拍发侧旋球具有天然的握拍优势，但横拍因为执拍方式的问题，想发出高质量的侧旋球就需要加大手腕发力以便制造旋转。横拍正侧旋发球在挥拍前就需要手腕适当外展，发上旋拍面稍微横立，触球时需要手腕向横侧方用力；发下旋则拍面稍微后仰，用球拍中下部触球，需要手腕和手指向横侧方用力。横拍逆侧旋发球和正侧旋不同的是挥拍时肘关节外提，手臂和手腕要从内向外前侧方发力，同时增加手腕外抖力量以便增加旋转。

5. 正手高抛发球

高抛发球和普通发球最大的不同之处就是抛球的高度，因为球抛得高所以下降速度也快，能够增加球对球拍的反作用力，从而加快出球速度和力量。高抛发球抛球高度一般在 2 米到 3 米，是由中国运动员刘玉成于 1964 年发明。首先，采用高抛发球首先要把球抛稳，让球接近垂直抛起在身体右侧前方降落；注意击球点不能离身体过远，球落至身体右腰前 15 厘米左右击球最佳；最后，需要掌控好手臂向后的引拍动作，只有引拍动作到位时机准确，才能达到提升发球质量的效果。正手高抛发球主要球路为正手正侧旋球和正手上旋长球，动作技巧和发力模式与相应发球形式类似。

6. 正手下蹲式发球

在介绍正手侧旋发球时曾提到其更适合直拍运动员发挥特长，而横拍运动员虽然也可以运用，但需要极大的手腕力量和相应的技巧，下蹲式发球就解决了横拍运动员在正手侧旋发球时不易用力的问题，这种发球模式能够很好地发挥横拍运动员前臂和手腕的灵活性，因此是横拍运动员较为独有的发球技术。

采用下蹲式发球时，因为需要身体下蹲造成重心变化大，所以需要注意以下几个问题：首先是向上抛球时需要注意与竖直的夹角不能超过 45°，否则算犯规，因为下蹲时抛球容易向后发力，所以这一点需要格外注意；其次是掌握好击球的时机，一般等到球下降到网高时再将球击出；最后是注意动作的还原，因为身体需要下蹲重心变化大，所以要将发球和抢攻结合，然后加快身体的还原速度，以免被对手抢攻。

　　一般横拍正手下蹲式发球主要发的是逆侧旋球，准备动作需要身体向右略偏斜，抛球后要两膝弯曲呈深蹲状，将球拍上提到肩部位置，当球下降到与头部差不多高度时球拍快速由左向右挥动，逆侧上旋球时触球由球拍左中部向右上部摩擦球；发逆侧下旋球时触球由球拍正中向右下部摩擦球。

（二）反手发球技术

　　运用反手发球能够比较全面地照顾整个台面，比较有利于运动员采用两面进攻的战术，所以反手攻击较强的运动员会较多采用反手发球技术。反手发球的基本站位是右脚在前左脚在后，位置在球台左侧三分之一或四分之一处，身体略向左偏斜。

　　1. 反手平击发球

　　反手平击发球的关键动作是右手臂外旋，让球拍稍微前倾，同时身体从左后方引拍，发力要以前臂和手腕为主，重心转移和正手发球相反：重心从左脚移动到右脚。击球时在球略高过网时右臂从身体左后方向外摆臂，击球的中上部向右前方发力。直拍运动员和横拍运动员动作类似，只是直拍运动员需要在引拍时加手腕内扣的动作，击球时手腕外弹以增加力度。

　　2. 反手奔球

　　反手奔球的基本站位和姿势与一般反手发球类似，在抛球后需要前臂迅速从左后向前方挥动，击球点在球和网齐平甚至低于球网，拍面稍微前倾，击球的中上部。

　　3. 反手发轻短球

　　这种发球方式和反手奔球类似，可以配合反手奔球使用，造成对方误判。反手发轻短球和反手奔球唯一不同的是触球发力的过程，反手发轻短球时拍面要稍微后仰，触球时用力较轻柔，从而才能使发出的球短而轻。

　　4. 反手转与不转发球

　　反手转和不转发球与一般反手发球姿势类似，且直拍和横拍动作的差异度不大，关键之处在于触球瞬间球拍的调整，发下旋时用球拍的前半部分摩擦球中下部，以手腕发力进行摩擦；发不转球时则用球拍的后半部分推送球的中下部，手腕和前臂以推送为主不加转动。

　　5. 反手侧旋发球

　　反手侧旋发球因为身体结构和发力问题一般仅有逆侧旋，与一般发球的姿势类似。

（1）直拍反手侧旋发球。直拍运动员在抛球时就要将球拍向身体左侧后上方引，手腕需稍微外展，球拍拍形稍微后仰。在挥拍击球时转腰发力，发侧上旋时触球点需要在球拍前下挥动转横侧上挥动之前；发侧下旋球时触球点则在球拍前下挥动之时。不管发侧上旋还是侧下旋击球点的位置尽量相似，这样才会给对手带来迷惑性从而造成对手误判。

（2）横拍反手侧旋发球。横拍运动员在抛球引拍时要用右手肘的上提来带动，将球拍引向身体左侧后方，手腕要内扣，球拍拍形横立。在挥拍击球时转腰发力后要由肘部来带动前臂向身体侧前方挥动，触球前球拍稍微后仰，发侧下旋时球拍稍微后仰，要尽可能向前下方挥动，在球拍转向侧上方前摩擦球的中下外侧；发侧上旋时球拍稍微横立，要尽可能向侧方挥，在球拍转向侧上方的瞬间摩擦球的中部外侧。同样，两个动作要尽可能类似，从而给对手带来迷惑性。

6.反手下蹲式发球

反手下蹲式发球也就是横拍反手下蹲正侧旋发球，与横拍正手下蹲逆侧旋发球的动作类似，只是正手下蹲发球时以横拍正手拍面击球并进行摩擦，而反手下蹲发球时则以横拍反手拍面击球并进行摩擦，因为横拍下蹲发球时球拍偏向直立状态，所以在击球瞬间可以再决定发正侧旋球还是发逆侧旋球，能够给对手带来极大的迷惑性，容易让对手判断失误从而丢分或陷入被动。反手下蹲发球和正手下蹲发球唯一的不同是拍面触球的瞬间，反手下蹲发球是由右后方向左前方挥拍，发正侧上旋球时由反手拍面从右中部向左上方摩擦；发正侧下旋球时挥拍速度要快些，触球时由反手拍面从正中部向左下方摩擦球。

（三）注意事项

发球技术在乒乓球运动中的重要度性和关键性不言而喻，在进行发球技术的学习和训练过程中，还有一些关键点需要注意。

（1）要先全面了解发球技术，然后根据自身的特点和技术风格，如正手反手风格、直拍横拍风格、战术意识及风格等，精研一套和自己的打法风格匹配的发球技术，既不能造成发球过于单调容易识破，又不能过于全面却没有特长，容易被对手轻易破解。

（2）真正运用发球技术来形成战术时，必须要配套运用，不能过于单一和绝对，如长球和短球配套、转球与不转球配套等。需要达成的目标就是让对手不那么容易揣摩透自身发球的规律。

（3）发球时必须要多变，将乒乓球的竞技要素和发球技术完美结合起来运用，如旋转变化和落点变化相结合、速度快慢变化与落点变化相结合等，甚至可以将旋转变化、速度变化、落点变化等全部结合，从而形成多变的发球风格。

（4）在全面了解和熟悉基本发球技术后，就需要在训练过程中刻意去练习发球动作的相似性，最好以细微动作的变化为主要手段，这样才能在发球时虽然看似动作一样，但发出的球旋转性能截然不同，更容易迷惑对手从而削弱对手的判断能力。

（5）发球技术并不能单独存在，还需要和抢攻技术紧密结合，毕竟不管发球技术多么多变和高超，都需要考虑到无法直接发球得分的情况，所以在训练过程中也需要熟悉各类不同的发球后对手回球的规律，如落点的变化规律和旋转的变化规律等，然后以此规律来匹配相应的抢攻技术，从而使发球与抢攻紧密结合。

（6）在运动员比赛经验逐渐增加后，需要对发球做一些针对性训练，主要是根据对手的技术风格和优劣势，形成一定的针对性，尤其是对手弱点较为明显时更应该以强攻弱，从而占据比赛的主动权。

二、接发球技术

乒乓球运动竞技都是从一方发球另一方接发球开始的，一般情况下接发球是处在绝对被动的状态，毕竟作为接发球一方在对手尚未发球时根本无法确定来球的任何情况，如果在比赛中接发球技术不好，不仅可能直接失分，还会直接陷入被动状态，给对手较多的进攻机会，而且会因为接发球质量差造成紧张和压力，甚至会出现一连串失误，最终让自己的技术和战术无法得到有效发挥，导致全局被动甚至失败；如果接发球技术好，不仅可能直接得分，还可能破坏掉对手的战术安排和意图，从而为自己创造进攻的机会，打破对手的击球节奏。同时，接发球也是衔接自身战术意图和战术手段中极为重要的一环，拥有良好的接发球技术，能够更快地破坏对手发球抢攻的战术，从而掌握主动权，为自己进攻创造条件。

在当今乒乓球发球技术不断发展和创新的时代，加上规则和器材的完善和改革，如今的乒乓球竞技主要以积极主动抢先上手为总体技术风格。这就要求接发球技术在比赛中的体现变为力求积极主动争取进攻，减少单纯求稳的老套思想，能攻则攻、能撇则撇，尽量少用搓球所代表的控制技术，增强正手侧身接发球的主动意识，即使落入被动，也应该积极进行控制，力求进入相持阶段，转而寻机进攻。

（一）接发球的站位和判断

接发球能否成功，最首要的决定因素就是针对对手发球的情况进行的身体站位调整和对对手发球情况的准确判断。可以说，对发球的准确判断和站位的正确选择是接发球成功的前提。

1.接发球站位选择

想要将球接好，就必须要选择一个合理的站位，需要根据对方发球的站位来决定自己的站位，当然这个过程也有一定的判断因素在其中，但相对而言每个发球者进行发球时的站位都是有一定迹象可寻的。比如，对手的站位偏向用正手在球台右角发球，可能会发出右方直线或右方斜线大角，那么就需要考虑直线球相对来说角度较小，较为容易接球，而右方斜线角度比较大，相对接发球难度大些，那么接发球站位就应该中间偏右，以方便接右斜线大角球；对手的站位偏向于反手或侧身在球台左侧发球，那么接发球时就应该稍微偏自己左侧。所有的接发球站位不管是球台中间偏左还是偏右，都需要从对手发球可能的来球大角度斜线球来考虑，即从最难接的球来考虑调整最恰当的站位。还需要根据自身的接球习惯和技术打法来决定站位离球台的远近，因为在对手未发球时很难确定和估计来球的长短，所以必须从最适合自己发挥实力的角度去考虑前后站位。也可以说，接发球站位选择不仅需要考虑对手来球落点和球路的变化，还需要保证能够快速让自己发挥技术特长。

2.来球性能判断

有了合理的站位，下一步就需要对来球进行分析和判断，这也是能否接好发球的重要环节，如果判断失误，就很可能无法发挥出自身的技术水平从而陷入被动；如果判断没有出现较大的偏差，就能更好地运用接发球技术来见招拆招。判断来球性能主要从来球方向、旋转和落点等方面来考虑。

（1）对来球方向的判断。虽然前面已经通过对手的站位进行了来球方向的初判，但毕竟站位时对手尚未发球，具体的来球方向还是需要在对手发球时进行快速而准确的判断。来球方向的判断一般可以通过观察对手的身体形态和挥臂方向以及拍面的方向来确定。比如，对手手臂向斜前方挥动，轨迹较斜，拍面所朝方向侧重于斜线方向偏斜，那么对手很大概率是发斜线球；对手手臂由后向前挥动，轨迹较直，拍面所朝方向侧重于向前，那么对手很大概率是发直线球。

（2）对来球旋转的判断。从球的角度来说，乒乓球运动球的旋转模式是最难以观察和感受到的，因为乒乓球的球体很小且速度极快，所以球到底向哪个方向旋转，仅通过对球的观察根本不切实际，但是作为乒乓球中变化最多且最难进行对抗的就是球的旋转，所以要想接好发球，就必须通过种种迹象对球的旋转做出较为准确的预判，然后才能用相应的接发球技术进行对抗。

一般来说判断球的旋转主要从以下五个角度来进行：

第一是对手的拍形，即对手发球时球拍触球瞬间的拍形，一般发下旋球拍形会比较斜或平，而发上旋球时则拍形相对比较竖、比较立。

第二是根据对手的动作轨迹，即在对手发球触球瞬间手腕的抖动和发力模式以及球拍在触球瞬间的移动方向，在这一阶段作为较有经验的对手必然会穿插一些假动作在其中，因此进行判断时一定要注意屏蔽假动作才能做出相对准确的旋转判断。对于手腕的抖动和发力情况：一般发下旋或不转球，触球时手腕摆动不会很大，而发上旋和侧旋时手腕摆动相对比较大，击球后为了加力或加转还常有一个停顿，虽然会有假动作掺杂但相对不会很连贯。对于球拍在触球瞬间的移动方向：一般球拍从上向下移动多是下旋，从下向上移动多是上旋，从右向左多是左侧旋，从左向右多是右侧旋，如果是两种旋转结合的发球，仅通过球拍移动没有那么容易判断，需要不断反复练习提升经验来慢慢掌握。

第三是看对手的出手速度，一般发上旋和不转球出手会很快也很突然，动作幅度小，会比较模糊；发下旋球或两种旋转结合的球则出手相对慢些，毕竟需要给球拍和球足够的摩擦时间提高对球的作用力。

第四是看球的轨迹弧线，一般上旋和不转球运行速度快，常有快速向前窜拱的感觉；发短球时弧线低平且动作容易出台；发下旋则弧线略高，且球的运动轨迹较平稳；球在空中飞行时前段快后段下沉则多是下旋球；飞行前段慢后段快则多为不转球；飞行弧线向左偏斜多是左侧旋球；飞行弧线向右偏斜多是右侧旋球。当然，观察球的轨迹弧线一般需要足够的经验，否则根本没有足够的反应时间，这就需要运动员进行大量的实战训练来熟悉各种球的轨迹。

第五则是通过对对手的了解来模糊判断其习惯和布局，可以在对球的性能判断不清时运用，前提是对对手有一定的了解，通过对手的习惯性动作或转球风格、不转球搭配等来进行判断。

（3）落点判断。单从用力模式来判断，摆臂振幅的大小在一定程度决定了用力大小，当然其中不能排除有假动作的成分。一般摆臂振幅较大的发球，力量就会较大从而速度较快，落点较长；摆臂振幅较小则力量较小速度较慢，落点较短。另外，可以从球第一次落点来判断来球的长短，如想发长球一般第一落点会在对手台端线附近，长球相对速度较快，其中侧上旋和不转球明显快于侧下旋和下旋，还要注意侧旋斜线长球，它的第二弧线会产生一定侧拐；

想发短球第一落点会比较靠近球网，短球一般旋转会比较重，接发球时注意不要过早伸拍入台，以防侧上旋短球第二弧线出现前拱现象，即过网后球速加快，另一个则要预防来球从靠近网的边线出台。

（二）接发球基本接法介绍

判断好来球性能，下一步就是运用一定的技术进行接发球了，接发球的接球方法很多，大体归纳起来有搓、托、推、吸、拱、摆、切、撇、挑、吊、带、撕、敲、拉、冲、攻等基本接法，还有一些由此而演变的接球方法。

1.搓接发球

搓球技术动作小出手快，隐蔽性较强，比较适合接短球。动作要求拍面后倾，然后根据球的旋转强度向前向下击球，搓球的力量主要源自前臂、手腕和手指，最关键的一点是需要这三个部位在接球时自然放松，放松了才能够控制住球。

2.托接发球

托球技术一般用来应对不出台的强下旋球，属于最佳的过渡技术，还能够和搓球技术融合形成托搓结合技术，在增加一定假动作的同时，能够迷惑对手。动作要求拍面不能太过后倾，比搓球直立一些，同时在触球时向前的同时向上抬一下，即在触拍瞬间在球的底部向前向上点一下。

3.推接发球

即用推挡技术进行接发球，推和挡最大的区别在于推需要主动轻微发力，而挡则完全借力不进行主动发力。推主要运用于接不转球和弱上旋球，挡则主要运用于接强上旋球。推挡技术的动作要求是拍面先向后倾，根据来球的力度控制拍形变化，如触球时拍面向直立方向用力，甚至可以前推时拍面变为前倾，这种方式能够推挡下旋球，如果练好后推挡的下旋球球速快且直，并带有一定下旋，能够给对手带来巨大的麻烦，推挡技术也是封球的重要技术，主要针对弧圈球。

吸接发球技术属于减力推挡技术，在推挡技术的基础上触拍时球拍不是向前推而是向后减力回缩，当然回缩不是整个球拍后缩，而是球拍端平时下半部分后缩而上半部分前移，类似推挡技术增加了缩力。吸接技术一般用于接长球减力而转换为短球，吸接技术能够干扰对手拉长球进攻的意图，打乱对方拉长球的节奏，从而为自己创造进攻的机会。

4.拱接发球

拱接技术也称为挤球，动作技术类似推挡技术，拍面后倾，在触球后根据球的不同旋转和力度，拍面向前送且增加稍微向下的动作，即再次让拍面后倾，拱接的球一般会带有一定程度的下旋。

5. 摆接发球

摆接技术出手快、突然性强，属于搓短球摆短的技术方法，能够有效限制对手拉球和攻球上手。动作要求在来球上升期触球，拍形较直立，触及来球的中下部，然后向前下方发力，同时根据球的旋转略微带向左右两侧的力，触球瞬间手腕需有极微弱的制动动作，能够回击出高质量短球，且能够减小球向前平动的距离。

6. 切接发球

当来球角度大没有办法反攻时，就可以运用切接技术，以巧破力，其是转被动为主动很有效的一种接发球技术。动作要求拍面半立，根据来球旋转和力度调整与地面的角度，一般处在 45° 到 65°，在来球上升期或最高点从球的侧面将球拍切过去。回击的球一般会平直且带有侧拐，能够改变来球的节奏。

7. 撇接发球

动作要求在来球最高点处击球，球拍后倾接触球的后中下部，手腕外展向左侧前下方摩擦球，就如同用球拍轻轻扇了球一拍。撇接发球能够让球带有左侧下旋，落台后会向右拐，能够打对手一个措手不及，可以在撇接前加假动作，如球拍左右晃动，能够使对手摸不清球路。

8. 挑接发球

挑接发球也叫台内挑接技术，当来球较短时可采用，重突然性，动作要求针对来球正反手位置，以跨步上右脚或左脚，手伸入台内，在来球最高点击球后中部，触球瞬间正手位手腕微微内收发力、反手则手腕微微外展，以便给球增加一点摩擦，挑接若想提高质量就需要挑出力量。

9. 吊接发球

即将球吊到对手空位，常在寻求主动和过渡的过程中采用，吊接发球一般弧线不高，速度不快，有一定上旋和下沉感，可以让对手难以借力。动作要求拍形基本立直，触球时挥拍主要向上稍向前用力，力度不能过大，以回球落点在中近台最佳。

10. 带接发球

这是应对上旋球比较好的一种接发球技术，能够借助对手的力，然后向前带，回球弧线低且向前拱。动作要求在来球上升期手腕放松触球，在触球瞬间根据来球调整击球的位置，然后根据上旋旋转强度和球位来调整球拍前倾幅度，可以理解为借助对手的力用手腕进行变线，可以在一定程度上压制对手拉弧圈球的节奏。

11. 撕接发球

撕接发球也称为快撕，是横拍运动员应对下旋球的一项接发球技术，需要在来球到最高点时进行击球，球拍前倾幅度较小，向前发力加侧向发力。击出的球速度较快，容易扰乱对手的节奏。

12. 敲接发球

敲接发球即弹击，适用于反手应对半高球和高吊弧圈球，因为动作幅度小，所以出手快且突击性高。动作要求拍形略前倾，在来球最高点进行击球，靠前臂和手腕发力，类似用球拍将球弹一下。需要注意敲接发球时需要把手肘下沉，保持前臂平稳才能提高敲接发球的质量。

13. 拉接发球

拉接是应对长球的有效接发球技术，也称提拉球，特点就是触球位置基本处在球和球台齐平甚至低于球台之时。球和球台基本齐平时拉接较为容易，发力轻松且准确度高，而球低于球台拉接时需要一定的调整和落点控制。动作要求是大臂抬起端平，小臂和手腕自然下摆到右腋下，用转腰带动大臂再甩前臂和手腕，向左前方画左内弧线包球发力，根据拍形不同可以拉接出三种旋转：拍面前倾能拉出左侧上旋；拍面立直能拉出左侧旋球；拍面后倾能拉出左侧下旋。

14. 冲接发球

冲接即冲弧圈球，既能用于过渡，又能用于控制，既能用于相持球，又能用来抢攻，是乒乓球运动中最常见，也是最重要的技术手段之一。冲接发球技术击出的球弧线低平且长，在给予球一定力量后球速还比较快，能够打乱对手的节奏，也有一定的突击性。动作要求手臂靠近球台并抬高，身体重心要提起并前移，击球点在台面以上同时用前臂和手腕突然向前上方发力，拍形较后倾，发力不能太大。

15. 攻接发球

攻接发球主要用来应对长球和高球，属于乒乓球运动中的一个主要技术，需要针对球的不同高度和旋转强度来调整拍形，对技术要点和技术稳定性需求较高。动作要求拍面基本垂直，然后根据来球情况做对应调整，如应对强下旋球长球拍面需稍后倾；应对强上旋球长球拍面需稍前倾；应对高吊弧圈球则要盖打，即将球拍从上向下盖住球进行击打。同时，需要根据球的旋转调整摩擦方式，攻接发球的技术动作对球路意识和攻击机会的把控要求较为严格，需要在长期训练中进行熟悉动作，虽然此技术难度较高，但是威胁性也较大，而且是乒乓球运动中必备的技术之一，所以即使在接发球时不常用到攻接技术，也需要熟练掌握，以便进入相持或拥有攻击机会时能够进行主动强势攻击。

（三）针对不同发球所采用接发球的方法

接发球属于乒乓球运动中极为重要的一个环节，不仅起着承上启下的作用，还属于能够从被动变为主动的关键节点，要想接好发球，就需要全面掌握其最基本的接法，通过反复练习，既可养成观察习惯，又能提高判断能力。根据发球的不同技术，接发球的具体方法是有所区别的，而且应对每种基本发球能够采用多种不同的接发球方法，这就需要考虑自身的战术安排和技术特征，结合自身优势来选择不同的接发球方法。

1. 接奔球

奔球的特点是球速快并带有一定上旋，一般发球者会以奔球来打接球者的反手位或空当。以右手执拍为例，奔球多为反手位斜线长球，作为接球者移动范围不能太大，可以采用侧身回接，用反手推挡或反手攻效果会较好。当然，奔球也可能冲向正手方向，接发球时可用快带或快攻进行回击。如果采用削球回接则需要配合步法后退以削弱球速和力量，再进行回接。

奔球虽然一般会带有一定上旋，但也有些发球者会发出急下旋球，接这类发球同样需要用推挡或攻回接，但拍面需要稍微后仰并加入向上的力；如果用冲弧圈球（冲接）回接则要加入提拉技术。

2. 接下旋球

下旋球特点是球速较慢，并且在触拍后会向下反弹，可以用搓球、拉攻或冲弧圈球回接。用搓球回接要注意拍面稍微后倾并增加向前上方的力，用拉攻或冲弧圈球回接则要注意增加提拉的力。

3. 接右侧旋球

右侧旋球主要是来球右侧旋结合上下旋，接右侧上旋球可以采用推接或攻接，拍面需略前倾，拍面朝向偏右斜来抵消来球的右旋，然后向前下方用力，根据触球感适当调整力度，以防触球后球向左上方反弹。也可以采用搓球和削球回接，拍形同样略前倾并偏右斜，只是在触球时要加大向下摩擦的力度，即触球后加上球拍向下搓的抖动动作；或者用冲弧圈球回接，需要加大拍形前倾角度，稍微加提拉，重点向前方发力。

接右侧下旋球以搓球和削球最佳，也可以用推挡、攻接以及冲弧圈球回接。用搓球和削球回接时要注意拍面稍微后倾，拍面朝右偏斜抵消右旋，然后加大向上击球的力度，防止触球后球向左下方反弹；用推挡和攻接回接时，拍形同样稍后倾并偏右斜，同时要增加向上摩擦球的力量，即触球后加上球拍向上推的抖动动作；用冲弧圈球回接拍形不能过于前倾，稍微向前用力，主要向上提拉。

4. 接左侧旋球

左侧旋球主要是来球左侧旋结合上下旋，接左侧上旋球以推接和攻接最佳，也可用搓接、削接和冲弧圈球回球。用推接和攻接回接时，拍面略前倾，拍面朝向偏左斜来抵消来球的左旋，然后向前下方用力，以防触球后球向右上方反弹；用搓球和削球回接时，需加入向下摩擦球的力量，即在触球后加球拍向下搓的抖动动作；用冲弧圈球回接则增加拍面前倾角度，提拉力量稍弱，主要为向前用力。

接左侧下旋球以搓球和削球最佳，也可用推接、攻接以及冲弧圈球回接。用搓球和削球回接时，拍面稍后倾，拍面朝向偏左斜来抵消来球左旋，然后向前下方用力；用推接和攻接回接时则加入向上摩擦球的力量，即触球后加入球拍向上推的抖动动作；用冲弧圈球回接时拍面不能过于前倾，提拉力增加，向前的力度减小。

5. 接短球

短球都需要手臂入台进行接球，所以首先要注意步法配合快速上前，其次则是不要冲劲过大导致重心不稳，最后是接球后要迅速还原以便接好下一板球。接短球的方式有很多，因为短球球速较慢，旋转较强，所以以搓接和削接为主，也可以用攻接、抢拉、挑接等方法回接，但不管用哪种方式回接，首先要注意手臂入台容易影响引拍，前臂和手腕配合发力，以便能够用上力，其次要针对不同的旋转性能调整拍形和击球时间、位置以及触球部位。

要想接好发球需要具备的是敏锐的观察能力和判断能力，能够很好地将来球分析透彻是接好球的前提，还需要拥有较为全面的接发球基本技术，这不仅需要对各种球的旋转性能极为熟悉，还需要通过不断训练和比赛来提高实践能力。

三、进攻技术

进攻技术也就是攻球技术，是乒乓球运动中进攻型运动员最为重要的得分途径，拥有着力量大、速度快、攻击力强难防御的特点。进攻技术主要分为基本进攻技术、反弹和杀高球技术以及弧圈球技术。

（一）基本进攻技术

1. 正手进攻技术

（1）正手快点。正手快点是主要针对近网短球的进攻技术，动作幅度较小且速度快，突然性强，一般站位为近台且需要台内击球。进攻技术需要配合步法移动和手腕抖动进行发力，需要根据来球落点移动上身同时重心向前移动，右脚和前臂一起随上身到达球台右前方，前臂位置处于台内。在此过程中需要避免未到位就击球和手臂过于伸直，不到位击球会造成击球效果极差甚至直接失分，或者会因为回球质量低陷入被动，手臂过于伸直则没有缓冲和调节的余地，从而使手腕无法发力，易造成击球失误。需要在来球最高点进行击球，击球部位需根据不同旋转特性进行调整：若来球是强下旋则拍面略后倾，触球时击球的中下部，触球后利用手腕向前上方微微转动球拍增大摩擦力；若来球是一般下旋则拍面近乎垂直，触球时击球中部，触球后手腕以向前发力为主，微微向上用力，同时摩擦时间短些避免球出界；若来球不转或略带上旋则拍面前倾，触球时击球中上部，主要向前发力；若来球是右斜线则触球时击球中部偏右，然后手腕要让拍面从右向左前方转动摩擦；若来球是近似直线则触球时击球中部，然后手腕要让拍面从后向前方转动摩擦。

（2）正手快带。正手快带一般用于应对弧圈球，是一种对攻技术，击球后球速快弧线低，在辅以多变的落点和借力打力，会打乱对手节奏，为自己争取主动机会。正手快带一般站位离球台较近，引拍的动作不能太大，当来球速度快旋转强时可以借力还击，当来球速度慢旋转弱时就需要适当加力来增加回球攻击力。动作要求手臂和上身拉开一定距离但自然弯曲，拍形要前倾与球台呈60°左右并固定，用球拍下半部分进行击球。需要在来球上升期击球，触球时击球的中上部，然后手腕保持稳定。如果是右斜线来球就需要球拍击球中上偏右，同时球拍由后向左前转动摩擦；如果是直线来球则球拍击球中部，同时球拍由后向前用力。

（3）正手快拉。正手快拉一般用于应对下旋球，击球后球速快、线路可多变、落点远，属于动作较小但很有效的攻击类偏过渡技术，需要在球到达最高点进行击球，站位需要根据来球长短和旋转进行调整。动作要求偏近台，手臂放松且前臂下沉，腰部要向右转动引拍到身体右后下方。触球时需加速向前上方发力，若来球是强下旋，拍面略后倾，击球中部偏下，增加向上摩擦的力量；若来球是一般下旋，则拍面偏垂直，击球中部增加向前的力量，但要控制不要加力过大，以免击球出界。

（4）正手突击。正手突击力量较大，突然性较强，带有一定攻击性，击球后球速快，是攻下旋球的有效方法。需要在球到达最高点时进行击球，站位为近台，同时身体略微右转以便腰部发力，引拍致身体右后下方，上臂自然下垂前臂稍微下沉，触球时要略停顿进行甩腕以增加爆发力。若来球是强下旋，触球时击球的中下部，增加向上的力；若来球是一般下旋则触球时击球的中部，力量偏向前。力量的大小控制在半全力，若球高或下旋较弱要适当加力；若球低或下旋较强则适当减力。

（5）正手快攻。在对攻中常用这种技术，击球后球速较快，击球用力比正手突击要大，但发力方式主要由前臂挥动速度决定，引拍是上臂可适当保持自然下垂状态，充分利用肘关节的杠杆作用。需要在来球上升后期或高点时击球中上部，引拍时拍面略前倾。动作要求前臂放松并快速向前上方挥动，若想攻击对手斜线位则击球的中右部，并向内转动手腕；若想攻击对手直线位则击球中部，并向前下方击球。

（6）正手扣球。扣球主要在获取一定主动权，对手击出球速慢、半高球时使用，是很重要的得分手段。引拍时动作幅度要大，身体右转且手臂后拉，前臂基本和球台平行，形成较大力臂，拍形略前倾。站台远近需要考虑来球的长短，击球的高度也需要由来球高度决定，要在来球到最高点进行击球，发力时要充分利用腿、腰和上身的转动速度来增加力量，触球时击球中上部。

（7）正手中远台攻球。前面提到的正手进攻技术多为近台攻球，但在乒乓球竞技中还有很多球属于中远台来球，这时就需要拥有一定的中远台攻球技术，因为站位是中远台，所以能够照顾的范围较大，便于发力，进攻性很强。需要在球下降前期击球的中部同时向上摩擦。触球时前臂要加速向左前上方挥拍，需要注意回球的长度，要尽量压低回球的弧高，从而增加回球的攻击力。

2.反手进攻技术

（1）反手快点。这是直拍、横拍运动员均需要掌握的一项重要反手进攻技术，它和正手快点技术一样属于应对短球的进攻技术。反手快点和正手快点的动作特点相似，反手快点同样需要配合步法进行站位调整，如来球是右方大角度球则右脚向右前上一大步，来球是中路球时则右脚向右前上一小步。上步时身体各部位需要协调一致，提高击球突然性，如果打算快点攻对手斜线，在触球时要击球中部偏左，手腕由后向右前转动；如果打算快点攻对手直线，则触球时要击球中部，手腕由后向前转动。两个动作相似度越高越容易迷惑对手，从而创造得分机会甚至直接得分。

（2）反手快带。反手快带主要应对反手位弧圈球，动作特点和正手快带相近，不过在引拍发力时靠的是腰部右转带动前臂发力回击。如果打算快带攻对手斜线，触球时击球中左部，前臂由后向前右下方摆动；打算快带攻对手直线，触球时击球中部，前臂由后向前下摆动。反手快带特征比较明显，所以过渡时偶尔使用较为方便，但总用反手快带会被对方识破。

（3）反手快拉和反手突击。反手快拉和反手突击都是应对反手下旋球的主要手段，动作特点和正手相近，主要是引拍时要靠腰部右转带动手臂来发力回击。

（4）反手快拨。反手快拨是主要适用于横拍运动员进行相持球对攻的技术，主要以借力来还击来球，站位为近台，引拍时手臂自然弯曲并向外旋，手腕稍微内扣，球拍要引向身体前偏左的位置。动作要求是在来球上升中后期击球中上部，上臂贴近上身而前臂伸入台内向前上方摆动，手腕需向前转动但拍面角度需固定，不用发力而是借球的反弹力将球拨回对方台面。

（5）反手快攻。反手快攻是直拍和横拍运动员均需掌握的一项对攻中常用的攻击技术，站位要求中近台，引拍时上臂和肘关节尽量靠近身体，手臂自然弯曲并外旋，将球拍引至腹前偏左位置，拍面稍微前倾。触球时要在来球上升后期或高点击球的中上部，需要前臂加速向前上方发力，手腕和上臂均不用发力，手腕主要控制拍面让回球向前或前下飞行。

（二）反弹和杀高球技术

1. 反弹技术

反弹是反手推拨技术发展而来的一种进攻技术。利用反弹技术能在反手位快速处理机会球，从而能够在一定程度上保证抓住攻杀机会。

（1）直拍反弹技术。直拍的执拍特点决定了直拍反弹技术可以分为两种：直拍反手反弹技术和直拍反面弹击技术。

反手反弹需要引拍位置较高，由肘关节向前顶前臂执拍到胸腹部，球拍较外撇，手腕稍外翻，待来球到最高点时以肘关节为轴引前臂快速向前挥动，需要在触球时增加翻腕动作来弹击球的中部，比较适合回击快速略高来球。

反面弹击的动作特点和反手反弹类似，唯一区别在于手腕动作，反面弹击需要手腕适当放松稍内扣，拍头近似垂直向下，击球时向外甩腕来弹击球中部。

（2）横拍反手反弹技术。横拍反手反弹技术和直拍反手反弹技术动作特点类似，只是在触球弹击时用力方式有所不同，直拍反手反弹甩腕弹击是靠手腕向右上轻甩进行弹击，而横拍反手反弹甩腕弹击是靠手腕近似前后甩动进行弹击。

2. 杀高球技术

一般情况下，杀高球技术针对的是和头顶高度近似甚至高于头顶的来球，而这种球大部分是对方被动防守后所击出的球，从站位来说需要离球台较远，留出引拍动作的引拍空间。杀高球讲究的是力量重且命中率高，引拍动作需手臂尽可能随着腰部转动偏向身体右后方，击球时需要用右脚蹬地转换重心，然后腰部向左转动，带动整个手臂向前向下加速挥动，扣杀时需要拍面前倾击球的中上部，在触球瞬间要将全部力量集中到球拍上。在整个引拍和挥拍扣杀过程中手臂的动作要快，不能等球到达最高点才击球，避免来球高过挥拍路线，动作幅度可以加大，如腿部蹬地和腰部旋转幅度都可以适量增大，上臂和前臂要拉开距离且前臂不能太低。在球刚跳起进入上升期时扣杀属于快杀，球速快威力大，但力量稍小；在球下降初期进行扣杀则属于慢杀，便于发力，所以命中率高且力量重。

（三）弧圈球技术

弧圈球技术自 20 世纪 50 年代被日本运动员运用之后，经过了数十年的发展已经逐步成为当今乒乓球的一项主流进攻技术，它能够将击球的高速度和强旋转结合起来，并且以主动进攻为发展方向，逐渐成为当今乒乓球运动中需要重点掌握的重要技术。另外，弧圈球技术可攻可控，所以是应对推挡、搓球、削球和拉球的有效技术，也属于现今乒乓球运动中必须掌握的进攻技术之一。

1. 正手弧圈球技术

正手弧圈球技术是弧圈球技术中最具有进攻性的一项技术，因为其稳定性高、力量大、击球后球速快，而且在进攻时运动员在击球时间和空间方面选择余地较多，所以能够通过击球时间和击球空间的调整对不同来球进行有效还击。

（1）正手拉加转弧圈球技术。正手拉加转弧圈球需要先通过判断来球情况来确定拉球的距离和时间，然后根据来球调整站位，同时重心降低，引拍时球拍向下后引，同时身体向右转动，右肩下沉，重心移动到右脚。进行挥拍时要充分利用右腿蹬伸的力量，重心快速向左腿移动，身体稍微抬起，需要向前上方挥拍，击球时肘关节的角度控制在 130° ～ 160°，触球时球拍尽量立起摩擦球的中部，采用向前上方的挥拍动作发力击球。

（2）正手前冲弧圈球技术。调整身体使重心降低，但比正手拉加转弧圈球略高，向身体后下方引拍，拍面适当前倾，同样重心在右脚，挥拍时右脚用力蹬地，重心快速向左腿移动，球拍顺势向前上方挥拍，击球点控制在右腹侧前方，肘关节角度为110°～140°，在来球高点期摩擦球的中上部。

（3）正手侧身拉弧圈球技术。首先采用侧身步法进行站位，通过对来球性能判断细微调整，引拍位置也需要根据来球进行调整，动作要求右肩随身体微右转略向下沉，拍形前倾较大，需要向前上方挥拍，在来球高点期击球的中上部。击球点与正手拉加转弧圈球或正手前冲弧圈球相同，击球时肘关节的角度控制在130°～160°。

在掌握以上三种弧圈球技术的基础上，根据来球和身体站位的距离，可以将加转弧圈球技术和各种步法进行结合，从而找准站位，以跨步、交叉步等方式进行位置变化，以供自身能够抢先得到攻击的最佳站位，找到最佳的击球点。

（4）正手反带技术。正手反带是应对正手上旋球的弧圈球技术，需要在来球上升期进行反带。球拍向身后引拍，但比拉弧圈球的引拍位置略高，而且后摆幅度较小，球拍适当前倾。需要向前上方挥拍，在来球上升期或高点期进行反带，拉球点在腹侧前方位置，触球时摩擦球的中上部。

2. 反手弧圈球技术

反手弧圈球技术能够为正手进攻创造有利机会，因为其出手速度快且落点变化隐蔽，所以反手弧圈球比较适合控场。反手拉弧圈球技术对直拍运动员来说，同样是运用球拍的反面进行击球，所以也称为反面弧圈球技术，它和横拍反手弧圈球技术动作基本相似，只是手指用力模式有所区别，这些可以在训练中慢慢体会。

（1）反手拉加转弧圈球技术。首先判断来球位置，然后选好拉球位置，身体重心下降同时右肩下沉，将球拍向身体内侧下后方引拍，可引到大腿内侧或身体左外侧。拍形适当前倾，肘关节需要向前顶出，手腕下垂以便后期发力。挥拍击球时身体要略向后仰，球拍向前上方挥动，击球点位于腹前位置，在来球下降期摩擦球的中部，触球时要顶肘用力，然后前臂以肘关节为轴快速甩出，同时带动手腕扭动发力。

（2）反手拉前冲弧圈球技术。此技术和反手拉的技术动作类似，只是引拍位置略高于前者，手腕稍微内扣。在来球的高点期进行击球，触球时身体前倾进行加力，摩擦球的中下部。

（3）反手侧拉台内球技术。此技术主要应对台内短球，引拍时身体前倾，肘关节略向前顶出，拍头下垂靠近台面，拍形根据来球情况适当后仰，手腕稍微内扣。挥拍时向侧前上方以半弧形挥动，同样以肘关节为轴带动手腕进行快速发力，在来球的高点期进行击球，摩擦球的中外侧。

（4）反手快撕技术。反手快撕技术主要应对上旋球，需要身体靠近球台并前倾，右肩和肘关节略提，球拍后引幅度较小且位置较高，拍形根据来球角度适当前倾。挥拍时向前上方挥动，需要在来球上升期、处于胸腹前方时进行击球，触球时增加向前的手腕弹力，摩擦球的中上部。

四、推挡技术

推挡技术属于直拍快攻打法中的基本技术之一，而且其技术动作的幅度小、站位近台、回球的球速快、球路变化极多，所以能够在对攻中通过落点的变化来打乱对方的步法，尤其是在被动时能够起到积极防守的作用，在相持时能够通过球路的多变争取主动权。

（一）推挡基本技术

推挡技术可以分为挡球、减力挡、快推、加力推、推下旋、推挤等技术。

1. 挡球

挡球是推挡技术的入门技术，也是基础技术，其特点是回球的球速慢力量轻，但是动作简单旋转变化小，能够快速掌握。站位要求在近台中部偏左，左脚在前右脚稍后，重心在左脚，执拍手置于腹前，上身略前倾。上臂靠近身体，前臂和手腕向外旋，使拍形角度略前倾。挡球引拍幅度小，前臂前伸带动球拍向前，触球时拍面近乎垂直，根据来球情况适当调整，需要在来球上升期击打球中上部分，但近乎不用力，主要靠来球自身的力量反弹将球挡回。

2. 减力挡

减力挡一般针对球速较快力量较大的来球，也可以接加转弧圈球。回球特点是球路短力量小，也可能造成球落台后无前冲力，而且弧线低不易被针对，如果能够结合加力推则能使对手跑动频率加快，给对手造成一定的麻烦。动作要求和挡球类似，但不需要加入引拍动作，即前臂不需要后撤前伸，而是在触球时加入球拍略微回缩的动作，减弱来球的力度，借用剩余力将球挡回去。

3. 快推

快推是推挡技术中较为基础的一项技术，如果说挡球和减力挡是偏防守的技术，那么快推则是偏重于攻球的技术。尤其是在回接弧圈球时或相持阶段，快推能够实现回球速度快、球路变化多以及接球命中率高。动作要求基本和挡球一致，但在引拍过程中需要手臂加入向前推压的力量。需要在球上升前期或中期击球的中部或偏上部位，需要上臂带动前臂向前稍微向上迎球，然后带动手腕轻微加力将球推出去，借用球本身的力回球，加入自身的轻微推力来改变球的速度、力量、旋转和球路。

4. 加力推

加力推是在快推基础上加大动作幅度和力量，一般适合应对来球速度较慢旋转较弱的上旋球，或者力量不大的攻球。加力推回球的力量重速度快，还能够通过拍形细微变化增加多变落点，可以和减力挡配合使用来打乱对方的节奏。动作要求基本和快推一致，但需要在来球上升后期或最高点击球的中上部位，同时前臂带动手腕加速向前下方压拍加力推。

5. 推下旋

一般作为辅助技术或过渡技术进行应用，因为推下旋不能发力过大，所以应对上旋球有一定困难，回球后球落点长弧线低；因为会带有一定下旋特性，所以落台后会贴台面向前滑行。动作要求和快推类似，只是在引拍时拍面稍微后倾，手臂回缩并将球拍轻微上提。需要在来球最高点或下降前期击球的中下部，然后向前下方用力，触球时手腕要向前下略微抖动切下，增强回球下旋，但是发力不能过大，否则容易直接出界。

6. 推挤

推挤主要用于应对弧圈球或对攻，因为推挤能够改变回球的旋转方向和落点变化多，所以能够有效压制对手的进攻节奏，回球带有一定侧下旋且角度较大，球路弧线较低，能够增加对手接球难度。动作要求和快推类似，但前臂稍微回缩，拍面在略微前倾的基础上稍向右侧偏斜，可以根据来球旋转或战术需求进行细微调整。需要在来球上升前期击球的左侧中上部，然后以腰部向左转动带动手臂向左前下方推切用力。

（二）推挡常见问题

推挡技术属于较为基础的回球技术，但也因为较为简单，所以容易出现一些不起眼的问题。

1. 站位问题

站位时左脚过于靠前会让腰胯难以发力，从而影响推挡的力量和难以回接左大角来球。另外就是易出现站位过于死板不会根据来球位置进行步法跟进的问题。需要在站位时感受扭转腰胯的力量是否合适，然后学会推挡时使用移动步法进行练习。

2. 引拍问题

引拍是击球的前奏动作，到位的引拍动作可以加大球拍击球前的发力距离，能够最大限度地发挥身体的力量，易出现引拍时仅有手臂动作却无身体配合的问题和上臂远离身体或过于贴近身体，从而使前臂不易发力且推挡动作不稳定或前臂动作受限的问题。需要有树立使重心移动促进发力的意识，推挡发力时可以配合重心的移动来增大力量，同时要让上臂自然下垂来找到最合适的前臂发力的位置，从而完善上臂动作。

3.触拍击球问题

触拍击球常出现的问题是对手腕的控制力和手腕的灵活度不够，如手腕过分上翘或下垂，就会使手腕和前臂配合不灵活从而难以控制球，还容易出现手腕举拍位置过低无法形成自上而下的发力动作。需要在训练时注意将球拍位置调整为略高于或平于来球，然后在触球时要尽量放松手腕，使手腕能够灵敏地感受到来球的力量和旋转，从而进行细微的调整。

五、防御技术

在乒乓球运动中，削球一直是最为稳健的防御型技术之一，一般可分为以下几种类型。

（一）近削

近削的特点是距离球台较近，一般在离台 50 厘米左右，然后利用近削促使对手接球困难，从而为自身创造反攻机会。正手近削时需左脚稍微向前，然后身体稍微向右转，手臂自然弯曲将球拍引到与肩差不多高度的右侧，拍形稍微后倾，然后在来球上升后期或高点击球的中部或中下部，挥拍击球时要前臂用力向左前下方挥拍，触球时手腕配合下压，击出的球速度较快且前进力较大。

反手近削则需右脚稍微向前，手臂自然弯曲将球拍引到左上侧，然后挥拍击球时向右前下方挥拍，触球时手腕配合下压。

（二）远削

远削一般是指身体在离球台一米以外进行削球的技术，远削动作比较大，回球后球速较慢，弧线也较长，所削出的球一般会带有极强的下旋。远削处理的是大长球，还可以通过不同的旋转变化来控制对方的攻势，从而伺机反攻。正手远削时，需要左脚稍微向前，身体稍微向右转重心放在右脚，然后手臂稍微外展，拍形稍微后仰，击球时向左前下方挥拍，在球下降期击球的中下部，触球瞬间需要前臂加速削球，用手腕向下辅助来加力，削球过程中以重心向左脚移动的方式来进行助力。

反手远削时站位是右脚稍微向前，身体微微左转，球拍向身体内侧左上方引至肩高，拍形稍后倾，重心在左脚。当球处于下降期时击球的中下部，采用手臂向右前下方摆动同时前臂和手腕加速用力削球，触球时身体向右转动，球拍顺势到身体右侧，重心移向右脚，从而将所有的力传到球上。

（三）削追身球

削追身球主要应对的是对手击来的直追身体的来球，因为来球贴身，所以削球时需要向左或右进行让位，因此技术难度较大。当来球冲向身体中间偏右时，就可以用正手削追身球来应对，首先站位需要快速往左方让位，以跳步或斜后跨步的方式使右脚后退，然后身体迅速右转，重心移到右脚。引拍将手臂靠近身体，然后前臂向右上提，腹部后收，拍形后倾。向前下方进行击球，同时配合前臂和手腕向外转动，用力将球削回。反手动作和正手相似，只是方向是反的。

（四）削突击球

突击球就是对手进行突袭的球，速度快变化大，让人防不胜防。削突击球技术就是在己方较为被动时，通过观察来球的情况进行迅速反应，如进行跳步或跨步等调整击球站位，然后身体微右转，前臂迅速上提将球拍引到身体右后上方，拍形接近垂直。当来球处于下降前期击球的中部或中下部，挥拍击球时整个手臂从上向左下方压切，从而控制突击球的方向和力度，打破对方的攻击节奏。

（五）削加转弧圈球

此削球技术主要是利用来球向上的反弹力来制造合适的回球弧线，削弱对手来球的威胁。站位时要身体略向右转，根据来球长短调整位置，手臂向右后上方引拍，然后前臂提起，球拍适当抬高。当来球处于下降前期击球的中部或中下部，并且触球时拍面垂直或略前倾，身体向左下方转动带动手臂和手腕向下摩擦球。

（六）削前冲弧圈球

前冲弧圈球的特点是冲击力大且带有上旋，削前冲弧圈球就是应对前冲弧圈球的防御技术，站位时身体略向右转，然后手臂向右后上方引拍，前臂提起，拍形近似垂直，当来球处于下降前期击球的中部或中下部。挥拍击球时身体向左转动，然后由前臂带动手腕向前下方用力削球，与削突击球类似，但需要在削球过程中注意轻微压拍以防球方向失控。

六、控制技术

在乒乓球运动中，较为常见的控制技术有搓球技术和挑打技术。

（一）搓球技术

在学习搓球技术之前，首先要记住一点，即只搓一板。也就是说不能在比赛中连续使用搓球，甚至期望用搓球来得分，而应该少用搓球，只是在必要的时候以搓球来控制局面，之后就要积极主动寻找机会进行抢攻。

1. 慢搓

慢搓击球的球速较慢，且动作幅度较大，一般在来球下降期进行击球，因为容易掌握，所以练习搓球需要以慢搓为基础。反手慢搓站位要离台稍远，手臂自然弯曲到腹部，然后向左上方引拍，触球时要向前右下方用力，拍面后倾，击球时前臂内旋同时配合轻微内转腕，用来增加摩擦，在球下降期摩擦球的中下部分。正手慢搓站位离台稍远，身体稍微向右侧偏转，要向右上方引拍，拍面稍微后仰，挥拍击球时，向左前下方挥拍，需要在来球下降期摩擦球的中下部分。

2. 快搓

快搓击球的球速较快，动作幅度小，能够借来球的前进力回击。来球在身体左侧时可用反手快搓，引拍动作与慢搓类似，挥拍击球时前臂要迅速前伸，拍形稍微后仰，利用前臂输送力量，在来球的上升期击球的中下部；当来球在身体右侧时可用正手快搓，引拍动作和慢搓类似，挥拍击球时利用前臂和手腕向前下方加力，在来球的上升期击球的中下部。

3. 摆短

摆短主要用于应对近网下旋和侧下旋，特点是速度较快，落点短，可以控制球过网后不前行，能够打乱对手的节奏，从而控制局面。正手摆短站位时需要近台且重心前移，引拍时略向后引，拍形稍微后倾。挥拍击球时向前下方挥拍，在来球上升前期摩擦球的中下部，当触球后用手腕稍微加力。

4. 晃搓

晃搓其实就是利用身体的晃动和击球时拍形的变化使击球动作具有一定的迷惑性，然后让对手出现错误判断或打乱对手的节奏，从而为自己进攻创造机会。晃搓的技术特征是在来球上升后期摩擦击球，而触球时手腕突然改变拍面方向，最终触球时击球的左侧中下部，从而让球改变原来的路线，令对手防不胜防。晃搓因为需要在触球瞬间完成，所以对基本技术的掌握程度要求极高，也需要一定的经验。

（二）挑打技术

挑打技术是当今比较普遍采用的以近网短球控制为主的技术，是主动处理台内短球的控制技术，能够打乱对手的攻击节奏，从而为自己创造进攻的条件。

1.正手挑打技术

正手挑打技术能够在接发球时使用，也能够在控制局面的时候使用，因为其动作幅度小、击球后球速快，所以突然性强，能够快速摆脱被动局面，从而控制局面。因为运用挑打技术都是处理短球，所以需要配合步法进行身体移动。动作要求拍面略向外撇，手臂轻微外展，拍形直立向台内伸，然后利用步法移动的前冲力来增加挥拍速度。挥拍时向前下方出拍发力，在来球的高点期进行击球，然后在触球时向上抖腕加力，挑打球的中部。

2.正手侧身挑打技术

正手侧身挑打技术一般用于处理中路短球，先使用侧身步让身体到位，然后利用挑打技术进行击球。技术动作和正手挑打区别不大。

3.反手挑打技术

反手挑打技术一般用于应对反手位的台内短球，同样需要先以步法让身体靠近球台，在此过程中球拍略向身体内侧引，随着身体前行向台内伸，拍形稍微后倾，移动过程中手腕稍微下垂，肘部前顶。挥拍击球时借用身体前冲力挥拍，然后以肘关节为轴在来球高点期进行击球，触球时击球的中上部，此时需要手腕向前上方发力，并加入手腕轻微向上抖动的力量。

第三节　乒乓球技术打法的发展历程

从 1926 年第一届世乒赛以来，乒乓球运动发展已经经历了一个世纪，随着乒乓球运动规则与器材的不断改变和完善，乒乓球运动的技术打法也在不断发生改变，从而不断推动着世界乒乓球运动的发展。这些技术打法的创新更是给运动员带来了良好的夺冠契机，同时推动着乒乓球技术体系的不断完善。

一、世界乒乓球技术打法的发展历程

（一）削球打法

自第一届世乒赛以来，欧洲各国就一直在使用胶粒拍，胶粒拍增加了球拍对球的摩擦力，促进了削球打法的发展。早期乒乓球运动的球台较窄而球网较高，对能够增加乒乓球弧高的削球技术自然有利，因此削球打法很快就在欧洲各国发展了起来。

削球打法增加了乒乓球的旋转，但早期的削球打法过于注重防守和稳定性，缺乏攻击性，因此在很多次世乒赛中都出现了长时间对磨战，甚至出现了长达数小时的马拉松式战斗。如果双方都使用削球防守打法，为了求稳谁也不会进行攻击，不管对于观众还是对于运动员，这种单调的回合球太过无聊而没有丝毫观赏性，对运动员的体力也是一种巨大的消耗，妨碍了乒乓球技术的发展。

1937年，国际乒联为了能够让乒乓球运动更好地发展，对球台和球网做了调整，同时对比赛时间进行了限制，这些规则的出现为攻球技术的发展提供了土壤，从而出现了一些攻守结合的打法。第二次世界大战之后，削球打法在技术上得到了巨大的提高，有一批在削球打法上以稳削为主、伺机反攻的运动员出现，这些人在世乒赛上获得了很好的成绩，这使削中反攻的技术打法成为当时欧洲的主流打法。

从1926年到1951年，世乒赛中共产生了117枚金牌，欧洲削球运动员就获得了其中的109枚，可以说这段时期是削球打法称霸乒坛。虽然后期随着各种创新打法的出现，防守型削球打法逐步没落，但因为削球技术变化多，防守较容易，所以技术打法逐步向攻削结合转变。

（二）中远台长抽打法

1953年，日本第一次带着海绵拍参加第19届世乒赛，在这次世乒赛上，日本创造的以攻为主的中远台长抽新技术一鸣惊人。1957年，正胶海绵拍和反胶海绵拍的出现进一步增加了中远台长抽技术的威力，从而让乒乓球技术开始进入一个以进攻为主的阶段。从1952年到1959年，共举办了七次世乒赛，共产生了49枚金牌，日本运动员借助中远台长抽打法获得了其中的24枚，彻底结束了欧洲防守型削球打法称霸乒坛的格局，从此乒乓球运动开始踏上运用强烈上旋进行进攻的技术发展之路。

（三）近台快攻打法

1960 年到 1969 年，中国乒乓球运动员创新了近台快攻技术打法，在这段时期内的五届世乒赛中，中国虽然仅参加了三届，但凭借近台快攻技术打法获得了三届比赛中 21 枚金牌的 11 枚。这段时期乒乓球运动的技术打法以近台两面快攻和左推右攻为主。

（四）近台快攻与弧圈打法竞争

日本运动员为了能够对付中国近台快攻打法与欧洲的削球打法，在 1960 年研究出弧圈球打法，并在之后的世锦赛上使用弧圈球迎战各国强者。弧圈球打法上旋强，冲力大，因此比较好对付欧洲削球打法，使很多欧洲运动员防守比较困难，不过当时弧圈球还处于摸索阶段，技术比较简单，战术也不够成熟，所以在对付中国快攻运动员时并未获得较显著的优势。

1971 年第 31 届世乒赛中，欧洲运动员开始放弃以守为主的传统削球打法，而是弃守为攻，当时欧洲的瑞典运用了弧圈球进攻打法，将日本的弧圈球和中国的近台快攻相结合，创造了弧圈快攻技术的雏形，一举夺得男单冠军。弧圈球进攻打法分为弧圈结合快攻打法及快攻结合弧圈打法，因为这种打法能够将弧圈球技术和近台快攻技术较好地结合，所以对中国传统的近台快攻打法带来了巨大的挑战和威胁。这时已经能够显现出中国传统近台快攻打法在技术上的落后。

为了在比赛中获胜，中国开始在原有的近台快攻打法基础上进行创新，于是有了新近台快攻打法，当时主要向两个方向发展：一个是在传统正胶球拍近台快攻打法的基础上，提高回击弧圈球和进攻下旋球的技术；另一个则是对传统的正胶海绵球拍进行改造，使用反胶海绵拍并学习弧圈球技术，形成了直拍反胶近台快攻打法。20 世纪 80 年代欧洲经过多年实践总结，也开始创新弧圈球进攻打法，原本速度慢、旋转变化不大、单面拉的弧圈球进攻打法逐步发展为速度快、旋转强、正反手都能拉的打法，弧圈球进攻打法开始显示出更大的威力。1971 年到 1987 年，一共有九届世乒赛，其中单打锦标金牌 18 枚，欧洲的弧圈球进攻打法和中国的新近台快攻打法共获得金牌 14 枚，其中弧圈球进攻打法获得 8 枚，新近台快攻打法获得 6 枚，弧圈球进攻打法的先进性开始显现。

（五）弧圈球进攻打法

1988 年至今，弧圈球进攻打法已经发展了 30 多年，并逐步形成了横拍弧圈球进攻打法、直拍弧圈球进攻打法和直拍横打弧圈球进攻打法三种较为先进的打法。横拍弧圈球进攻打法主要是欧洲运动员的发展方向，直拍弧圈球进攻打法和直拍横打弧圈球进攻打法则主要是中国运动员的发展方向。在国际乒联更换大球之前十几年的时间中，弧圈球进攻打法一直占据主导地位，而进入大球时代后，弧圈球进攻打法也相应发生了一些改变，开始更加注重力量为主的单板击球质量。

弧圈球进攻打法之所以能够逐步占据主导优势，主要是因为它能够将快攻和弧圈球的优点融于一身，能够在近台站位时发挥快攻打法的快、狠、准及多变的特点，在中远台站位时又能拉出旋转强、速度快的弧圈球，将两方的优势融合后，弧圈球进攻打法一举成为水平高、质量高的组合型打法。直到如今，弧圈球进攻打法依旧占据着乒乓球技术打法的主导地位。

二、中国乒乓球技术打法的发展历程

（一）直拍近台快攻打法

中国在 20 世纪 50 年代后期开始出现直拍近台快攻打法，最初的直拍近台快攻打法主要以快为主，完全压制了欧洲以慢和守为主的削球打法，但那时的直拍近台快攻打法在稳定性和旋转上处于较低的水平。后来，中国结合自身的技术特点，在直拍近台快攻打法的基础上，发展了横拍和直拍削球反攻打法，提出了快、准、狠、变的打法指导思想。

（二）直拍反胶快攻和直拍正胶拉上旋打法

从 1971 年开始，欧洲开始运用弧圈球进攻打法，将旋转和速度很好地结合了起来，此时中国的直拍近台快攻已经无法跟上乒乓球技术发展的脚步，于是开始在原有基础上进行再次创新，并将原本的打法指导思想提升为"快、准、狠、变、转"，并在原本直拍快攻的基础上创新使用了直拍反胶快攻打法和直拍正胶拉上旋打法，这是传统直拍近台打法的又一次创新。

（三）倒板技术打法

20 世纪 90 年代，中国在原本直拍快攻打法基础之上，运用球拍双面不同性能胶皮的特性，形成了独特的倒板技术打法，此打法的代表人物有王涛和邓亚萍。为了减少两面不同性能球拍的威力，国际乒联最终在 1992 年对球拍进行了规定，球拍表面的两面颜色必须一面鲜红色一面黑色，限制了两面不同性能胶皮倒板打法的发展，最终倒板技术打法退出历史舞台。

（四）直拍进攻打法和横拍进攻打法

国际乒联的规定限制了倒板技术打法的发展，同时促进了世界乒乓球运动技术的革新。在倒板技术打法被迫退出历史舞台后，中国开始走技术创新之路，先后发展了直拍横打和直拍反胶快攻打法，同时开始发展横拍进攻削球打法，自此中国开始走向技术打法百花齐放的阶段。

第四节 乒乓球技术打法的发展趋势

自 21 世纪以来，国际乒联对乒乓球运动的规则和器材进行了一系列的革新，如小球改大球、无遮挡发球、无机胶水的使用、大球变 40+ 等，这些规则的变动使发球技术的威胁性大幅度降低，从而使发球阶段得分率明显降低。

一、整体技术打法发展趋势

因为乒乓球技术打法多变、较注重细节，所以任何一项规则的变动都会对乒乓球运动的发展产生一定的影响，对现如今的乒乓球规则进行分析，世界乒乓球技术打法依旧会以快攻结合弧圈球打法为主，但同时因为无机胶水的规则，球拍的弹性降低了，从而在速度和力量上对进攻型打法有所限制，而对削球打法的发展十分有利。但是，削球打法要想再次崛起，就必须在原有的基础上进行极大的革新。另外，在如今的乒乓球规则下，乒乓球竞技开始出现全方位、立体作战和进攻无死角的比赛特点，这使反手技术的重要性得到了巨大的提升，反手攻防技术体系开始逐步发展和形成，今后一段时间，反手攻防技术体系的创新也会成为乒乓球技术创新的一个重点。

二、各类型技术打法的发展趋势

（一）直拍进攻打法的发展趋势

直拍进攻打法发展至今，已经形成了以快攻技术为基础的直拍进攻打法体系，如以双面反胶弧圈球技术为主的直拍反胶打法，直拍正面正胶快攻、反面反胶直拍横打的直拍进攻打法，两面反胶、正手拉弧圈、反手直拍横打的直拍进攻打法，等等。11 分赛制对直拍进攻打法是较为有利的，但发球规则的改变使直拍进攻打法前三板抢分的优势得到了限制，正手上手抢攻的机会相对减少了，所以反手技术开始被重视。其中，直拍横打技术就在一定程度上弥补了直拍打法反手的缺陷，所以直拍进攻打法的发展趋势是在原有灵活快速及多变的打法基础上，加强反手技术训练，形成反手攻防体系，从而最终与横拍打法抗衡。

（二）横拍进攻打法的发展趋势

自弧圈球技术出现之后，横拍进攻打法得到了极大程度的发挥，如今横拍进攻打法更是成了世界乒坛的主流打法。横拍进攻打法能够把弧圈球的旋转与速度融合为一体，从而使乒乓球能够在旋转的基础上尽可能发挥出速度的优势。

横拍需要在生胶运用上进行创新，因为和正胶相比，生胶出球速度更快，比较适合靠速度和力量取胜的运动员。中国开始发展直拍横打，两面拉打法开始形成主流，直拍反胶打法有了一定的突破，但是未能发挥横拍生胶的潜力也未开发出富有新意的打法。因此，若想让横拍进攻打法得以快速发展，就需要在横拍生胶打法上进行创新，提升其竞争力，最大限度地发挥其速度和力量的优势。

随着进攻型技术的不断发展，削球打法开始向速度和多变的方向发展，而且削球本身在旋转和球路变化上颇具优势，很适合反攻，这极大地促进了削球进攻打法的发展。进入大球时代后，球的速度、旋转都有所降低，弧圈球打法在力量和旋转上的潜力已经大体被挖掘到了极限，而这些变化对削球打法则较为有利，球速变慢能够让削球打法运动员得到充足的判断时间，旋转降低则能够缓冲削球打法的压力，可以让削球打法运动员更积极地靠近球台，并靠自身加力打出多变的削球。另外，球网的增高也逐步被提上了日程，无机胶水减弱了球拍弹性，这些规则的变化都将有利于削球技术的发展。可以预见，削球进攻打法在如今规则的限制下具有极强的生命力，只要能发展出能攻能守、能近台能远攻的全能型削球打法，削球打法将会在国际乒坛上再一次绽放出独特的魅力。

（三）整体技术风格的发展趋势

国际乒乓球联合会对乒乓球运动规则的变动使主动攻击、积极加力成为未来的发展方向，因此乒乓球技术主流打法也将向"凶、快、变"的方向发展。

（1）"凶"就是要运动员有主动进攻意识，能上手的情况下就要坚决上手，能发力的情况下就要果断发力，能变线的时候就要迅速变线。尤其是在高水平的对抗之中，主动进攻的意识需要增强，只有这样才能在竞技过程中压倒对手，保持自身的优势。

（2）"快"就是要节奏快、攻防转换快。现如今，乒乓球运动员从上旋转为下旋的能力普遍提高了，所以竞技过程中多是上旋球的高速对抗，运动员需要掌握在来球上升期进行反冲弧圈球的技术，对抗速度加快就必须适当缩小引拍动作，主动加力增加击球的爆发性，从而实现真正意义上的高速对抗，也就是说，现如今的乒乓球发展更加倾向于在快节奏之中掌握微调整技术。另外，随着乒乓球运动的节奏加快，攻防的转换速度也在变快，这就需要运动员转变好自身的思维，尤其是欧洲运动员防守意识极强，需要及时进行转变，在被动防守之中要敢于反攻，否则面临的必然是被快速赶超。

（3）"变"就是要下旋变上旋、战术多变、球线善变、落点精变。强化下旋变上旋的能力，这是现今乒乓球运动发展的首要趋势，尤其是在台内和相持期间下旋变上旋的能力。战术要多变，随着乒乓球竞技节奏的加快，竞技中变化情况越来越多，单一的战术很难在一场比赛中获取胜利，只有完善战术，形成战术多变的风格，才能在变化莫测的竞技中占据主动。球线要善变就是改变原本以斜线为主的对抗线路，变为直线与斜线相融合的对抗线路，如今乒乓球运动的节奏变快，需要在恰当的时机改变击球线路，主动占据优势，把斜线对抗转为直线对抗，这才是取胜的关键球线。落点精变则需要在以上三点变动的同时，让击球落点更为精准，这是技术提高和竞技节奏变快后的必然发展。

（四）女子打法趋于男子化

随着乒乓球打法的发展，以及乒乓球器材及规则的改革，女子技术打法越来越趋于男子化。男子在体能、心理和前三板的技术上，以及中远台相持能力、特长技术和步法等方面均强于女子，想让女子打法趋于男子化，就不能只在力量和速度上男子化，更应该注重节奏、落点和相持技术上的开发，变被动为主动，打造新的技术框架，把男子技术的精髓和现有女子"把台相持"，即中近台快攻相持的技术进行融合，打造真正属于女子打法的技术风格。

第五节　乒乓球单一技术和组合技术教学与训练规律

乒乓球单一技术就是单独的一个技术动作，单一技术是构成组合技术的基本单元，单一技术的质量高低决定了组合技术的质量高低。乒乓球运动的单一技术主要包括进攻性技术和控制性技术。进攻性技术包括发球技术、推挡球技术、攻球技术、弧圈技术等；控制性技术包括搓球技术、削球技术和放高球技术等。

组合技术是在单一技术熟练掌握的基础上，构建的更高层级的技术体系，即两个或两个以上不同单一技术的结合。高水平的组合技术需要通过多种多样的技术进行组合练习才能获得。

想要在乒乓球运动中形成自己的战术，就需要技术的支撑，虽然技术是战术的基本元素，但是单一技术无法形成战术，只有综合运用技术，提高心理和身体素质，最终才能形成行而有效的战术。也就是说，组合技术才是战术的基础，若单一技术掌握不够熟练，那么组合技术必然会有极大的缺陷，而组合技术无法熟练掌握，就根本形不成真正意义上的战术。同时，战术并非一成不变的，而是根据比赛过程中的实际情况不断发生着变化，需要运动员根据自身的技术特点和不同实际情况，将不同的单一技术连接起来，这样组合技术就会越多，战术的变化也会越多，在比赛中也就拥有了极强的适应力和应变力。所以，掌控单一技术的数量和质量直接影响着组合技术的数量和组合。

一、乒乓球技术的特点

（一）技术开放性强

乒乓球运动属于非常典型的对抗型竞技运动，进行乒乓球运动至少要两人或以上，所以每一次击球和回球都是在对抗双方的相互制约中完成的技术动作，这种竞技特点决定了乒乓球运动的核心不是在稳定的条件下掌握技术动作，而是在不断变化的条件下，有效且快速地完成技术动作。因此，乒乓球运动的技术开放性强，需要融合和充分利用运动员的各种能力，如运动协调机能，感官机能，肌肉反馈机能，身体反应能力，信息接收及处理能力，对外在刺激的感知、分化、应变和预见能力等。在教学和训练过程中，应遵循这些标准，使运动员得以全面的锻炼。

（二）技术精细化

乒乓球运动属于小球运动，即使现今乒乓球已进入 40+ 大球时代，相对来说乒乓球的个头依旧是世界级球类运动中最小的。球体小、速度快是乒乓球运动最大的特性，而针对这种特性想要完成乒乓球竞技，就需要击球动作极为精细，不仅需要腿、腰、胯、臀、背等部位的大肌群发力配合，还要求肘、腕、掌、指等部位小肌群和关节的和参与，这些小肌群的参与对乒乓球运动的技术动作和效果的影响甚至比大肌群还大。这种精细化动作转化为技术的难度极大，因此在教学过程中必须要有针对性和专业的练习手段及讲解方法。

（三）技术多样化

乒乓球运动的变化极多，这是其最为显著的一个特点，其变化主要体现在球的速度和弧线、球的旋转及落点、球的飞行方式等方面，想应对这些复杂的变化，就需要多样化的技术，因此乒乓球技术动作也极为多样。在教学过程中，需要针对这种特性合理而科学地安排教学顺序和制订恰当的教学计划，只有这样才能在较短的时间内获得高质量的训练效果。

二、乒乓球运动技能形成的规律

技能就是按照一定技术要求，对单一技术和组合技术进行不断练习，从而获得快速、精确、流畅和娴熟的身体运动能力和操纵能力的方式。乒乓球运动技能的形成同样如此，在进行教学和训练过程中，首先需要了解技能形成的规律，方能在短时间内有效而快速地使运动员掌握运动技能。

（一）熟悉适应期

刚刚接触乒乓球的运动员对乒乓球技术认知不足，因此在学习技术的过程中往往会注意力不够集中、身体不协调、动作不匀称、无法很好地控制动作时间和空间。这主要是因为运动员处在技术动作的泛学习阶段，仅仅是通过视觉观察和简单的模仿练习，通过观察的情况来控制自己的动作，在这个阶段教学者需要有足够的耐心，给予受训者一定的鼓励，待受训者受到足够的外界刺激引起运动神经兴奋之后，大脑和身体形成的条件反射就会稳定下来，从而能快速进入下一阶段。

（二）动作联结期

当通过视觉刺激和模仿，受训者对技术动作的认知有了一定的身体记忆和自我理解之后，就会进入这个阶段，其中的技术动作会从简单的模仿逐步过渡到自主练习。在泛学习阶段，受训者只是通过视觉或个人认知来了解技术动作，但通过一定时间的练习和训练之后，自然会拥有更深层次的感觉和体会。这时受训者就会在练习的不断重复过程中，建立起自身与技术动作的各种动作联结，会自发根据自己身体和认知情况，对技术动作进行规范，同时会对肌肉用力和动作协调有所控制，也会形成一定的辨别能力，促使自己少犯错误，逐步排除掉一些多余动作、错误动作或干扰动作。动作联结期是受训者非常重要的一个阶段，因为此时受训者已经开始初步掌握技术动作，开始进入初步动作定型阶段，所以在此过程中，教学有一定要适时进行指导，及时纠正受训者不易发现的一些不到位或错误动作。

（三）动作巩固期

乒乓球运动对动作反应和意识的要求极高，要求做到技术动作自动化，即将大部分精力放在分析和调整阶段，真正的技术动作靠身体的记忆和自动化处理完成。这一个阶段属于技术动作自动化阶段的锤炼阶段，因此首先必须将受训者的技术动作进行完善和标准化，然后通过不断重复锻炼，将已掌握的技术动作系统而连贯地表现出来，在这个过程中需要对个别细微动作进行调节和调整，而主要注意力需要集中在对环境变化信息的采集和加工上。在此阶段，受训者需要反复练习，巩固技术动作的条件反射系统和形成牢固的动力定型，最终达到在完成技术动作过程中只通过实施动作就能及时察觉到错误并靠身体自发进行错误调整。

（四）动作自动化阶段

技术动作巩固之后，就进入了动作自动化阶段，即身体要能在无意识的条件下稳定地完成某一个技术动作或某一套组合技术动作，只要出现符合条件的运动刺激，身体就能自动、熟练、精准地完成相应的技术动作，类似于神经条件反射。在这个阶段，技术动作不再需要大脑意识进行控制，而是靠已经形成系统的低级中枢系统通过动作反馈进行自发调节。在此阶段，受训者的所有注意力就可以完全偏向对外界信息的收集和分析，然后有针对性地进行思考，最终通过大脑意识思维的干涉，对已经稳定的技术动作进行细微调控，达到高质量击球的目的。

三、乒乓球技术的学习顺序

乒乓球运动技术五花八门，除发球技术之外较为基础且必须要掌握的技术主要有五种：推挡球技术、攻球技术、弧圈球技术、搓球技术和削球技术。这五种乒乓球技术难易程度并不相同，在教学和训练过程中也需要遵循循序渐进的原则。

（一）推挡球技术

推挡球的动作比较容易掌握，且较为简单，所以可以作为入门技术进行学习和训练。推挡球技术要重点抓好快推技术，而要掌握快推技术则可以从平挡入手，先学平挡再学快推，等熟练掌握快推技术之后再逐步学习加力推、减力挡、推侧旋、推下旋等。

（二）攻球技术

了解和熟悉推挡球技术之后，就可以着手学习攻球技术，攻球技术学习顺序如下：先学正手攻球，再学侧身攻球，之后学反手攻球。各种攻球技术之中，可先重点掌握近台攻球技术，熟悉之后再逐步学习中远台攻球、扣杀球、拉抽球、台内攻球、攻弧圈球和杀高球等攻球技术。

（三）弧圈球技术

拥有一定的攻球技术基础之后，可以穿插学习弧圈球技术。学习过程如下：先学习正手弧圈球，再掌握侧身弧圈球，最后学习反手弧圈球。各种弧圈球技术中，应该先学加转弧圈球，然后是前冲弧圈球，最后学习侧旋弧圈球等其他弧圈球技术。其中，应该重点学习和训练的是前冲弧圈球，因为这是弧圈球打法的主要得分手段和技术。

（四）搓球技术

搓球技术的学习顺序有些不同，先要学反手慢搓，然后学反手快搓，之后才学正手慢搓和正手快搓。掌握了这几种搓球技术后，就可以加入旋转，学习搓加转球和搓不转球。

（五）削球技术

拥有了一定的搓球技术基础之后，就可以开始学习削球技术。学习顺序如下：先学正手削球，再学反手削球，先学远削，再学近削，先学削一般下旋，再学削加转下旋，之后学削不转球。各种削接球技术中，要先学削接攻球，再学削接弧圈，先学削接左右来球，再学削接追身来球。

按照各类技术的难易程度，以一定的顺序进行教学和训练，能让受训者逐步由易到难学习乒乓球技术，更能通过系统化的学习，了解乒乓球运动各技术之间的联系，从而最终拥有自己的认知，形成自己的技术体系。

第六节　乒乓球单一技术和组合技术教学与训练方法

乒乓球运动员的技术构成是比较复杂的，不仅内容丰富多样，技术成型的时间周期也很长。在对乒乓球运动员进行训练时，就需要以技术学习和训练为主，尤其是技术的训练，更要遵循循序渐进、由易到难的原则进行。一般情况下，乒乓球技术的训练和教学的顺序如下：先推挡后攻球，再弧圈球，随后要进行正手反手交替练习，最后进行原地定位和组合练习。此阶段之后是旋转球的练习，要先搓球后削球。

一、初学动作

初学动作的主要任务是建立技术概念，体会动作要领，然后训练运动员在相对稳定的条件下掌握基本的击球技术动作。

（一）建立技术概念

乒乓球运动的每一项技术都有其自身的特点和作用，所以在教学之初就要帮助受训者建立一个完整而正确的技术概念，这样有助于预防受训者产生错误的动作，也有助于提高他们学习的主动性和自觉性。

（1）先要清晰明了地解释所学技术的特点和作用，以及其技术动作的难点和易错点。

（2）运用图像或视频进行示范，给予受训者正确的技术动作表象，帮助受训者了解技术动作的姿势和发力模式。

（3）教学者需要结合直观的图像或视频示范进行详细而通俗的讲解，向受训者说明动作方法和技术要领，在此过程中可以结合技术动作中的基础力学理论帮助受训者加深和加快理解。

（4）教学者可以通过自己的经验或能力，将技术动作的要领概括成容易记忆的口诀或顺口溜，帮助受训者快速记忆。

（二）体会动作要领

在受训者理解并揣摩透技术动作之后，就可以组织受训者进行大量的模仿练习，如进行挥拍练习，学习示范中的技术动作，反复进行模仿，让受训者认真体会其中动作的要领。在练习过程中可以根据不同技术的不同要求，先把技术动作的速度放慢，让受训者快速熟悉，同时检查动作细节的正确性，如握拍方法、引拍动作、挥拍路线、发力技巧和用力顺序、重心的转换和击球时身体的移动协调等环节。

1. 原地手法模仿

练习时要先徒手练习动作，然后执拍练习动作，从一开始就需要尽可能使动作符合技术要求，不要一味追求速度快。手法模仿不仅要手臂的摆动和拍形正确，还需要注意腰和腿的动作，以及身体重心的转换和全身的协调用力，进行原地反复练习，直到动作标准和发力感受正确。

2. 技术动作步法模仿

不管是哪个技术动作，示范中必然配合一定的步法，在原地手法模仿的基础上，需要单独进行步法的模仿，遵循由简单到复杂的规律：可以先练单步，再练跳步、跨步和并步，最后练习交叉步和结合步法，需要先慢后快，最好能将示范中的步法进行分解，以单一步法技术进行练习，熟悉后再进行融合，要以练对和练会为最终目标。

3. 手法步法结合模仿

通过手法模仿和步法模仿，受训者对技术动作有了初步的体会之后，就可以把手法和步法结合起来进行模仿，要保证先步法后手法，注意发力技巧和动作的规范性。

4. 特定条件下模仿练习

当手法步法结合模仿练习熟悉后，可以加入一些特定条件再次进行模仿练习，如在技术动作线路上加入标志物来代表球的位置，练习技术动作时需要在引拍或挥拍结束后触及标志物。这样做的目的就是纠正路线不正确、击球动作不充分等错误的动作，有标志物进行参考将更准确和清晰。

（三）上台练习

当受训者熟悉掌握技术动作后，就可以转到台上练习，这一步骤属于动作实践步骤，需要真正开始进行击球练习，所以要竭力保证挥拍动作正确不走样、不变形，同时结合已熟悉的模仿练习，做一定的判断来球的练习，还要根据模仿练习进行身体移动，掌控击球时间、击球点、触拍部位和拍形，体会用力方法和发力技巧，并及时进行动作还原。

1. 自给自足

在运用技术动作时，在台面上标明落点位置，然后进行击球练习，不断调整发力模式和技巧，在动作标准的情况下将球击到规定的区域。

2. 多球练习

可以通过供球机或教练进行供球，在保证供球落点准确、稳定的情况下，受训者进行技术动作的高强度练习。此阶段受训者要在相对稳定的条件下专心体会技术动作的要领，从而做到快速熟悉和掌握。

3. 陪练

教练或有一定乒乓球基础的陪练员陪同受训者在台上对练，陪练需要根据受训者的技术水平和掌控程度，适当调整练习难度。陪练可以让受训者进一步体会和掌握技术动作。

4. 互练

这是组合教法的一种展现形式，即让受训者进行组合，然后根据严格练习的标准和要求，让练习的双方相互配合练习。在互练阶段，受训者最好有固定练习对手，这样可使他们互相促进，快速提升彼此的技术掌控程度。

二、加入旋转

受训者在初学动作这一阶段主要学习不加旋转的基本技术动作，当熟练掌握基本技术动作后，就可以尝试加入旋转，提高对旋转球的认识和技术动作的掌握程序。一般将乒乓球飞行过程中的旋转方向分为三类：上旋球、下旋球和侧旋球，每种旋转都有其更细的分支，如上旋球分为正上旋和逆上旋、左侧上旋和右侧上旋；下旋球分为正下旋和逆下旋、左侧下旋和右侧下旋；侧旋球分为左侧旋和右侧旋。当然，这种细分只是笼统的分法，大部分旋转球都有一定的旋转方向穿插。练习旋转球也需要遵循一定的顺序，先上旋球，然后下旋球，最后是侧旋球。

（一）上旋球

上旋球是众多旋转球中飞行速度和轨迹较为稳定的一种，也是各种正反手技术练习中最容易掌握的一种，所以当掌握一定的基本技术动作后，就可以通过大量上旋球的练习来掌握球的旋转规律，之后在此基础上认识其他旋转的规律。上旋球球速快，稳定性强，是乒乓球竞技中较为有效的进攻手段，所以先学习上旋球不仅能快速熟悉球的旋转规律，还能夯实旋转球技术的基础。

（二）下旋球

下旋球一般用于在比赛中破坏对手的进攻节奏，增加对手进攻难度，是无法进攻时采用的过渡手段。在学习下旋球时，先要学会搓下旋球和下旋球发球抢攻技术，这都属于下旋球的基础，且对学习下旋球非常重要。只要熟悉了这两种下旋球技术，其他旋转球的技术就比较容易掌握了。

三、巩固提高

巩固提高阶段要在初学动作的基础上逐步增加练习难度，同时提高练习要求，最终在类似比赛中让运动员形成属于自己的运动技能。这一阶段属于互练的晋级阶段，当对练双方较为熟悉后，同时双方掌控的技术动作达到一定水准后，就可以进入巩固提高阶段，采用对练的方式，安排其中一方为主练方，另一方为陪练方，双方配合共同提高，之后再进行互换。

（一）从斜线对练到直线对练

斜线对练的难度较低，有利于受训者体会和掌握击球动作，所以在初期对练时可以以斜线对练为主，然后根据双方掌控动作的程度，逐步转入直线对练。增加一定难度后，双方必须有一定的调整和适应过程，以便彼此更进一步体会和了解技术动作的要领和技巧。

（二）从单线对练到复线对练

在初期对练时任何一个技术动作都需要在各种单一线路上进行练习，当双方都有了一定的单线对练基础之后，就可以转入各种复线对练，如一点对多点，能有效提高变化落点和控制落点的能力；多点对一点，能有效加强步法移动和左右摆速及控球能力；多点对多点，可以加强彼此移动中变化落点的能力。

（三）从规律到不规律

在前期对练中，因为对技术动作的掌握还不够完善和熟悉，受训者需要按照规定的落点、旋转、节奏等进行有规律的练习，随着技术动作掌控度的提高，受训者就可以从有规律的练习过渡为不规律的练习，以提高应变及判断能力。

（四）逐步提高击球难度

对练前期因为受训者需要着重体会动作要领和掌握技术动作，所以要相应降低击球难度。随着技术的提高，可以逐步提升击球难度，巩固技术动作并相应提高技术质量。比如，在学习推挡、弧圈、搓球和削球初期，要先练习还击速度较慢、旋转较弱、落点稳定的来球，回击动作掌握到一定程度后，再练习还击速度较快、旋转较强、落点较刁难的来球。陪练可以在初期用单一技术进行陪练，随着主练方技术的提升，陪练可以逐步过渡到交替使用两种或两种以上的技术进行陪练。

（五）逐步提升回球要求

练习技术动作前期，因为受训者对动作掌握不熟悉，所以对击球力量、速度、落点、旋转和弧线的要求都可以进行相应降低，等受训者技术水平提升后，就要加强对这五项基本要素的要求，以方便受训者不断改进和提升击球质量。比如，练习推挡时，初期可以适当放宽对回球速度、回球落点和回球力量的要求，当熟悉技术动作后，就要加大要求，促使主练方加大击球力量，加快回球速度，同时加强落点的变化和控制。

（六）从单一技术到组合技术

前面所说的各种训练都是从单一技术着手的，以让受训者一步步熟悉各个单一技术的动作要领和技巧。在熟悉掌握单一技术的基础上，受训者才能逐步从单一技术练习转到组合技术练习，而且在转入组合技术练习过程中，也需要遵循循序渐进、从易到难的规律。

（七）加装置练习

在进行某些技术动作的练习中，有时普通的训练根本无法解决其中的问题，此时可以对训练装置进行一定的改动，再进行训练。比如，可以在对方台面放置物品，训练时尽力击中目标，以提高对球落点的控制某些特定战术的训练质量；攻球时弧线容易过直，就可以将球网稍微升高，通过锻炼提高攻球弧线弯曲度；在练习搓球或削球时球路的弧高过高，就可以将球网高度稍微下降，以控制球尽量接近球网来压低搓球或削球的弧高；在练习对搓时可以在球网上方一定距离内加一条线，要求双方击球都从线和球网中间穿过，以训练对搓时有效和精准地控制弧高。在满足技术训练的基础上，可以采用很多特定的方法，不一而足。

第五章　乒乓球削球打法训练

第一节　乒乓球削球打法的发展历程

一、削球称霸阶段

1902 年，颗粒胶皮被运用到乒乓球球拍之中，自此创立了稳削型打法，从此削球打法开始进入大众的视野。在乒乓球运动发展初期，比赛用球较软，球网很高，台面却较窄，这些器材非常有利于削球技术的发展，因为这种情况下球速比较慢，削球运动员形成了以削球为主的全面防守打法，而且当时的比赛规则较为自由，没有比赛时间限制和回合板数限制，给稳削型打法提供了非常便利的发展条件。

二、防守型削球被限制阶段

1937 年，国际乒乓球联合会改革了比赛器材和规则，加宽了球台，降低了球网，并限制了比赛时间，乒乓球也改用硬空球，这些规则和器材的改变促进了进攻技术的发展，稳削型纯防守的技术打法开始走下坡路。1952 年，日本运动员在世界乒乓球锦标赛上首次使用了海绵球拍，从此远台长抽进攻型打法开始走入人们视野，削球打法的垄断地位被打破。随着中国直拍近台快攻型打法的出现，攻球技术得到了巨大的跨越，欧洲以削球为主的防守型打法再也无法抵挡进攻型打法，不得已放弃了削球打法。

三、多变怪球削球打法发展阶段

20世纪60年代，中国虽然以近台快攻型打法为主，但与欧洲的做法相反的是，在欧洲放弃削球打法时中国开始发展削球打法，将原本的纯防守打法进行改进，加入了进攻技术，削球技术开始从纯防守向削攻结合打法发展。当时日本借助海绵球拍的发展，发明了弧圈球技术，只是当时弧圈球技术还处于初级阶段，还不具有巨大的威胁性和全面性。在1961年第26届世界乒乓球锦标赛中，中国的张燮林创新性地使用了长胶海绵球拍，利用长胶独特的性能使他的削球打法在旋转上变化多端且异常怪异，成功打压了日本当时新创的弧圈球打法。之后一段时间，削攻结合打法在中国得到了一定的发展，甚至曾经为中国女队第一次捧起女团冠军立下了汗马功劳。

四、百花齐放期削攻打法发展阶段

20世纪60年代初，中国乒乓球协会总结中国乒乓球队的成绩和世界乒乓球运动的发展，提出了"百花齐放，以我为主，采诸家之长，走自己的路"的技术发展政策，开始在中国特有的直拍近台快攻型打法的基础上，博众家之长，不断融合创新，对中国乒乓球运动的发展产生了巨大而深远的影响，也正是这项政策的贯彻使中国乒乓球技术打法呈现了多元化及多样性的发展。这项政策的实施使中国乒乓球技术打法能适应多种打法，但国外的打法无法适应中国的打法。在这段时期，中国以直拍快攻打法为主体，协调发展了包括削球打法在内的各种打法，使各种打法相互并存相互促进。随着弧圈球技术的不断完善和发展，中国的削攻打法也在不断发展，如梁戈亮继承了张燮林的长胶削球，在此基础上融入了倒板技术，使横拍削球的变化和进攻能力大大提升；之后蔡振华运用一面反胶一面防弧胶的球拍，发挥了倒板发球进行抢攻的威力。运用两面不同性能胶皮的倒板技术发展而来的削攻打法在一段时期内成为世界乒乓球锦标赛上的一盏明灯。1984年，国际乒乓球联合会对球拍做出了新的规定：球拍正反面须呈红与黑两色；发球时球体要在球台端线及延长线之后；发球时跺脚给予警告，再次跺脚判失分。这一规则在很大程度上限制了中国倒板削攻打法的技术优势。

五、削攻打法沉寂阶段

1998年，国际乒乓球联合会对长胶的定义进行了改变和规范，粒高和颗粒直径比从1∶3改为1∶1。这在很大程度上削弱了长胶运用力，以反手长胶进攻为巨大优势的邓亚萍的威胁力被减小，而长期以来中国反手长胶正手反胶的削攻结合打法也面临淘汰。之后，国际乒乓球联合会又一次规定正胶颗粒高度必须大于 1.0 毫米，削弱了正胶引以为傲的发展速度。这几项规定使对颗粒胶性能依赖很大的男子削攻结合打法受到极大限制，但非常有助于弧圈球进攻打法的发展，之后削攻结合打法开始进入沉寂阶段。

六、削攻打法曙光阶段

2003 年世界乒乓球锦标赛上，韩国削攻结合打法运动员朱世赫成为一匹黑马，他的技术全面，削球旋转变化多且运用极其灵活，灵活的倒板技术制约了弧圈球打法，且进攻技术深厚，不但发球和接发球能靠削球抢攻，而且相持时削中带攻，能够和对手对拉，同时攻防技术极其完善，削攻旋转和节奏的把控能力极强，能够很好地制约对手。之后，削攻打法和攻削打法相继发展，相对来说，由于大球时代对力量的需求更大，男子削球打法的发展一直处于低迷状态。女子运动员因为受力量的限制，在弧圈球技术打法上的发展一直不突出，所以开始发展削球打法，毕竟削球手能攻能守，具有广阔的发展和生存空间。

第二节　乒乓球削球打法的发展趋势

从 20 世纪 90 年代开始，弧圈球进攻打法的技术稳定性、相持性和进攻性都得到了全面的发展和提升，这使削球打法受到了极大的限制。削球的旋转其实无法强过弧圈球，因为削球一般距离球台较远，想要打出稳定的球必须先将作用力用于球平动冲力的抵消上，所以用在球旋转上的力量相对会减弱。同样，因为削球距离球台远，球在空中飞行的时间就会变长，受到空气阻力作用转速减弱迅速，再加上削出的球转动越快，受到流体力学影响越大，所以很多削球下旋球很容易出界或冒高。

另外，弧圈球技术的完善对削球类打法的削球技术和攻球技术都提出了很高的要求，如需要能连续削接弧圈球，且削得稳削得低，还需要削得短，能限制对手大力拉冲扣，同时需要有发球抢攻和接发球抢攻的能力。这就需要培养出削中连续攻、拉、扣的能力，从而使上下两旋球完美融合，快慢完美结合。也可以说，现今乒乓球运动的发展依靠削球打法技术的全面性发展。

随着大球时代的来临，球的飞行速度和旋转速度被限制，且 11 分赛制使比赛局数增多，胜负偶然性增大，2分轮换发球也降低了发球的战术变化，无遮挡发球又减少了发球的隐蔽性，削弱了发球抢攻的优势，这些都有助于削球类打法技术的发展。

一、以削助攻指导思想

未来乒乓球削球技术打法的发展需要树立以削助攻的指导思想，因为随着弧圈球技术的发展，尤其是男子运动员，单纯运用削球直接得分根本不切实际，所以削球运动员必须树立进攻为主、削球为辅、削球为进攻创造机会的指导思想，加强发球抢攻与接发球抢攻，在相持阶段则需要节奏多变，旋转多变，为进攻创造机会。

从训练角度来说，不论是削攻结合打法还是攻削结合打法，过去的削球技术训练都是在不断加强削球技术的基础上提高进攻技术和意识。这种培养模式会让运动员在心理上树立削球第一、进攻辅助、稳中求攻的思维意识，这种意识根本不适用于现如今以激烈和大力攻扣为主的弧圈球技术。如果不形成抢攻、对攻、对拉的强烈进攻意识和进攻能力，就等于自主放弃了进攻机会，而主抓防守和稳定将极大限制削球类打法的发展。

从现今乒乓球发展模式来看，应该先培养运动员的进攻技术，然后选择有削球天赋的运动员跟进削球技术，使其养成以进攻为主的技术习惯，让削球成为助攻或过渡，这才是削球打法以后的主要发展方向。

二、多元化发展攻削结合打法

（一）加转

反胶通过加转来削弧圈球，会比长胶削得更转。如果在比赛中能用强烈的下旋球接弧圈球，势必会对弧圈球打法运动员形成巨大压力，因为球路根本不适合弧圈球打法进行拉、冲、打，这样能给削球打法争取到机会。

（二）借力

弧圈球的旋转强度不同，会令球对长胶的作用力和反作用力有所不同，若对方弧圈球的力量越大，旋转越强，对长胶的作用力也越大，从而长胶对球的反作用力也越大，这样借力进行削球，会让球越来越下沉，从而使弧圈球对手拉球更加困难。若对方弧圈球的力量越小，对长胶的作用力就会越小，长胶对球的反作用力也越小，这时削出的球旋转就越小。所以，削球过程中可转换以倒板长胶和反胶削球。削接弧圈球，弧圈球转速强、力量大时，用长胶以夷制夷；弧圈球转速低、力量小时，则用反胶削球来增加弧圈球接球难度，能让对方难以大力拉球，从而为削球运动员的自身反攻创造机会。

（三）攻削结合或削攻结合齐头发展

削球的旋转既然没有弧圈球强烈，其打法就应该在提高削弧圈球技术的基础上，发展出以进攻为主的结合打法。运动员削弧圈球要稳，提高逼角反攻能力，在近台、中台和远台都能做到和弧圈球对攻对拉。

现如今的弧圈球打法单一化较为明显，旋转大部分以上旋为主，针对这一点，削球打法可以发展出多种对抗模式，如用倒板削弧圈球让对手难以适应下旋强度不同的削球，还能利用拉、攻技术回击对手，削和攻的结合会让球的旋转性质发生变化，能够破坏弧圈球单一打法进攻运动员的节奏，为自身创造机会。

第三节　乒乓球削球打法训练方法

一、有序训练法

这是削球训练中最为常见的一种训练方法，利用率极高。因为有序训练法遵循乒乓球运动的技术发展规律，由易到难、由浅入深、由简入繁、由单一到组合，使受训者逐步掌握一项削球技术和一项削球战术，它是一种较为常规的训练法。

（一）有序训练法的定义

有序训练法根据受训者的技术水准和掌控水平，以及其平时的技术训练和战术训练的程度，有目的地对训练内容、旋转性能、击球方式、击球节奏、落点、击球路线和步法移动方式等要素做出最适合受训者的训练规划。

（二）有序训练法的作用

（1）有序训练法能适时跟进受训者的训练情况及其对削球技术的掌控情况，进行有效且循序渐进的训练安排，有利于削球运动员较快地掌控某一项技术动作，使受训者掌握正确的动作要领和形成正确的应激模式。

（2）根据受训者削球技术的掌控情况，可以有效增加或改变训练的强度和密度，可以让受训者在相对稳定的条件下反复练习，并能够完好衔接已经掌握的技术，从而让受训者在很短的时间内熟练掌握新技术。

（3）在有序训练过程中，能更清晰地发现受训者在削球打法上的薄弱点，从而调整训练模式，弥补其弱点，扎实其削球技术的基础，从而使受训者单一技术和组合技术的水平迅速提高，并加快和促进受训者根据自身擅长技术形成独有战术。

（三）使用有序训练法的基本要求

有序训练法是较为基本的削球训练方法，应该从单一技术和单一线路开始训练，然后让受训者逐步完全掌控单一技术，之后再逐步过渡到结合性技术和不同线路结合的训练状态，符合循序渐进、逐步提升、全面优化的发展规律。

另外，有序训练法需要和无序训练法进行交叉融合，先有序再无序，然后再有序再无序，循环螺旋上升，通过了解受训者技术掌控情况，有规律地安排两种训练法交叉的比例和训练周期，合理进行搭配，从而让受训者的能力得以稳步扎实提升。

二、无序训练法

无序训练法能有效加强削球运动员在训练中的难度，可以完美地衔接有序训练法所锤炼的基础技术和战术，能保证训练中的随机性和灵活性，更加有助于让受训者进行实战，还能巩固和提高受训者的基础技术和打法，增强其实战能力。

（一）无序训练法的定义

无序训练法指在削球运动员技术和战术训练中，只对训练内容做适当规定，对击球过程的要素不再进行规定和限制，如对速度、落点、旋转变化、弧度等都不进行限定，只是根据削球受训者自身的打法特点和应变能力，进行适当的变化性练习。

（二）无序训练法的作用

（1）无序训练法打破了有序训练过程中的有序性，实现和比赛中五要素制胜因素无序排列的完美结合，让受训者能适应和体会到比赛中的无序，增加训练过程中的随机性和灵活性，同时锻炼受训者自身的随机应变能力，使受训者对各种来球都有一定的了解和回应能力。

（2）无序训练法可以巩固削球受训者的技术水平和战术水平，并促使受训者灵活运用基础技术，并加强削球技战术的组合运用能力和使用水平。

（3）无序训练法可以培养受训者高度集中的注意力，毕竟有序训练法偏重于习惯性和肌肉记忆，打破有序的模式进行训练，能让受训者感受到不同的氛围，促使其培养战术意识。

（三）使用无序训练法的基本要求

无序训练法一般配合有序训练法进行交叉性安排，在有序训练法之后进行，合理地与有序训练法进行搭配，能更有效地提高受训者对削球基本技术和战术的掌控，且通过打破有序训练法过于有序的训练模式，有助于培养受训者的紧张意识和比赛意识。

三、多球训练法

在削球打法训练中，可以采用多球训练法帮助受训者掌握削球打法的各种高难度技术动作。比如，用不同的力量、旋转、速度、弧线和落点，以及各种不同技术组合的发球，弥补单球训练中回合少和间隙时间长的缺点，从而提高训练效率，让削球运动员能更快地熟悉某些技术动作。多球训练法能有系统地针对削球运动员的不同特点制定不同的训练强度和密度，从而提高削球打法的技术水平。多球训练法能让运动员通过足够多的重复练习，达到某种应激反应，从而逐步形成肌肉的应激系统，还可以进行超负荷训练以增强意志。

（一）多球训练法的定义

多球训练法就是根据单球训练或比赛的各种来球情况，不间断地发各种旋转和特性不同的球，让练习者熟练某一单一动作的方法。有人工供球和机器供球两种方式，机器供球形式较为单一，多为一球连用或多球单练，即所发的多个球都为同类球。人工供球除这种方式外还有一种名为一球一用的方式，即每一次发球都拥有不同的特性，可实现多样化训练。

（二）多球训练法的作用

多球训练法能提高运动员单位时间内的击球次数，可以增加训练密度和强度，有利于运动员掌握和改进技术动作，快速提高技术水平。因为多球训练法能调整和控制供球的力量、速度、旋转、落点和弧线等要素，所以其能根据受训者的能力水平适当进行调整，从而提高训练效果，还能随着受训者的水平提升逐步提高难度，在无形中帮助受训者增强技术水平和适应力。运动本身就属于熟能生巧的身体协调锻炼模式，多球训练法能提高受训者在移动中的击球命中率和对某个特定技术的熟练程度，还能加强受训者的步法灵活性和击球手感，让受训者适应各种球路并形成身体记忆。另外，多球训练法的训练强度较大，让受训者接受数百个球接连不断的击球训练，能提高受训者的专项身体素质，还能在看似较为枯燥的多球训练过程中提高受训者的意志，从而让受训者逐渐熟悉乒乓球微小变化的不同应对模式。

（三）使用多球训练法的基本要求

1. 训练负荷

多球训练法的训练负荷远远大于单球训练模式，不管是强度还是密度均是如此，所以在训练过程中必须掌控好训练负荷，避免出现局部负担过重或过度疲劳的情况，否则会得不偿失，影响训练进度。

2. 训练比例

多球训练法虽然优势明显，但无法代替单球训练，也无法代替身体素质训练，单球训练法更加注重相持能力和球路意识，而多球训练法则更加注重细微调整和击球手感，所以要合理安排多球训练与单球训练的时间比例，一般可以采用 1 ∶ 2 到 1 ∶ 3 的比例，也可以根据受训者具体的情况和训练阶段进行特殊安排和调整。

3. 循序渐进

多球训练法强调的是实效性，具体则以受训者技术质量是否提高、动作完成是否标准等为依托，注重技术的提升实效，因此多球训练的难度要随着受训者技术水平的变动发生改变，同时在训练中要有一定的要求，如命中率和击球质量。在训练过程中若运动员动作走形严重或质量过低，要及时停止训练，进行纠正和调整，以提高动作质量和命中率为训练的最终目的。不能一味求量和速度，循序渐进方能达到训练的标准。另外，要根据不同受训者的不同情况来制定不同的训练内容，避免忽略训练内容和效果。

4. 供球技术

多球训练法的目的是提高受训者的削球技术，所以对供球技术要求也很高。从训练效果来看，多球训练法能否达到功效，在很大程度上取决于供球技术的好坏，所以作为供球者一定要做到供球熟练、准确，尽可能全面而逼真地发出各种不同球性的击球，展示出不同球的特性，这样才能令受训者达到该有的训练效果。

四、强带弱训练法

削球运动员在掌握某一项技术动作的时候，往往对训练对手有较高的要求，如需要训练对手具备一定的拉攻能力，否则就无法达到训练效果。因此，在训练削球打法的过程中，需要针对运动员的阶段性技术，安排一些水平略高于削球受训者的对手，如此才能不断刺激削球受训者，使其实现技术上的进步。

（一）强带弱训练法的定义

强带弱训练法就是利用训练者和受训者在年龄、经验甚至性别方面的差异，让水平较高的一方作为水平较低一方的陪练，从而有针对性地提高受训者的技术水平，促进受训者削球技术的提高。

（二）强带弱训练法的作用

由于强带弱训练法是由水平较高者作为水平较低者的陪练，因此能够有针对性地使受训者较快地掌握和适应某些难度较高的新打法，从而拓宽受训者的眼界和训练内容。根据水平的提升速度和提升方法，可以有效增加训练的难度和强度，加快受训者技术水平的提高，如某些特殊技术性动作，可以通过集中训练的模式，让受训者快速掌握，并加深其对特殊技术动作的认识。强带弱训练法可以采用计分的方式进行，在一定阶段用数据统计技术提高程度，也能有针对性地对薄弱环节进行调整和优化。这种类似实战的集中训练模式能加速提高弱方的技术水平、组合技术运用能力和随机应变能力。

（三）使用强带弱训练法的基本要求

1.陪练者的技术水平

强带弱训练法对选择的陪练者的技术水平要求较高，但又不能绝对压制受训者的技术水平，所以选择陪练者的要求比较苛刻。

2.陪练者的实战能力

强带弱训练法要求陪练者不仅要陪练，还要发挥自身的实战能力。陪练者可以根据自己的技术水平和战术特点投入训练，有针对性地根据受训者的程度制定特殊的战术，从而保障训练的真实性和实战性。

3.强带弱训练强度

强带弱训练法的训练强度应该视受训者的水平而定，不管是难度还是强度都不应该超过受训者能够承受的极限，太小对受训者的提升有限，太大则容易让受训者不易跟上进度，应该控制在受训者通过自身的努力和锻炼，能够逐步提升的难度和强度上。

五、比赛训练法

比赛训练法是削球训练中最为关键的转折性训练。削球的任何技术打法都需要在比赛中运用出来，否则就不算掌握了削球的技术打法。因此，在受训者当达到一定阶段后，通过各种比较灵活多样的竞赛方式进行有针对性的训练，这本身就符合从严、从难、从实战的训练原则。比赛训练法将受训者在训练中掌握的技术逐步融合到实战比赛中，从而使其真正掌握这些技术，并加深对比赛的理解。

（一）比赛训练法的定义

比赛训练法是指根据受训者训练的具体目标和任务需求，在受训者达到训练某个阶段的一定目标时，采用灵活的竞赛方式达到训练效果向比赛能力转化的训练方法。

（二）比赛训练法的作用

削球受训者可以在各种灵活多变的比赛中运用训练过程中掌握的技术，发现这些技术在比赛过程中的优点和不足，从而在后期训练中增强其优点、弥补其不足。比赛训练法能通过比赛的模式，培养和提高受训者随机应变的能力和技术融会贯通、举一反三的拓展能力，从而锤炼受训者在技术层面、心理层面和智力战术运用方面的能力。比赛训练法；能用比赛的形式缩减训练和比赛的差距，从而让受训者适应比赛，提高比赛时的兴奋度和调整能力。

（三）使用比赛训练法的基本要求

1. 阶段性要求

比赛训练法并不是随意使用的，而要根据受训者在训练中所处的具体阶段和技术掌握程度。当受训者在某一阶段的技术已经无法再继续提升时，就可以采用相应的比赛训练法。比赛训练法一方面可提高受训者使用训练技术的熟悉程度，另一方面可帮助受训者发现技术训练时存在的不足和问题，以便有针对性地再次训练。

2. 实用价值

虽然比赛训练法的形式多变，但无论采用哪种竞赛方式，都需要向受训者说明比赛训练法的目的和具体的竞赛规定，让受训者能全力以赴进行比赛，而不是以普通训练和友谊赛的心态面对。比赛训练法更容易找到受训者的不足，可以通过比赛的方式刺激受训者的适应能力和比赛兴奋度，最终达到训练目的。同时，在比赛训练过程中，教练应该将受训者在比赛中的任何表现，包括技术上的优势和不足，以及比赛过程中的随机应变能力、心态调整能力、心理承受能力、体力方面的具体情况，一一记录在案，然后做好总结，从而更有针对性地对受训者进行下一步的训练和培养。

第四节　保障削球打法训练效果的因素分析

要提高削球运动员的训练效果，首先要做的就是分析哪些因素会影响削球打法训练的效果，从而进行有效的针对性调整，以保障削球打法训练的效果。

一、意识培养

自乒乓球运动中开始出现削球打法，直到 20 世纪 80 年代，乒乓球赛场上出现了一批又一批乒乓球削球前辈。如果单从技术层面上看，这些前辈所运用的传统削球技术还缺乏一定的攻击性，与现今的削球打法相比，技术和打法处于极为落后的状态，但是这些前辈都有自己擅长的技术和战术，并形成了自身独特的特点。

观看这些前辈的比赛，他们在比赛中所运用的削球技术体现出的节奏、旋转、落点及球路变化等都比现今乒乓球削球打法的很多先进技术要实用，为何会出现这样的情况？归根结底还是比赛中的各种意识问题。比如，对削球技术动作的正确分析意识，比赛中的削球步法移动意识，抢攻反攻的意识，合理多变的比赛战术意识，相持阶段积极主动发力击球的意识，再匹配前辈极为娴熟的击球技巧和扎实的削球基本功，削球前辈各自形成了各种令人称道的削球打法：20 世纪 50 年代的稳削打法、20 世纪 60 年代的逼角反攻打法、20 世纪 70 年代的削球转与不转的变化、20 世纪 80 年代削球转与不转结合主动抢拉抢冲打法等。削球打法产生这样的变化最主要的原因是前辈拥有着在比赛中主动调节的意识。

削球前辈即使在训练中，都会针对每一个削球技术寻找实战中会遇到的各种情况，然后进行探讨、调整、钻研和改良，最终形成的削球技术很多都具有非常强的针对性和目的性。因为以前的削球技术打法相对比较单一，所以前辈在练习各种削球技术的时候，能将基本技术练得非常扎实过硬，从而提升了削球时的球感、手感、体能和意识。在现今的削球训练过程中，若想大幅度提升训练效果，就必须学习老一辈的优良习惯，不能一味追求削球的各式技术打法和击球方式，而应该从基础入手，先将基础技术练精练透，再培养自身的各种战斗意识，最终形成富含各自技术特点的削球打法。

（一）积极主动进攻意识

随着国际乒乓球联合会对乒乓球运动规则的调整和乒乓球器材的不断发展，现如今乒乓球运动需要积极主动进攻，方能在比赛中掌控主动。削球打法因为其技术特性，从最初出现时就形成了以稳为主的打法模式，毕竟削球打法使用削的技术，会让对手处在一种较慢的削球节奏中，所以无论是削球打法的发球和接发球，即使是进攻型削球打法运动员也都是以稳为主，稳中求攻。但如果现在削球运动员能大胆使用发球抢攻的削球技术，也许会出现意想不到的效果。

培养积极主动进攻的意识，首先需要克服削球运动员求稳的心态，一旦求稳的心态占据主动，很多本该进攻的球就容易犹豫，从而错过进攻的机会。而且求稳心态出现后，很多能守能攻、可攻可守的球，运动员会一味求稳而选择防守，最终错过进攻机会。当在比赛中处于被动地位时，削球运动员习惯性的防守意识会使削球运动员放弃抢攻打乱对方节奏的机会，变成一味防守求稳，最终可能导致整个比赛节奏都被对方牵着走。其次，需要转变思路，在普通训练中要锤炼削球运动员的进攻能力，甚至可以从小锻炼时就培养强烈的进攻意识，练就扎实的进攻基础后，形成积极主动进攻意识，再加强削球技术的锤炼和组合。最后，学会控制削球与进攻的节奏，进攻的基本功有了，那么在训练或比赛中就要锻炼削攻结合的节奏。比如，韩国削攻运动员朱世赫，他在比赛中的得分率是失分率的近三倍，主要原因是他具有很强的连续拉弧圈球的能力，每次削完一板球都会迅速调整成进攻状态，运用削球旋转的变化和落点的变化创造反拉的机会，当借助反拉的机会将球打入对手空当位置时，就迫使对手降低回球质量，然后抓住机会抢攻并连续进攻最终得分。

现如今在削球训练中，首先要培养的就是运动员积极主动的进攻意识，最佳的办法就是从小培养运动员的进攻技术，使其拥有积极主动进攻意识后，再结合削球技术打法进行有针对性的训练和提升，并在各种比赛中着力分析哪些球该进攻哪些球该抢攻，最终形成积极主动进攻的意识。

（二）步法移动意识

削球打法运动员想要在比赛中实现积极主动进攻，就必须加强步法，因为积极主动意识和抢攻想法的实现需要一个真正起到效用的行动来配合，那就是步法，所以削球打法运动员在训练中也要注重培养步法移动意识。培养步法移动意识就需要在削球打法的训练计划中将步法的训练融合进去，不能只练习手法和技术，而忽略步法的重要性。毕竟削球打法想实现抢攻，如果步法不到位即使察觉到进攻的机会，身体也无法跟随到位，从而影响之后的击球。现如今很多削球运动员多少都存在着一些步法的问题，如缺乏步法移动意识，无法让步法移动匹配进攻意识等，从而最终影响了整体削球打法的技术水平和削球打法能力的提升。

因为削球打法的特殊性，削球运动员在比赛场上的跑动更为频繁、跑动空间更大，所以在训练过程中步法的应用和训练必须提到首位，当削球运动员能积极调动步法移动，就能更快地找到最佳击球位置，保证回球的稳定性，变相提高削球的技术。削球技术的结构和步法是相互影响的，削球运动员想培养积极主动的进攻意识，就需要匹配步法移动，这有这样才能最终控制削球和进攻的节奏。

二、步法应用

乒乓球运动的特点就是战术多变，比对手的战术变化丰富，且动作快速、思维敏捷，这些都能够在步法移动中体现出来。尤其是积极主动的进攻，必然需要步法的移动进行配合，否则根本无法获取先发制人的机会。只有练习好基本的步法，才能在比赛中通过步法的调整达到最佳的击球位置，从而运用削球落点多变和旋转多变的特性控制对手的节奏，力争最终占据优势。同时，扎实准确的步法能和削球的各项技术动作无缝衔接起来，从而最终在步法的基础上形成属于自己的削球技术风格。毕竟在击球过程中，若步法不能及时到位，就会导致无法在最佳击球点和击球时间进行还击，回球的速度、质量和旋转就会下降。

有数据显示，在一场乒乓球比赛中运动员需要移动一百到近三百次，移动距离约一千到三千米，这就需要运动员不仅拥有良好的体能，还需要运用合理的步法进行移动，从而达到最高的移动效率。合理的步法移动一方面能节省体能，另一方面能快速把握机会。削球运动员的步法在乒乓球运动中是最复杂、跑动最多的，如普通进攻型运动员步法大多是左右移动，少数是短球的上步和中远台对拉，而削球多了前后跑动的步法，而且使用频率极高，几乎每一个球都需要从近台搓或进攻后转为中远台削，这是削球的核心打法。因此，如果削球运动员没有一套优秀的步法，很难和对手进行周旋。

（一）基本步法

1. 跳步

跳步是削球打法中最常用的一种基本步法，一般用于削完一板球后迅速还原或提前到下一板可能达到的位置。主要技巧是双脚迅速蹬地并向目标方向移动，最终同时落地，是削球过程中削中反攻和连续削过程中步法的调节和转换。由于在削球打法过程中，削球运动员的跑动范围比较大，无法像进攻运动员那样在中近台连续使用并步或交叉步，因此跳步就成为削球打法中的过渡型步法，能还原动作、调整重心、保证下次启动。

2. 小碎步

小碎步也被称为垫步或弹步，属于小范围的前后左右移动，是大步法移动后的二次步法调节，主要运用脚踝发力，能在击球前帮助运动员进行最后的步法找位，决定了削球运动员击球的稳定性和重心。

3. 跨步

跨步移动范围很大，身体重心起伏和变化也较大，动作特点是一只脚向来球方向跨大步，另一只脚紧跟。一般情况下，跨步在来球速度快和角度大的情况下使用，削球运动员一般在接打重复落点和左右大角度的来球时使用。因为使用跨步容易重心不稳，所以一般用来打借力球，很适合削球运动员使用，如削从近台向中后台移动的急速球、大力重板球等。

4. 并步

并步也被称为滑步，特点是移动过程中重心稳定，主要运用在节奏变化不大的连续动作之中，因为移动范围比较适中且重心稳定，所以便于后续的发力和动作衔接。动作特点是两脚几乎同时蹬地向来球移动，来球异方向的脚先落地，同方向的脚后落地。在削球过程中主要用于削角度不大、球速适中或缓慢的球，如削对方的连续拉弧圈球，可以在削完球之后迅速还原或快速调整重心。

5. 交叉步

在削球打法中交叉步，一般用在来球距离很远的情况下。交叉步移动范围最大，有利于主动发力进攻，多数用在侧身进攻后扑打大角度来球或回接左右两方大角度来球。运用交叉步时身体上下肢和腰髋等部位需要积极配合，虽然在击球时能充分发挥腰腹部的力量，但在连续进攻时不占优势。

（二）组合步法

组合步法就是将基本步法巧妙组合运用到比赛中的步法，毕竟在比赛中很多球是无法仅用单一基础步法去完成的。比如，遇到角度较大的来球时，削球运动员会潜意识地用交叉步或跨步进行回击，但这两个步法在扑球过程中重心很难保持稳定，也就很难保证回球的命中率和质量，所以必须要组合其他基本步法来调整重心，精确到位进行击球。

1. 跳步结合跨步

这是削球打法中比较常用的一种组合步法，尤其在前后跑位时运用较多。该组合部法主要为了解决削球前后大范围跑动重心不稳不易调节和还原动作的问题，一般先用跳步进行重心还原和调整，基本达到击球位置后以跨步完成击球，主要用来接近台搓球后下一板接退台削球，或者中远台削球后下一板上台搓球和挑球。

2. 并步结合跨步

并步结合跨步主要用于左右远距离或前后远距离地跑动接球。当出现左右远距离或前左后右远距离以及前右后左远距离的球时，因为距离较远，削球运动员很容易仅使用大跨步或大交叉步，这两种大距离步法只能勉强跟上球，而且影响精准到位和找位，不易调整击球节奏。可以先用并步做到位置基本到位，然后加跨步直接找准位置并提前到位，然后控制节奏，在来球落点有所变化时进行细微调整，从而完成高质量的回球。

3. 跳步结合小碎步

削球运动员在比赛中对一些看似力量轻质量也不高的球感到很棘手，因为这种球虽然看起来简单，但回球很难做到精准。用跳步结合小碎步调整位置和重心就能解决这些问题，如中近台削轻球或削急落球时，可以先用跳步从中台到中近台，然后用小碎步调节确保姿势和位置精确，这样就能保证回球的质量。

4. 并步结合交叉步

这种组合步法主要用于最远距离的位置移动，多见于高水平比赛中，因为这种组合步法较难，掌握不好就会使位置移动不到位。先靠并步缩短距离，因为此时重心并未大幅度起伏，再结合交叉步就能快速跨越较远距离且容易击球到位，这种组合步法虽然使用频率不高但是高水平对抗中必须掌握的一种步法。

三、削攻合理搭配

如今世界乒坛弧圈球技术已经非常完善，具有一定实力的弧圈球打法运动员都能拉住削球运动员削出的下旋球，并控制比赛节奏。削球运动员遇到这样的情况若没有掌握削中反拉技术，就很容易被对方带入自己的节奏中，所以削中反拉技术是现如今削球打法中不可或缺的重要技术。

由于削中反拉技术是从削转攻，从慢节奏转向快节奏的高超技术，因此难度很大。在削中反拉过程中，运动员需要先做好预判，然后根据预判调整步法至击球位置，最终在恰当的时间进行击球。若削中反拉未能得分，运动员还可以利用削中反拉的节奏变化、落点变化和旋转变化，创造更多的机会，从而摆脱弧圈球运动员的节奏，予以反击。

第五节　乒乓球削球打法的步法训练

削球打法要求运动员在中远台进行削球，因此削球运动员必须具备快速移动的能力，步法就是实现削球运动员快速移动的最根本的技术环节，而且步法和技术的配合是否合理，会极大地影响削球运动员在比赛中技战术的发挥。

一、徒手训练法

削球运动员进行步法训练最基础和有效的方法就是徒手训练法，即受训者不需要进行击球，而是将注意力完全集中到步法与技术动作的结合上，从而强化步法与技术之间的协调配合，最终通过训练形成习惯性的步法、技术结合动作。

（一）超大范围移动

训练过程中削球运动员首先要采用大范围高强度的迅速步法移动，如跑动范围可以增加到一张半球台，超大范围的步法移动能提升削球运动员在比赛中遇到大角度和死角回球的跑动能力。

（二）重视度提升

在进行徒手训练时，要具有徒手练习过程中融入有球练习的意识，其目的就是在平时训练中强化比赛的思想意识，同时要做有针对性的跑动步法，尤其要重视组合步法的运用和练习。

二、体能训练法

体能训练在乒乓球训练中占据非常重要的位置，毕竟很多时候乒乓球运动竞技的胜负取决于运动员的力量、耐力、速度和专项体能等各方面。削球运动员对体能的需求则更大，因为削球运动员在场上的移动更加频繁，跑动范围更大，跑动速度更快，跑动方向更多，所以削球运动员在场上消耗体能更多。

削球运动员身体素质和身体能力的训练影响着比赛场上移动中步法的运用。比赛中良好的平衡性能让身体保持合理的击球姿势，良好的协调性能充分发挥身体各部分在击球过程中的作用，身体的灵活性则能保证身体重心的控制和协调。在这三者之间，身体的灵活性对削球运动员来说尤为重要，所以削球运动员更应该注重专项体能训练，同时需要清楚地认识到，身体素质不等于步法，步法也不等于身体素质，但是步法是以身体素质为基础的外在表现。

三、多球训练法

多球训练法是削球运动员步法训练中很重要的一种手段，因为它是徒手训练法和体能训练法的有机结合，能有效增强削球运动员步法与技术结合使用的合理性。

多球训练法能提高削球运动员击球的连续性，可以增强技术与步法的协调性配合，如前后移动、左右大幅度移动、削攻转换的步法等。多球训练法能在训练中发现和弥补削球运动员的弱点，如中路让位和两大角的跑动练习、反攻的练习、长短球的练习、连续削接弧圈球和重板球等都能体现出削球运动员的短板，发现短板有助于后续进行有针对性、高强度的弥补和提升。多球训练法有助于全面提升削球运动员的应变能力和解决问题能力。

可以说，步法是削球打法的灵魂，提高步法的合理性、增强对步法重要度的认识、提高步法的有效性都是提升削球打法击球质量的重要方法。随着乒乓球运动主动抢攻、积极争夺意识成为主流，削球运动员如果想脱颖而出，就必须有扎实的基本功、合理有效且快速的步法作为支撑，否则根本无法适应乒乓球运动的竞技发展要求。

第六章 乒乓球双打训练

第一节 乒乓球双打的特点及基础知识

在乒乓球运动中，双打是其重要的形式之一，这一点从世界乒乓球锦标赛七项锦标赛中就有男子双打、女子双打和混合双打三项双打项目就能窥见一斑。对于大型乒乓球竞技来说，双打对运动员的技术水平和教练员的战术部署及安排的要求都极高，毕竟双打是以单打技术为基础的项目，而且需要两个人协同作战、配合默契，以及较强的互补性和选择性，同时要匹配成熟的双打技术。

一、乒乓球双打的特点和推广价值

国际乒乓球联合会之所以将双打项目置于乒乓球运动中极为重要的位置，是因为乒乓球双打独特的特点和推广价值。

（一）团结协作精神

乒乓球双打需要两个人并肩作战，共同对抗对手，因此必须相互信任、互相鼓励和相互谅解。在竞技过程中，难免会出现某些失误和碰撞，如果双方无法快速彼此理解和相互鼓励，将很难继续良好合作，甚至最终影响双方心态致使比赛失利。所以，双打最重要的特点就是能培养协调一致和团结协作的精神。

（二）推广价值

乒乓球双打每一场次都需要四个参与者，因此对于推广乒乓球运动来说，属于极具价值的项目，尤其在一些球台有限但爱好者众多的地方，双打不仅可以缓解场地紧张的矛盾，还能增加趣味性，吸引更多的人对乒乓球运动产生兴趣。另外，乒乓球双打需要配合，因此在竞技过程中移动的范围自然比较大，移动的次数也比较多，有利于推广大众运动，提高身体的灵活性和协调性，达到全面健身的作用。

二、乒乓球双打的基础知识

（一）双打的配对原则

乒乓球双打项目属于两人项目，不论是男子双打还是女子双打或者混合双打，在比赛中都需要轮换击球，所以对比赛成绩和精彩度影响最大的就是双人的配对是否得当。双打的配对首先要考虑的因素就是双方的感情是否融洽，这是双打组合的黏合剂，感情越好越融洽，双打的配对则越牢固；其次就是配对双方的技术、战术和打法特点是否能相互补充，只有在双方技术和打法上能相互融合补充宛若一人，才能在双打项目中取得更好的成绩；最后双打的配对应该保持相对固定的组合，不能经常变换配对或者在比赛前匆忙凑合，因为双打的两个人需要一个相互了解和熟悉的过程，还需要通过长时间的共同训练来达到真正的默契。

1. 常见配对方法

（1）一名弧圈球运动员和一名快攻运动员配对，两人一前一后、一快一转，能够相互补充。两种不同类型打法运动员配对，可以根据特点进行技术互补和战术磨合，如一攻一削配对，一名擅攻一名擅守。

（2）两名快攻运动员或两名弧圈球运动员配对，但需要技术特长有所不同且互补，如一名运动员左手握拍，另一名运动员右手握拍；一名运动员擅长远台进攻，另一名运动员擅长近台快攻；一名运动员擅长正手拉球，另一名运动员擅长反手拉球。若两名削球运动员配对，则需要其中一名运动员削球稳健或着重旋转变化，另一名运动员则具有较强的反攻能力。

（3）根据使用不同性能球拍进行互补配对，如一名直拍正胶运动员和一名直拍反胶运动员配对；一名用两面不同性能球拍的运动员和一名用常规球拍的运动员配对。这种配对方式能充分发挥球拍不同性能的特性，从而为同伴创造适当的进攻机会。

不管用什么规则进行双打的配对，都需要考虑双打的配对原则，在细节方面则可以多变，不拘一格，只要双方技术娴熟、优缺点互补，能彼此适应，同时制定出精练的战术,那么这个双打组合就是合格的。

2.磨合过程

双打的默契需要在平时的训练中不断磨合,磨合的过程是非常关键的过程。

(1)在共同训练的磨合中,双方都要尽量将自己的技术和打法特点全方位发挥出来,让同伴了解自己的优势和缺点。同时,在了解彼此的优缺点之后,要想办法通过自己的努力帮助同伴改善状态、弥补缺点,这是磨合过程中非常关键的一点,尤其是在同伴的状态不佳时,帮助同伴的意识更需要提升起来。

(2)双打是两个人的配合运动,所以在训练或竞技过程中,一定要注意不能以个人为中心,而应该根据同伴的需要适当进行变化。

(3)不管是在训练中还是在比赛中,双方要学会互相鼓励,主动配合,拥有团结协作和真诚合作的精神,遇到问题互相商讨,以大局为重,集思广益,取长补短,只有这样双方才能共同进步,增强斗志,最终方能在竞技中战胜对手。

(4)双方在站位时要尽量做到各具特色,移动范围尽量减小,以避免在场上出现互相碰撞彼此影响的情况。可以根据各自不同的技术特点和打法特色,进行不同的组合尝试,寻找最为轻松配合的方法,再进行磨合和默契的训练。

(二)双打的规则

(1)在第一局比赛前,先发球一方首先要确定第一发球员,再由接球一方确定第一接球员。每发完两球进行换发球时,前面的接发球员应成为发球员,前面的发球员的同伴应成为新一轮的接球员。

(2)发球方合法发球后,由接球方的接球员合法还击,回球由发球方的发球员同伴进行合法还击,之后按照此次序进行轮流合法还击。

(3)发球时,球必须先落到本方球台的右半区,然后弹落到对方球台的右半区,球台的中线视为右半区的一部分。如果发球触网落到对方球台右半区,应重新发球;发球触网后落到对方球台左半区,就判对方得分。

(4)决胜局时,若其中一方先得5分,双方应该换方位,接球方也应该交换接发球的次序。

(5)同一方的运动员组成的双打队伍应该穿同款和同颜色服装,鞋袜除外。

（6）裁判员对双打运动员中的任何一人的行为和表现不能接受而发出的警告适用于两个人，也就是说双打时两人属于一个整体，如在发球时裁判员不能确定发球动作是否合法，第一次出现这种现象时会对发球员予以警告但不予判分；同一场比赛中即使另外球员轮换发球时再次出现这种情况，裁判员将不再警告而直接判失 1 分。

第二节　乒乓球双打的站位和移动方法

乒乓球双打项目是两个人共同协作的运动，因此配合尤为重要，而对配合影响最大的就是双打的站位。两个人的站位是否合理，直接影响着后续的移动和技术的发挥，只有两个人的站位合理，才能保证在比赛中移动迅速且让位方便，从而避免两个人相互间的影响和碰撞，有利于发挥两个人的特色与风格。

一、常用站位

（一）平行站位

平行站位即两人站位距离球台端线相差不大。一般情况下对于发球方，发球员要站位偏右，让出大部分空间给同伴，从而方便同伴进行回击球。对于接发球方，平行站位多适用于双进攻型运动员，而且一般擅长进攻方向也是一左一右，若进攻型运动员反手接发球技术出众也会采用这种站位。

（二）前后站位

前后站位即两个人站位距离球台端线一远一近。一般情况下，对于发球方，前后站位多被削球运动员采用，发球员站位偏右且靠前，同伴靠后且居中。对于接发球方，需要考虑技术风格，削球运动员无论正反手接发球都能以前后站位应对，而进攻型运动员则要考虑正手和反手，进攻型运动员用正手接发球，进行前后站位时就要靠近球台且居中，以有利于正手进攻，同伴则站位稍远，错位站立。

二、步法移动方法

双打中双方的技术手段和战术的实施都需要步法移动的配合，否则再好的技术及战术都无法发挥其功效，所以双打中步法移动极为重要。在双打中移动时首先站位尽量接近下次击球的最有利位置，这一步需要一定的经验和双方打法的配合；其次进行击球之后要迅速移动，以免对手打追身球从而让己方陷入被动；最后不能妨碍同伴击球，因为双打是轮换接球的形式，击球之后必须尽快给同伴让出足够的反应和移动空间。

（一）双打常用步法移动方法

1.T字移动法

T字移动法即近台运动员多左右移动，而中远台运动员多前后移动，两人移动模式形成类似T字。一般双打中一名站位近台运动员和一名站位中远台运动员配对时，如一名近台快攻运动员和一名中远台攻球运动员配对，或一名快攻运动员和一名削球运动员配对，或一名近台削球运动员和一名远台削球运动员配对，常用这种移动方法。

2.八字移动法

八字移动法即两名运动员一左一右，两人在击球之后均向自己反手一侧斜后方移动，两人移动模式形成类似八字。一般一名左执拍进攻运动员和一名右执拍进攻运动员配对时，多采用这种移动方法。此方法在确保同伴击球空间的同时，有利于同伴发挥正手攻球的威力。

3.环形移动法

环形移动法即两名运动员均以画弧线的方式配合移动，两人移动模式形成类似环形，需要注意的是在移动时，要避免在同伴前方绕行，否则容易遮挡同伴视线，还容易被对手打追身球。一般在两名右手执拍运动员配对时，多采用这种移动方法。

（二）双打移动步法的练习方法

1.固定落点移动步法训练

训练中将双打运动员分为甲、乙两方，可以要求甲方将球连续回击到乙方球台的固定落点上，同时要求乙方两人在半个球台范围内前后走位，然后将球回击到甲方球台的固定落点。这种训练方法可以提高乙方两人的控球能力，使乙方熟悉步法走位。在进行多球训练时，可以采用单供双的方式提高双打方走位的难度和训练强度，因为单人供球时不用走动，将球一直打到双人球台某固定落点，所以击球的速度和来球的速度比较快，能提高双打方走位难度。当然，双人对双人的多球训练也可以如此，只是需要两方都必须连续走动，也能增加训练难度。

当此法训练达到一定熟练程度后，可以在回击固定落点的基础上增加难度，如突然变换回击落点，可以增强双打方的判断能力和步法配合能力。

2. 空当位移动步法训练

空当位移动步法训练即在训练过程中，要求甲、乙两方四人在回球时将球回击到另一方的空当位置，并要求击球命中率，以此增大步法走动的范围。这种训练方法不仅锻炼移动步法，还能提高双打运动员补空的意识和能力，以及培养运动员寻找机会进行主动攻击的意识。这种训练模式也可以采用单对双的方法，只是对双打方要求更高，因为单人方的空当只有中路和斜路，这就要求双打方必须将球回击到单人方的相反方向，如单人方斜线进攻，那双打方必须直线反击；单人方直线进攻，双打方必须斜线反击。

3. 不限落点移动步法训练

不限落点移动步法训练即在训练过程中，可以要求一方击球不限落点，但另一方必须在走动中将球回击到规定的固定落点。这种训练方法的目的就是让回击到固定落点的一方能够针对对手弱点进行定点打击。该方法不仅有利于压制对手的攻势，还能给对手创造麻烦从而为同伴创造进攻机会。

如果配对双方中有削球运动员，除了以上训练方法之外，还需要增加专门的前后移动步法的训练和交叉反攻的训练，因为削球运动员的移动范围更大，且前后移动较多，需要做针对性练习。

第三节　乒乓球双打的战术及训练方法

一、乒乓球双打的战术安排

乒乓球双打的战术安排一般具有极大的变化性，因为场上的情况千变万化，需要针对不同情况进行相应的战术调整。一般情况下，双打的战术安排可以分四个方向进行安排。

（一）发球及发球抢攻

双打的发球区是固定的，这就对发球的质量和方法提出了较高的要求。首先，选择旋转变化大、控制落点精准、控制弧线能力强的运动员作为第一发球员。其次，发球员在发球之前，一定要和同伴进行默契沟通，如准备发什么球用手势或语言告知同伴，这样同伴才能有针对性地做出后续击球计划。再次，发球时要注意发球弹台的区域和落点，针对不同球路需求进行调整，如发近网球时，要确保发球的第二跳不出台，即迫使对手接球员近台接球。最后，要注意第三板即发球员的第二板球的抢位和发力抢攻，如果机会不适难以达到目的，不能盲目进攻，可以过渡控制球击打对方弱点或空当，为同伴创造下一板抢攻的机会。

（二）接发球

双打的接发球虽然比单打时的难度小，但接发球的质量会影响双打的节奏和后期配合。首先在接发球的选择时就可以使用一定的战术，如获得优先选择接发球资格时，可以根据对手的强弱情况，选择有利于己方的发球及接发球次序；混双比赛时可以选择男子接发球，在换发球后则改为男子发球，从而形成强弱相对抗的情况，避免己方被针对。其次双打的接发球最好能形成一定的优势，以便于抢攻或掌控主动，所以接发球时要争抢攻或抢冲，只要有机会就果断上手，过程中需要注意落点，同时视对方发球情况调整接发球手段，灵活运用各种不同的战术，借机扰乱对方进攻节奏从而把控赛场的主动权。

（三）相持阶段

双打如果进入相持阶段，就需要视不同的情况安排不同的战术，这些战术安排需要根据对方弱点、己方优势、对方主动失误和自己创造机会的能力等不同情况来调整。

（1）根据己方技术能力，变化击球的旋转、速度、节奏等，调动对方节奏，创造发现对方弱点的机会。

（2）在发觉到对方的弱点之后，可以有意识地攻击对方弱点空当，为己方创造机会。

（3）若无法快速寻找到对方的弱点，可以连续打某一角以迫使对方产生失误，如对手中定然有一人偏弱，就可以盯紧弱方一角进行弱点打击，为对方失误和己方攻击创造机会；也可以交叉打双角来破坏对方的节奏和使对方移动紊乱，然后在对方降低击球质量后抓准机会打空当进攻；若技术能力匹配，可以连续打追身球，使对方两人移动紊乱甚至产生位置冲突，之后寻找机会进攻。

（四）局势分析

在比赛中除了根据每一板的情况细微调整双打的战术外，还需要分析现场局势，然后适当改变战术。

1.优势局面

双打中如果对方比分领先时其不会主动变更节奏，而当对方比分落后时才会有所变化。当本方处于优势局面时，需要注意对方产生的变化，一般会出现三种情况：一是相持中加力和发力开始变多；二是侧身搏杀变多；三是发球以不转、长球和上旋居多。本方需要针对对方不同的变化，适时改变自己的战术，力求占据主动，拉大比分差距。

2.劣势局面

当本方比分落后，整体局面处于劣势时，一定要注意此时容易出现的问题：丧失理智、头脑发热、急于求成等。首先要冷静下来，克制想急于追回比分而产生的冲动，这一点需要同伴共同努力，避免情绪波动过大的情况发生；其次在冷静之中敢打敢拼，通过分析场上信息掌握对方意图和动态，然后厘清反追思路，调整和修正己方的战术，在不能冲动的基础上寻找和创造赶超的机会。

3.比分相持

双打时也有可能发生比分交替上升没有太大起伏的情况，形成这样的状态在很大程度上是因为双方实力相差不多，同时比赛之中的技术发挥和战术使用也处在同一水平。在这种情况下，不能为了摆脱困境或打破僵局而急于求成，越到这种时候越考验意志力，稳中求胜才是最佳方式。

二、乒乓球双打的训练方法

（一）乒乓球双打技术训练方法

1.一对二定点训练

一对二定点训练即单个陪练者和双打运动员相匹配的训练。

（1）单点定点击球训练。一种是陪练将球击到运动员台面反手的固定位置，由两名运动员轮流移动进行换位击球；另一种是陪练将球击到运动员台面反手的固定位置，两名运动员也需要将球回击到陪练反手的位置，轮流换位进行击球。随着掌握程度的提升，陪练可以逐步提高击球的速度和频率，从而提高运动员的技术配合、步法移动的配合度，以及提升运动员的灵活性和敏锐性。

（2）一点对两点击球训练。陪练在球台右角或左角，用正手攻球或拉弧圈将球交替击到运动员台面左右两个区定点位置，运动员通过左右穿插移动将球回击到陪练方球台的右角或左角定点位置。这种训练模式可以提高运动员精准回球质量，还能提高运动员的走位配合和技术默契。

（3）半台对全台击球训练。陪练在自己球台左半台或右半台进行击球，球落点覆盖运动员球台的全台，运动员轮换击球。可以按照实战需求，调整训练难度，如初期陪练击球落点可变动较小，角度变化较小，随着运动员技术的提升，可以加大落点变动和角度变动，增加运动员走位的难度，同时锻炼运动员的判断和反应能力。

（4）实战击球训练。用两名陪练对战两名双打运动员，过程中要求运动员每次将球击到陪练球台固定的位置，陪练则击出各种球供运动员全台回击，这种训练模式需要按照正式比赛规则进行，有利于及时发现运动员的动作问题，从而有针对性地进行改变和调整。

2. 二对二定点训练

二对二定点训练即两名陪练和两名双打运动员对练训练。

（1）一点对两点击球训练。陪练分别站左右半台，将球交替击到运动员球台某规定区域，即"一点"，运动员需要来回移动换位，定点击球并交替将球击到陪练台区左右两点位置，即"两点"。运动员技术掌握程度逐步提升时，陪练可以有针对性地提高回球质量，加大运动员定点回击的难度。

（2）两点对两点击球训练。陪练分别站左右半台，将球交替击到运动员台面左右两角，运动员则穿插移动位置，将来球交替回击到陪练方的左右两角。

（3）两点对一点击球训练。陪练分别站左右角将球击到运动员台面固定位置，运动员则交替将球回击到陪练台面不同落点。

（4）有序对无序击球训练。陪练可以不受双打击球次序的限制，可以任意连续击球，运动员则需要遵循规则，交替击球，这种方法可以降低陪练击球难度，提高运动员的击球能力和击球默契。

3. 二对二不定点训练

此训练方法需要陪练具有较高的技术水平，而且需要有比较明显的特点以便进行针对性训练。训练时按照竞赛规则进行，这是双打训练的主要方式。

（1）攻对攻。陪练和运动员都采用盯一点、突然变线的战术，训练中可以根据运动员的掌握情况和熟练程度逐步提高训练难度。

（2）守对攻。陪练为攻方，运动员为守方，陪练可以采用交叉打两角、伺机扣杀空当的战术进行攻击，运动员则用交叉回击和突然变线战术进行防守。

4.相互配合击球训练

在乒乓球双打竞技中，运动员的配合对成绩有巨大的影响，而两人的配合与最初的配对、感情的培养、训练时间的长短、打法类型的搭配、心理因素等因素有关，所以想让两人能更好地配合，在训练阶段就需要有针对性、有计划和步骤地进行系统训练，从而让运动员能够快速达到默契。

（1）发球与抢攻配合。双打运动员可以根据自身的特点在发球和抢攻上进行配合训练，如一名运动员擅长进攻，那同伴在发球上就应该尽量以下旋球为主，然后配合上旋球为同伴创造抢攻机会；如果一名运动员擅长防守，那么同伴在发球上就应该尽量发似出台不出台的侧上及侧下旋球，然后配合急侧上旋球为同伴创造发挥特长的机会。

（2）接发球与抢攻配合。此阶段的训练需要擅长抢攻的运动员多采用挑、点、拉、撇等技术，并尽量将球回击到对手难反攻的落点，给同伴争取时间进行移动，并为自己创造下一板进攻的机会，而同伴在接发球时应该控制好落点和旋转，为进攻同伴创造进攻的机会，也给自己防守创造有利条件。

（二）乒乓球双打战术训练方法

乒乓球双打运动员在战术上必须做到紧密配合，同时通过彼此了解尽量将彼此的技术特点和特长发挥出来，还需要在战术中掩护同伴的弱点，不给同伴增加困难，还需要为同伴创造机会来攻击对手的弱点。

1.双打战术行动训练方法

（1）单战术训练。从战术角度提出某些具体的要求，如对某些特定推挡或侧身攻，在落点、力量和旋转方面提出带有战术性的特殊要求，要求角度大或重压对方中路右侧追身球，或力量变化进行组合迫使对方露出破绽，从而为某一类推挡球创造进攻机会。这种训练并非绝对，因为创造机会还需要根据对方的某些特点，所以在训练过程中可以根据不同情况进行细微改变。

（2）战术模拟训练。这种训练方法一般用于充分了解对手的情况下，通过分析和探讨对手的特征，制订具有针对性的作战计划和行动计划，然后通过反复训练、查漏补缺，最终模拟对手、熟悉战术。

（3）实战训练。可以用多种多样的友谊赛形式进行实战训练，让运动员能通过实战践行制定的战术，深入了解战术意图，同时针对战术的问题进行调整，使对战术的应用更合理和有效。实战训练不仅能熟悉和完善战术，还能特高双打运动员的默契度。

2.双打战术意识训练方法

（1）战术理论传授。想培养双打运动员的战术意识，需要让运动员深刻地理解和掌握战术知识，教练可以有计划地分层次地向运动员开设战术讲座，分析比赛中战术变化的规律以及在某些情况下应该如何进行战术调整。只有理论足够扎实，熟悉和掌握的知识足够充分，在比赛中制定战术和改变战术才能游刃有余。

（2）分析和反思。首先，要开专题课观察某些比赛中双方战术的变化，观察之后进行分析和研讨，剖析比赛中运动员运用战术的情况，了解时机的重要性和其中的问题，以观摩的方式锤炼战术意识。其次，需要学会反思，在每次比赛或训练之后，应该养成及时回忆战术运用情况的习惯，回顾战术运用不合理之处，并进行战术调整，在后续训练和比赛中将问题解决掉，逐步提高战术运用能力。

（3）念动训练。通过想象和回忆的方式强化战术运用，属于一种心理训练方法，一般对参加过比赛的运动员较为适用。当运动员对各种打法和技法较为熟悉之后，采用念动训练能节省战术调整的时间。当然，这种训练方法需要极为丰富的经验。

第四节　多球训练法在双打训练中的应用

乒乓球双打在进行单球训练时，会因为双打的特点造成无法打出多板球的技术和战术套路，因为双打走位范围大、防守难度大，需要两人默契配合且进攻较为凶狠。想训练四板球以上的技术和战术套路，就可以采用多球训练法，不管陪练方回击球到定点还是不定点位置，只要陪练不停止，双打运动员就一直需要积极走位同时培养默契以回击来球，所以多球训练更接近比赛模式。同时，因为多球训练法能挖掘双打运动员四板球以上的技术和战术套路，所以能快速提高双打技巧和战术能力。

一、多球训练法在双打训练中的优势

（一）训练强度优势

在单球训练中，不管哪一方出现失误，都会使击球中断，然后需要不断地捡球，这就造成很多时候捡球的时间比训练的时间还长。多球训练法能完美解决这个问题，尤其是在最初双打运动员默契度不高需要磨合时彼此之间的不了解和技法打法的衔接不合理等都会造成失误甚至走位冲突，多球训练法可以使双方在不管因何种原因产生失误和冲突的情况都能不间断地在台前进行反复练习。随着训练节奏的强度和密度的增加，双打运动员能快速调整和适应，从而提高对彼此的了解程度。

（二）高难度训练优势

在单球训练中，很多较高难度的技术根本无法运用，如穿插跑位、连续追身球、多次攻防转换等。由于单球训练模式较为单一，回合不会太多，留给运动员的反应时间也较多，无法形成有效地紧凑感刺激，因此无法锤炼运动员的反应和应变能力。而多球训练节奏快、变化多，能很好地促进运动员快速反应和应变能力，有利于高难度技术的应用，进而促进运动员对高难度技术的锻炼及掌控。

（三）步法训练优势

单球训练因为变化较少、节奏较慢，所以很难锻炼双打运动员的步法移动。乒乓球运动员的任一项步法都需要大量的喂球来完善和提升，如大角度的交叉步、相持的并步、寻找机会球的小碎步等，单球训练喂球慢、少，所以对步法的提升极为有限。多球训练则对步法提升有着先天优势，球路一直不断，同时出球频率、速度、变化等都可操控，完全能循序渐进地提升双打运动员的步法跑动能力。双打运动员初期最需要的磨合就是一人一拍之后的交叉跑位，如果没有大量喂球锻炼，很难将步法的质量提升上去。

（四）意志磨炼优势

多球训练时，供球者的喂球速度即使降低，也比单球训练时的速度和节奏要快得多。双打运动员想要快速磨炼技术和战术，磨合彼此双方的默契，就需要积极主动，尽全力调动精力来完成训练。多球训练能极大提高运动员的全身协调能力和反应速度。多球训练的高强度和不间断性不仅能提高运动员的身体素质，也能锤炼运动员的意志。

二、双打运用多球训练法需要注意的问题

（一）由慢到快

双打运动员从配对开始就需要不断地熟悉和磨合，在初期，两人因为彼

此不熟悉，训练时跑位错误和节奏脱节的情况肯定时常发生，所以在运用多球训练法进行双打训练时，一定要注意好喂球的节奏和速度。应该先以较慢的速度喂球，根据运动员技术的提升和默契度的提高情况，逐步加快喂球速度，这样有针对性地进行训练，才能让运动员得以快速进步。衡量喂球速度的标准，就要考察运动员技术动作的质量和运动员双方错位时步法的流畅度等，只有技术动作的质量和换位的步法流畅度达到了预期，才能开始提升喂球的速度。

关注质量是多球训练的根本。多球训练喂球速度的提高也需要有一定的限度，最好的达标速度应与比赛情况匹配，达到比赛时的速度后，就可以开始增加喂球难度和多变性，从而带给运动员类似比赛现场的感觉，进一步提高运动员的应变能力和增强彼此的默契。

（二）从易到难

不管是普通的技术动作还是战术安排，训练的目的就是让运动员能在掌握基本技术和基本战术的同时更上一层楼，因此多球训练时应该从最基本的技术和步法开始。比如，步法的训练应该先从两点双人交叉跑位开始，直到彼此步法熟练之后再进行难度提升。难度的提升同样需要一步一台阶，两点双人交叉跑位掌握后进行三点跑位，三点跑位掌握之后再进行八字跑位等高难度步法训练。用多球训练法提升双打技术同样如此，也是一个从易到难的过程，想要训练组合技术，就必须将单一技术熟练掌握，然后才能循序渐进训练组合技术，因为组合技术是在单一技术的基础上组合形成的。

（三）训练安排合理

在安排双打运动员进行训练时，要考虑运动员自身的情况，如彼此单打的训练安排和强度、平时的训练安排和身体状况等。多方面信息整合之后，再合理地安排时间进行双打训练，尤其是学校运动员，更需要合理安排训练强度，避免因为训练强度不匹配造成身体机能损伤。

第七章　乒乓球战术教学与训练方法

第一节　乒乓球战术的基本原则

乒乓球战术指在比赛中为了达到目标所采取的计谋和行动。一般要根据对手的打法类型、技术特点、性格等制定比较有针对性的谋略。乒乓球战术是运动员在比赛中对技术、意志、智慧和素质的综合运用。乒乓球战术的精髓就是控制和反控制，因为不管是单打还是双打，乒乓球运动都是双方交替击球，在这个过程中，若能运用计谋迫使或控制对方按照本方的意图和期望进行击球，或运用计谋摆脱对方的控制来完成自己的布局，都属于有效的战术。正因为乒乓球战术的精髓是控制和反控制，所以战术富有极大的随机性，有时需要针对突如其来的情况迅速进行判断和处理。

一、乒乓球战术的定义

乒乓球战术指在比赛中根据对方的打法类型和技术特点而采用的各种技术的原则与方法。运动员需要在比赛中综合考虑自身和对手的打法特点及情况，并合理判断和分析，然后有目的地将自己所掌握的各种技术有意识地进行合理组合，在发挥自身特长和技术风格的同时，有效地对对方的弱点进行针对性打击，从而制约对方的优势，只要在此过程中采用的手段和方法合理有效，就属于合格的战术。

战术的形成靠的是运动员的基本技术，技术掌握足够全面、质量足够高，才能在比赛中实行相关战术。在比赛过程中，对战双方的主动和被动、进攻和防守、进攻和反击等关系时常会在极短的时间内发生改变，甚至会交替出现、相互转化，所以技术训练应在一定的战术要求下进行。只有有针对性和有意识地完成技术的训练，才能实现技术向战术灵活转化的目的。

在运动员成长过程中，战术意识的训练应该贯穿始终，即使运动员的技术水平已经达到一定高度，也需要在不同的训练阶段辅以不同要求的战术训练。同时，技术训练和战术训练的比重也需要根据运动员情况有所改变，技术高则注重战术训练，技术还无法达到要求则注重技术训练，技术和战术的训练应该相辅相成，共同进步。

二、乒乓球战术的构成

乒乓球战术虽然是由不同的基本技术组合而成并在不同时机下运用形成的，但它依旧拥有自己独特的构成元素。

（一）战术观念

战术观念就是对乒乓球运动的竞技模式、比赛战术的概念和价值等有了一定的认识之后所产生的一种观念，是一种经验和认知综合作用下的产物。战术观念对运动员进行战术思考、制订战术计划、进行战术训练等和战术相关的活动都具有指导价值。通俗来讲，战术观念就是通过自身的经验和对战术的理解，最终在大脑中形成的如何用合理的方法赢得比赛的想法。

（二）战术指导思想

在战术观念的影响下，根据比赛的实际情况所形成的运用战术的准则和规范就是战术的指导思想。乒乓球运动的战术也有一定的规律，任何战术的实施和运用都需要遵循这些规律，这是运用战术的核心。正确的战术指导思想能引导运动员在恰当的时间和位置，采用最具针对性且能产生实效的战术，而错误的战术指导思想就很可能会造成战术运用过程中整体失策。

（三）战术意识

战术意识也被称为战术素养，简单来说就是运动员在复杂多变的竞技环境中，根据出现的不同情况和问题，准确地进行信息分析，然后随机应变正确和迅速地决定或调整自身的战术或行动方案，它属于为了达到特定战术目标而进行的思维活动。最能体现战术意识的环节就是出现突发状况时运动员后续的反应，在出现突发情况和执行后续行动之间运动员的思维活动就是战术意识。

（四）战术知识

战术知识就是运动员所了解的有关比赛战术理论和运用的相关知识，战术知识分为理论知识和经验知识两部分。在运动员学习技术和培养战术能力的训练过程中，所学习的有关战术原则、战术形式、比赛规则对战术的制约及影响、战术的发展等方面的知识属于理论知识，能通过教练的传授和自发的学习进行完善。战术经验知识指运动员自身的经验累积和总结，需要在掌握战术理论知识之后，在比赛或训练中有意识地掌握和运用，并在遇到战术不合理或战术不匹配的情况时通过理论知识和应变能力进行相应的调整，从而使战术的运用更加灵活、有效。

三、影响乒乓球战术的因素

（一）技术能力和体能

乒乓球技术是战术的基础，而运动员掌控各种基础技术的能力属于技能。当然，技能还和运动员自身的体能有一定的关系，体能是运动员运用技术和计划战术、实施战术的先决条件，如根据战术需要，运动员要攻快球，快球能够快到什么程度，能否达成战术需求，就取决于运动员体能中的速度。运动员技术的风格决定着战术的风格，如果运动员技术足够全面，那么战术的多样性自然不成问题。在运用战术的过程中，技术能力决定了战术的优劣和多样，而体能则决定了战术的实施效果。

（二）思维和心理因素

在比赛中有了技术能力和体能，并不代表战术能很好地达到目标，因为运动员思维和心理因素也起着重要的作用。思维和心理属于运动员学习、掌握和运用战术的保证，其中分为三项。

1.学习能力

学习能力现如今也被归属为心理能力的一种。它一方面会影响运动员掌握技术动作的速度和理解技术动作的程度，另一方面会影响运动员根据掌握的技术进行举一反三融合变动的能力。

2.神经反应

神经反应其实属于心理的外在表现，如有些运动员在训练中心理状态平稳，掌握技术动作的速度和理解能力都极快；有些运动员在训练中可能掌控技术动作的速度并不快，但在比赛中受到现场氛围的刺激后，心理活跃度提升，兴奋度和神经反应速度都有增加，往往能超常发挥。

3.智能水平

运动员的智能水平和学习技术、理解战术、运用能力、掌控技术等有着密切的关系。智能水平并非纯粹的智力，而是在学习和运用战术的过程中，所展现出来的理解水平和变化应用能力，是一种思维的灵活度展现。提升运动员的智能水平对提高战术质量有很大的作用。

（三）谋略和智慧因素

在比赛过程中，运动员若想赢得胜利，就必须调动自己最大的智慧，然后运用自身的谋略寻求制胜的方法和策略，最终形成的就是战术。乒乓球运动本身就是一项斗智斗勇的体育项目，其中体力和纯技术的抗争只占据一部分，更多的则是谋略和智慧的比拼。比如，在了解和分析对手的情况下，用智慧找出针对对手的战术对策，这就属于谋略的范畴。

在乒乓球运动竞技中，谋略和智慧的作用极为重要，赛场如战场，不管是哪个场景，都可能出现势均力敌、敌强我弱、我强敌弱这三种情况，针对不同的情况，就需要应用不同的战术策略。比如，我方实力明显较高，那就和对方拼实力，以绝对的实力差距压过对方；当我方实力明显低于对方时，就必须借用某些谋略，借用奇招妙招突破对手的压制，避实击虚，避过对手强悍之处，突击对手薄弱和虚弱的部位，从而寻找机会；若彼此势均力敌，就需要视对手具体情况和比赛具体情况调整谋略，此时战术的灵活性是极为重要的，不能过于死板地以一种战术制胜，而应该不断调整、试探，寻找最合适的战术制胜。

第二节　乒乓球的基本战术

乒乓球的基本战术大体可以分为发球抢攻战术、接发球战术、搓攻战术、对攻战术、拉攻战术、削中反攻战术六大类，还可以增加推攻战术、两面攻战术。

一、发球抢攻战术

发球抢攻战术的特点是以不同种类及类型的发球来增加对手回击的难度，促成出现机会球或降低对手回球质量，然后进行抢先进攻争取主动或得分的战术。发球抢攻战术不仅是我国直板快攻打法的重要战术，也是进攻型打法的主要战术和得分手段，此战术的要求是力争主动、先发制人。

（一）发球抢攻具体方法

发球抢攻的具体方法无外乎改变发球时球的旋转、线路、速度和落点。

（1）可以发正手侧上旋球或侧下旋球，反手侧上旋球或下旋球，结合不同落点，创造机会进行抢攻。比如，发侧下短球配合侧上旋，落点到对方右侧近网处，能让发出的球在对方球台跳两次以上却不出台，能压制对方的抢攻，为自己增加抢攻机会。在上述基础上，下一板发球可以击出角度大的长球到对方左侧台区，这样对方就难以发力进行拉球或攻球，从而为自己侧身抢攻或正手抢攻创造合适的条件。根据旋转的变化、交替变化线路和落点，可实现左长右短或右长左短的发球抢攻战术。

（2）可以发转与不转球，结合不同落点创造抢攻机会。前后两次发球可以发两种看似相同但其实不同的球，这容易让对手无法适应从而获得抢攻机会，如以相同落点为基础，先发转而第二次发不转球或者先发不转而第二次发转球，对方一般无法立刻判断球到底转与不转，从而很容易得到抢攻的机会。如果发不同落点的转与不转球，则可以结合转与不转，连发短球突发长球或者连发长球突发短球等不同的组合形式创造抢攻机会。

（3）可以发奔球结合侧身发侧旋球创造抢攻机会。若以发奔球为主，可以配合急下旋或侧上、下旋的短球，创造抢攻机会；若以侧身发侧旋球为主，则可以配合奔球到不同落点，打乱对方节奏，创造抢攻机会。

（二）发球抢攻需要注意的关键点

首先，发球抢攻战术在实施之前，就需要考虑清楚自己要发什么球，这类球对方可能会以哪种方式进行回击，回击后哪种结果适合用何种方式进行反攻，这些都需要在发球前做到心中有数。其次，发球之后就要有抢攻的准备，除了心理上有所准备，身体站位和步法移动也需要有所准备，这样才能避免失去抢攻机会。再次，发球时要有所变化，不管是线路还是落点或者旋转，要尽量让对方摸不清球路，使对方需要不断在前后左右移动和变化中接发球，这样抢攻的机会才会更加充分和完备。最后，确定有机会抢攻时，一定要尽可能攻击凶猛，但注意不能太过，否则容易影响命中率，错失进攻机会甚至令己方丢分。

二、接发球战术

在对方发球局中，接发球是非常重要的过渡球，因为接发球所采取的对策和前三板战术的运用息息相关，是整个战局中能否掌控主动权的较为关键的球。接发球如果处理不好，一方面容易让自己陷入被动状态，另一方面容易使己方的战术无法有效地实施。

（一）接发球具体方法

（1）接发球抢攻是接发球获取主动很有效的方法，在来球状态适合进行接发球抢攻时，如来球是长球，就可以用快拨、快打、快拉、快推等技术手段进行回击，先进入抢攻状态，然后抢先上手连续进攻以掌握主动。

（2）若来球难以直接抢攻，可以用快搓或摆短的技术手段回击，使球路变化大且突然，致使对方难以发力抢攻或抢拉，这样在后一板中抢先上手就可以获取主动进攻的机会，也可以来回击出各种短球，侧旋、下旋甚至不转，这样就能破坏对方抢拉的意图，从而争取到主动权。

（3）在足够了解对方弱点的情况下，接发球可以用小上旋或弧圈球、推或拨的技术方法将球送到对方弱点处，从而致使对方极为被动，进而为自己创造抢攻的机会。这种方法需要压低弧线且控制好落点，而且回球速度要足够快，否则很容易被对方把握机会反攻。

（二）接发球战术需要注意的关键点

（1）接发球抢攻一般己方都处于被动状态，因此直接抢攻的难度较大，故接发球抢攻先要看准来球情况，采用适当且不太凶狠的方法进行抢攻，抢攻时攻球力量也不应过大，否则很容易出现失误致使己方更为被动。

（2）如果在接发球抢攻或抢冲时用力较小，就需要控制好球的路线和落点，最好将球回击到对手弱手方向，这样才不容易被对手抓住机会再次抢攻。

（3）如果接发球抢攻成功，在动作完成后要迅速调整状态，做好连续进攻或对攻的准备，反应速度越快则越容易占据主动。

三、搓攻战术

搓攻战术属于一种辅助战术，一般作为进攻型运动员的过渡战术，即利用搓球打乱对方节奏，为自己的进攻创造机会。搓球的旋转变化较大，但不能多用，只能作为辅助和过渡来为自己创造机会。

（一）搓攻战术具体方法

搓攻战术的实施主要是靠改变球的旋转和落点来实现的，可以以快搓摆短为主，结合矮长球到对手的反手位置或不易侧身击球的位置，然后寻找机会进行反攻，也可以利用转与不转的搓球，配合落点长短变化和左右变化，从而让对方节奏失控，获取机会进行攻击。

（二）搓攻战术需要注意的关键点

搓球之后如果拥有了进攻机会，一定要敢于下手大力扣杀，否则失去机会就容易使己方陷入被动。决定使用搓球战术进行过渡时，要尽可能早起板争取主动，但不能过于急躁，需要控制好情绪避免起板失误。最重要的是搓攻战术不能长时间运用，在一两板之后就需要寻找机会主动进攻，否则会陷入被动的状态。

四、对攻战术

对攻战术指通过主动变线（攻击速度快、变线角度大、击球变化多）来压制和调动对方，从而达到攻击和压制的目的。一般采用攻球、拉球、推挡和快拨等技术，弧圈球则主要靠拉弧圈球技术、充分发挥旋转威力牵制对方，最终达到攻击目的。一般对攻战术应用在对手反手不强或进攻力偏弱的对手身上。

（一）压反手

若对手反手不强或进攻能力偏弱，就可以用压对方反手，寻找机会正手攻击或侧身攻击的对攻战术。压对方反手可以用推挡、反手攻或弧圈球，在压制住对方反手后准备侧身之前，需要突然加力、攻压中路或大角度，避免机会不够成熟。

（二）攻两角

可以通过攻两角实现对攻战术。攻两角有三种实施方法：第一种是进行对角攻击，侧身斜线攻一角再正手斜线攻另一角，或者连续攻左角或右角，突袭右角或左角；第二种是袭击对手的空当或进行大角度调球，也就是俗称的逢斜变直、逢直变斜，特点就是回球的落点都控制在球台角，这种攻两角达成机会主要靠节奏的变化，以使对方无法适应节奏的变动陷入被动；第三种是攻追身球杀两角的战术，就是先攻追身球，然后再攻对手的左角或右角，也可以先左右两角调球，再攻对手追身球，同样是通过节奏的变化使对方无法适应从而陷入被动。

（三）变节奏

可以纯粹靠力量或技术的细微变化，掌控比赛的节奏变化，从而起到出奇制胜的效果，如可以通过加力或减力推挡球到对手的反手位或中路，压制对手的动作节奏，让对手回球困难，然后再快速抢攻对手两大角，实现攻两角压制。也可以通过变化球路、变化击球轻重实现对调。

（四）变旋转

可以改变球的旋转性质实现对攻战术，如加力推球之后，接下旋，或正手攻球后中远台削一板，因为球路变化多，甚至可以直接得分。

五、拉攻战术

拉攻战术是快攻运动员在对付削球运动员时常运用的战术，首先需要运动员拥有连续长拉的能力，然后运用正手快拉创造进攻机会，在快拉过程中也需要有一定的线路、落点、力量和旋转的变化，最主要的是需要有拉中突击和连续扣杀的能力，因为拉攻战术就是靠快拉创造机会后用突击和扣杀来得分的。

（一）变线

可以通过拉球多变的线路为自己创造机会，如拉两角球，然后通过反手快拨或快推技术将球路变到中路，伺机为自己创造机会。若没有获取机会，可以再拉两角或空当，使球路不断变化，从而产生机会。也可以拉中路扣两角，先拉中路近身球，然后连续扣杀左角或右角。或者拉对方反手位，压制住对方反手后突击对方正手位。

（二）变旋转

可以运用拉加转球吸引对方近球台削球，然后吊球迫使对方后退，为连续冲或扣杀创造机会；或者先拉前冲弧圈使对方削接，然后搓短球吊对方近台，再进行近身冲杀或击对方空当。

六、削中反攻战术

运用削中反攻战术的运动员需要拥有主动攻击的意识和技术。根据如今乒乓球运动的规则和特征，主动进攻已经成为较为常态化的需求。运用削中反攻战术的运动员一般先使用稳健多变的削球打乱对手节奏以便控制或压制对方，然后创造时机发挥自己主动攻击的能力进行反攻。在如今 40+ 大球时代，无机胶水的使用使削球技术的生命力正在逐步复苏，而削中反攻的战术也成为攻防积极转化的极强代表。

（一）转与不转

实施这种方法的目的是以多变的旋转和落点来扰乱对方的节奏，从而为己方创造合适的机会进行反攻。可以先送不转球，然后通过削球加转并配合落点不断变化实现控制对手，再寻找机会进行反攻。也可以先削下旋球，然后削左右侧旋，通过旋转的变化，扰乱对方的节奏和攻势，从而寻找机会反攻。还可以先削加转球，然后送不转球同时结合落点的变化实现节奏变化，从而获取机会进行反攻。

（二）削双角

利用削球稳健的优势进行大角度、旋转多变的打法，如可以连续逼迫左角突变右角，或者连续逼迫右角突变左角，或逢直变斜、逢斜变直，在此过程中还能通过削球旋转的变化增加对手接球难度，从而寻找机会进行反攻。

（三）削攻挡结合

第一种是利用削挡结合的战术，如先用削球逼对方反手的大角度球，在对方进行侧身拉回球时，突然挡一板到其正手空当，从而获得进攻的机会；对手进行突击时，不管是发球抢攻还是吊小球或搓球突击，都可以采用挡一板缓解突击节奏，变被动为主动，然后寻求机会进攻。第二种是削拱挡结合的战术，一般使用直拍长胶球拍的运动员适合这类战术，如在对方轻拉时，就可以轻挡对手的反手大角，当对方被迫搓球或托球时就可以迅速进行反攻；被对手吊近台，就可以用反手拱斜直线，从而获得进攻机会；对手大力拉球时，可以用削球回击，然后挡或攻，视实际情况而定。

七、推攻战术

推攻战术是左推右攻型运动员对抗进攻型打法运动员的主要战术，一般拥有反手推挡能力的削攻结合运动员或两面攻运动员比较适合这种战术。主要运用左推右攻、左推结合反手攻、推挡之后侧身攻扑正手几种方式压制对方。其运用强速度和强力量，再配合落点的变化打乱对方的击球节奏，能调动或压制对手，为自己争取进攻的机会。

在运用推攻战术时，首先需要注意不管进行推挡还是攻球，都需要有一定的球路变化、落点变化和节奏变化，快慢结合、远近结合、直斜结合。推挡时一般可以压对手反手然后突然变正手，也可以突然加力推对手中路，利用的就是在对手适应某节奏后突然变更节奏，让对手难以适应，为自己争取到进攻机会。其次要坚持以近台为主，学会近台和中台转换，如在对抗弧圈球打法运动员时，就需要以近台为主，然后用各种推挡控制和改变球的落点，最终在压制弧圈球之后进行进攻。使用推攻战术遇到机会球时一定要敢于抓住机会进行扣杀，这是推攻战术的主要得分手段。

八、两面攻战术

这种战术主要用来对抗攻击型打法的运动员，即用正手和反手的攻球技术压制对方，如攻左路扣右路或者攻两角扣中路等方式。两面攻战术的核心是利用球的力量和速度压制对方，可以压对方反手，获得机会后攻击正手或中路。两面攻战术需要坚持近台，被动情况下可以适当后退，一般采用这种战术的运动员的技术要较为全面，正反手弱点少且主动进攻意识较强。

以上所述的战术只是乒乓球运动中较为基本的战术，在现如今真正的竞技场中，大部分运动员都拥有极为全面的进攻技巧，因此在制定或执行战术的过程中，需要运动员具有随机应变的能力，不能一味以一套战术进行战斗，否则被对方摸清自身的战术意图后很容易被对方针对或压制。运动员最好能掌控所有的基本战术，并根据自身的特长和打法特性，以基本战术为依托制定属于自己的战术，同时需要根据不同的对手组合不同的战术。乒乓球运动竞技中的战术不一而足，很多时候不仅考验运动员对基础能力的掌握程度，还考验运动员的战术意识和随机应变的能力。

第三节　乒乓球战术意识的培养

在乒乓球运动中，战术意识的作用极为重要。运动员拥有良好的战术意识，能实现预判和调节作用，及时根据情况调整自身的战术，使战术更加具有针对性和目的性，从而把控比赛的主动权。

一、运动员必备战术意识

战术意识是一种综合性的素质，也是运动员面对现实情况所产生的心理变化的内在展示。乒乓球运动精准性高、技术性强、节奏性快、变化性多，培养战术意识就是为了让运动员能做好战前准备，在遇到各种情况时能够快速产生相应的目标、计划、思路和准备，运动员想在比赛场上有效组织技术和运用战术，就必须拥有较高的战术意识，其中几项是乒乓球运动员必备的战术意识。

（一）乒乓球运动的基本规律

乒乓球运动的技术性很强，分为多种不同风格、不同模式的技术组合，在比赛中更是各种技法、战法层出不穷。运动员首先需要做到的就是了解各种技术、战术的基本特点和各种组合形式，清楚乒乓球运动的基本规律，然后根据这些规律深入理解技术组合，了解得越多，眼界越广。只有这样当遇到复杂情况时才能快速做出最正确的判断，从而把握赛场的主动权。

（二）预判及果断采用战术能力

预判是乒乓球运动中非常关键的一项能力，因为在比赛中任何人都不会显露出自身的战略意图和战术构思，每个人都会竭力掩饰自身的意图，甚至会通过诱饵动作迷惑对手。在复杂的状况中察觉对手的战术意图，就需要运动员通过直觉进行感知、通过行为进行判断、通过对手反应进行预估，这就是预判。通过预判了解到对手的战术意图后，就要果断采用相关战术，只有这样才能快速获取主动权。

（三）精准反馈能力

不管是预判还是果断运用战术，都不一定达到预期目标，因为乒乓球运动节奏快、速度快，而且现实情况极为复杂，对抗的双方一直都处在不断变化的过程中，所以运动员必须拥有精准反馈能力，即在使用技术或战术之后，要将运用的结果、对方的反应、对方的应对和状态等信息迅速且精准地反馈到头脑中，然后通过反馈结果修正和调整战术，做到真正随机应变。

二、战术意识的培养

乒乓球运动的战术意识与技术、战术等都需要通过长期的训练、锻炼和总结比赛经验逐步形成，所以在日常的训练和比赛中，要注意培养运动员的战术意识，在不断强化和提高中，最终让运动员形成自己的战术意识。

（一）基本功训练

任何成型的技术、战术和战术意识都和乒乓球运动的基本功息息相关，只有运动员拥有足够扎实和全面的基本功，才能为战术意识的培养提供基础。运动员的基本功分为基本技术和基本体能，其中基本体能的训练可以通过一些专门性的训练方法提升运动员的专项身体素质：击球爆发力、步法移动速度、击球摆速等。基本技术的训练则需要通过不同打法特点和要求，制定较为多变的训练方案，实现快慢结合、轻重结合、长短结合的全面技术提升，同时可以在训练中加入实战元素，用以提高运动员的应变能力和适应节奏，为战术意识的打造奠定基础。

（二）理论和专业知识学习

乒乓球运动拥有一套完整的理论体系。在乒乓球比赛中运动员会遇到各种各样的复杂情况，要想拥有匹配的战术意识，就必须有足够完善的理论基础和专业知识，同时要在理解理论和专业知识的的基础上，形成自己的逻辑体系，只有这样才能在比赛中适应乒乓球运动超强的技术性和变化性。在训练中，首先教练要有意识、有目的、系统地向运动员传授相关的理论和专业知识，让运动员对乒乓球运动的发展趋势、规则、技术中涉及的力学、比赛中涉及的心理、掌控技术和战术涉及的生理等各方面的内容有所理解，引导运动员主动探寻乒乓球运动的规律，主动分析问题，可以在传授过程中结合实例和多种形式，让运动员不仅知其然还要知其所以然。其次，运动员自身也要树立自主学习各种理论和专业知识的意识，运用自身总结的学习方法系统地理顺各种理论和知识的逻辑，从而最终形成自己的理论体系，再一次为培养战术意识夯实基础。

（三）注重心理训练

在乒乓球运动中，运动员的心理状态所形成的外在表现就是比赛时的主观能动性，也是运动员意志的体现。运动员只有展现出越战越勇、机动灵活、不骄不馁、奋力拼搏的状态，才能在比赛中掌控主动权，在遇到问题和阻力的时候才能快速解决并转变为拼搏的动力。尤其面对关键球时，运动员只有保持沉着冷静的心理状态，有着背水一战、拼搏到底的顽强精神，才能将自身的技术和战术充分发挥，最终把握住机会。运动员的心理训练可以采用不同形式的训练模式，如呼吸调解法训练、放松心态训练、意念训练等，在平时训练中要注重提高运动员的自控力，从而保持平稳而坚韧的心理状态。

（四）锤炼战术思维

任何战术只是构思而不执行，都只能是空想。想和练完美结合才是培养和锤炼战术思维的重要手段。在锤炼战术思维的过程中，首先要求运动员针对不同的战术情况，设置一定的问题，进行分析并提出应对措施，这个过程是为了培养运动员的观察和思考能力，考验的是判断力，在复杂多变的情况中梳理出最关键的问题是解决突发情况和问题的关键。其次，需要运动员以实战的形式，执行其提出的具体应对措施，考察这些措施是否能达到期望，若不能，则引导运动员再次梳理问题，重新提出应对方案并践行，直到能解决问题为止。最后，可以让运动员观看高层次的比赛实况，从真正的比赛中汲取经验并开阔视野，然后发现问题，甚至可以针对某些情况进行比赛实战，从而及时总结问题并修正不足，最终锤炼出坚韧的战术思维。

（五）建立战术风格

战术风格的建立基础是运动员对基本技术和战术理论以及战术运用都有一定的基础。运动员应结合自身的特点扬长避短，从本身类型打法上形成自身的特长技术动作，再根据个人的打法特点、技术特长、身体素质、球拍性能和自身优缺点等，从发球、攻球、推挡球、拉球、搓球和削球等各个特定方向确立和建立与自身特点相匹配的特长技术和击球线路，把自己的特长技术动作作为重点技术有意识地进行实践和融合培养，最终促使战术意识逐步过渡为独特的战术风格。战术风格建立之根本就是以发挥运动员自身优势最大化为目标，融合运动员全部技术，最终形成颇具特色的战术打法。当然，战术风格的确立并非一蹴而就，也并非一成不变，随着自身技术完善、打法风格改变、经验丰富等，战术风格也需要进行相应改变。

第四节　乒乓球战术行动训练

乒乓球运动中战术的训练除了需要培养战术意识，还需要注重战术行动方面的训练，有了战术意识，还需要拥有匹配的行动力方能将战术应用到比赛中。乒乓球的每一种战术自身都可以形成具体的一套战术，而运动员运用战术时并非仅靠一套战术来发挥作用，而是以自身掌控的多套战术进行相互之间的联系和组合，从而最终形成战术体系和战术风格。乒乓球战术行动的训练就是以单套战术和战术组合为基础进行的针对性训练，可以简单划分为以下五个主要方向，在训练过程中可以针对不同类型打法风格进行相互组合训练，以提升运动员的战术意识。

一、提升战术质量，注重发展特长

提升战术质量是以提高单套战术为主要目的的训练方法，主要为了让运动员能全面掌握某一套战术的各种运用方法，以提高此套战术的质量。使用这种训练方法前需要先明确运动员以哪类战术为主导，最好能契合运动员自身的特长，从而最大化地提升运动员和单套战术的契合度与适应度。比如，以对角攻击、双边直线、逢直变斜、逢边变直、连攻左角突袭右角与连攻右角突袭左角六个基本方法为基础的攻双角战术，可以单独以某一项基本方法为训练方向进行集中和专门训练，从而让运动员掌握全部攻双角战术，掌握的基本方法越多，运动员在比赛中随机应变能力就越强，应对方法也自然会顺畅而多变。如果其中某些单项基本方法掌握得不够熟练，就应该进行更多的训练，从而提升整套战术的质量。在训练整套战术的过程中，运动员可以根据自己的特长，进行有针对性的优势最大化训练，最终形成具有个人特色的特长型战术风格。

二、加强进攻和连续进攻能力

现如今，乒乓球运动的发展方向更加偏向于主动进攻，因此比赛中的进攻类战术能力必然需要重点训练，尤其针对发球来说，发球的质量往往决定着下一板球能否找到机会进行抢攻，此类训练方法针对的就是发球抢攻和连续进攻的能力提高。

（一）单套发球战术训练

单套发球战术训练就是以某一类发球为核心，着重进行此类发球战术的训练，从而提高此类发球的技术质量，增强下一板球的抢攻能力和连续进攻的能力，充分发挥战术的作用。

（二）多样发球战术训练

多样发球战术训练就是以多种类型发球战术为核心，不断深化发球的多样性和技术掌控能力，从而提升运动员下一板球的进攻机会，大幅度提升运动员发球抢攻战术的运用效果。

三、提升战术多变性，创造进攻条件

在进行单套战术训练时，以击球力量、速度、旋转的变化为主要训练方向，利用单套战术上单项技术的多样性变化来扰乱对手，从而为自己的进攻和反攻创造条件。在进行组合战术训练时，也可以运用这类手段，只是组合模式更加多变，如在某一板球时增加击球力量、速度和旋转的变化，或者在战术组合过程中增加这些变化的过渡球，以此让战术更加多变，为自身的进攻和反攻创造机会。

四、提高防御能力和应变能力

此种训练的目的是增加自身防御的能力和遇到突发状况及时应对的应变能力，在训练中可以针对某一套战术采用先防守后攻击的方式进行练习，也可以针对对方不同的发球情况进行先防守后攻击的训练，还可以让对手模拟某类战术，有针对性地进行先防守后进攻的训练。提高攻击能力虽然可以让运动员在比赛中快速得分和获取得分机会，但没有任何人能保证自己的进攻可以不断持续。在对手攻势凶猛的状态下，防守能力就显得尤为重要，提升自身的防守能力，再辅以战术的变化，也往往能获得进攻机会，从而抓住机会得分。

五、在实战中提升综合战术能力

在乒乓球竞技过程中，场上的情况往往千变万化，很多时候仅仅靠单套战术根本无法很好地进行应对，这就需要运用到综合战术。综合战术其实就是单套战术的有机融合和相互匹配，当战术能力掌控到一定程度之后，就可以以实战的方式训练综合战术能力。比如，攻球运动员对削球运动员，攻球方可以将拉攻战术中的攻角、攻追身以及长短结合的多套战术结合起来，削球方则可以将削中反攻战术中的削两角、削转与不转、削长短球等多套战术结合起来，从而以实战的形式锻炼双方对各套战术的运用能力。另外，可以进行模拟式实战，即让对手模拟某种打法或某个运动员的战术，提高己方对抗这类战术时的应变能力和战术安排能力。若在比赛前已了解了对手的情况，可以采用这样的方式进行突袭训练，从而对此类战术打法更加了解和熟悉。

第八章　乒乓球体能教学与训练方法

第一节　乒乓球体能训练综述

随着乒乓球技术的完善和战术水平的提高，以及国际乒乓球联合会对乒乓球规则的改革，如今的乒乓球运动对运动员的身体素质和体能提出了极高的要求。进入 40+ 大球时代，乒乓球的速度和旋转都较以前有所降低，但对乒乓球运动员的判断能力、力量和主动攻击的意识提出了更高的要求。因此，现如今运动员打乒乓球不仅靠技术和战术，还需要有过硬的体能。尤其如今的乒乓球比赛紧凑且频率高，比赛赛制对抗性更强，所以运动员需要高节奏的跑动，同时需要在此过程中迅速而准确地完成各种技术动作，没有良好的身体素质根本无法完成这些动作。

一、体能训练的分类

乒乓球运动的体能训练可以分为体能基础训练和专项体能训练两种。体能基础训练就是寻常的力量训练、速度训练和耐力训练。专项体能训练更为细致且专业，分为专项速度素质训练、专项力量素质训练、专项耐力素质训练和专项灵敏素质训练四类。

二、体能训练的目的

乒乓球体能训练最基本的目的就是提高运动员的身体素质。运动员除了要进行一般的体能训练，提高身体素质之外，还需要进行专项体能训练来增强专项身体素质，这是快速掌握和提高乒乓球运动的技术和战术技巧的基础。

专项体能训练就是为了让运动员的体型和各种相关身体机能更加契合乒乓球运动专项的要求。比如，专项力量训练不是增强运动员的固有力量，而是增强其挥拍击球的爆发力，同时与力量素质息息相关的是发力的速度和灵敏程度，还有持续爆发的耐力；专项耐力训练也不仅仅提升运动员的体能持久力，还能提升保持速度不断变化、力量不断变化、灵敏度不断调整的多种能力的组合耐力；专项速度训练也不只是为了提高运动员的跑动和移动速度，还为了提高击球时挥拍的速度和肌肉的反应速度；专项灵敏训练所锻炼的是一种综合素质，即改变动作和动作方向的灵活程度，是应变能力的基础。

专项体能训练主要为专项技术服务，也是乒乓球运动员综合提升身体体力和素质、锤炼意志和心态、完成比赛和训练的必要保障。良好的身体素质是提高技战术水平和高强度运动时保证技战术发挥的重要条件，当然也有培养运动员战斗意志和吃苦耐劳品质的作用。

三、体能训练的重要性

（一）体能训练是技战术提升和高负荷竞技的基础

现如今乒乓球运动越来越细腻化和多变化，这就需要运动员拥有更加敏锐的技术感觉和足够的应变能力，这些都和体能训练有千丝万缕的关系。同时，乒乓球运动员若想掌握足够的技术，完善自身的战术，形成具有特色的战术风格，就需要系统性且高负荷的高质量训练。这些都需要良好的身体素质作为支撑，如果没有好的体能，也就谈不上提高技术和战术水平。

（二）体能训练有助于适应高强度比赛

通过分析当今乒乓球运动大型比赛会发现，重大的国内和国际乒乓球比赛一般会持续近一周的时间，而且每天都有多场比赛，每一场比赛又会平均打四局以上，如果是主力队员这个数字还会提升，可想而知乒乓球运动员的比赛强度到底有多大。想要在重大比赛中发挥出最好的水平，就必须拥有强悍的体魄，所以体能训练是非常重要的。在比赛的关键时刻，如关键球或赛点，运动员的专项体能素质往往会起到至关重要的作用。

（三）体能训练可延长运动员的运动寿命

乒乓球运动属于全身性运动，会调动起运动员全身各个方面的肌肉、关节、神经等，这就要求运动员必须具有良好的体魄。如果仅仅对运动员进行专项体能训练，虽然能快速提高运动员的技术和战术，但是对运动员的基础体能损害极大，容易使其身体伤病严重，会严重影响运动员的运动寿命。因此，最好能融合体能基础训练和专项体能训练，以体能基础训练增强运动员的体魄和体质，以专项体能训练提高运动员的专项素质和技战术水平。彼此相辅相成，则能同步提高基础体能和专项素质，从而避免身体透支和预防伤病，有助于延长运动寿命。

四、体能基础训练方法

体能基础训练虽然只是基础，但却是进行专项体能训练的根基，也是帮助运动员铸就良好体魄和扎实体质的方法。此部分仅介绍体能基础训练的方法，专项体能训练的方法会在后续进行详细的介绍。

（一）基础力量训练

力量是乒乓球运动员展现强爆发力的重要条件。基础力量训练可使运动员的上肢力量以及下肢、腰部和腹部的力量得到综合提升，可以通过推杠铃、俯卧撑增强和训练上肢力量，通过仰卧起坐、举腹等方法增强和训练腰部和腹部力量，通过负重半蹲增强和训练下肢力量。

（二）基础耐力训练

高强度比赛模式对乒乓球运动员的耐力提出了更高的要求，耐力虽然看似作用不大，但其实是保证运动员平稳发挥的重要基础，没有强悍的耐力支撑，赛场上技战术的发挥势必会受到影响。基础耐力训练需要长时间坚持，并遵循循序渐进的原则，合理安排运动强度以及运动时间，一般以长跑为训练方法，在训练过程中通过监测心率来确保基础耐力训练的有效性，比如根据情况将运动员跑动时的心率控制在每分钟 160～180 次。

（三）基础速度训练

基础速度属于运动员对力量爆发的速度展现。基础速度训练可以短跑为主，提升运动员的瞬间爆发力，可在规定的时间内进行一定次数的短跑练习。基础速度训练同样需要循序渐进，比如确保每次短跑过程中运动员的心率在每分钟 180～200 次以上，待心率恢复之后再进行下一次训练。

第二节　乒乓球运动员体能特征分析

虽然乒乓球运动动作精细，但是对于运动员来说，各种技术和战术训练都需要体能支撑，无论是训练还是比赛都需要耗费大量的脑力。比如乒乓球正手球一般仅仅需要 0.15 秒的时间就能从球拍打到对方台面，想要完成高质量的击球，运动员就必须在这 0.15 秒的时间之内，观察来球的力量、旋转情况、方向、落点等，然后通过大脑的飞速分析，想出一定的对策，同时移动并调整身体至合适的击球位置，调节拍面角度，再用合适的力量和技巧还击。而且这种极短时间内进行大量观察、分析和判断的情况贯穿运动员训练和比赛过程，可见运动员不仅身体一直处于耗能的状态，神经系统也会长时间处于高度紧张状态。正是乒乓球运动的这些特性，乒乓球运动对运动员的体能提出了极高的要求，运动员的体能发展水平是由以下三个方面综合决定的。

一、运动员的身体形态

身体形态就是运动员身体外部的形状和特性，因为乒乓球运动更为偏重技巧性，而且是以手臂击球、以灵活腿脚进行步法移动，所以乒乓球运动员的身体形态需要符合移动速度快、关节灵活性高、手臂动作快的要求。综合而论，乒乓球运动员的身体条件需要身高和体重适当，不能过高或过矮，也不能过胖或过瘦。比如乒乓球男子运动员理想身高是 170 ~ 178 厘米，女子运动员理想身高是 156 ~ 164 厘米，同时要身材匀称，即上身和下身比例要协调，需要手臂略长，四肢、小腿、跟腱较长，而腰要短，踝要细，足弓高，骨盆小，臀部肌肉向上紧缩。整体的要求就是四肢较长，躯干较短，只有这样才能满足重心高、移动快的需要以及控制范围较大且容易发力的需要。

当然，不同打法对身体形态的要求也会略有变化，比如快攻型运动员的身体形态要求身材匀称；削球型运动员的身体形态要求身材匀称，但身高较高，上肢较长且指距指数较大（指距是两臂侧向最大限度展开时两中指指尖间的直线距离，而指距指数指的是指距和身高的比例）；而弧圈球型运动员的身体形态要求身材匀称，较为高大且强壮。随着乒乓球运动技术和战术的逐步发展和水平的提高，以及规则对体能的需求更大的现状，运动员在比赛中的竞争激烈程度也在逐步提升，这些因素使对运动员的身体素质提出了越来越高的要求，即随着乒乓球运动的发展和竞技对抗的激烈度增强，运动员需要拥有更高大更匀称的身材。

二、运动员的身体机能

身体机能可以理解为运动员身体内部各器官的功能情况。在乒乓球运动中，运动员的身体机能对其发挥技术水平和体能的保持以及神经活跃度等都有极大的影响。

维尔伯（1985）认为，乒乓球运动员打球时主要依靠无氧—非乳酸供能，而约占 2/3 时间的持续休息使暂时降低的磷酸肌酸重新得到恢复。金斯特林格尔（1989）的研究认为竞技乒乓球运动是一项强度平均值较低的耐力性负荷，随着负荷的时间增加，运动员依靠脂肪代谢供能的比重也越来越大，乒乓球运动总的负荷强度较低不是因为负荷的时间短，而是由于休息—中等负荷—短暂的大强度负荷不断变化的结果。我国学者刘洵对此提出了不同的观点，他认为乒乓球运动是一项中等强度的以有氧代谢为主的运动项目，弧圈结合快攻型、削中反攻型比快攻结合弧圈型和快攻型运动员的能量消耗大，根据一局比赛的能量消耗推算，乒乓球运动员白天大约需要从膳食中摄取 3 200 千卡的能量才能满足运动的能量消耗。[①]

在一场较为紧张的乒乓球比赛中，运动员的动作密度较大，其中挥臂次数能打到 1 000 次左右，运动员的血压脉搏等都会有大幅度的升高，平均算下来，每位乒乓球运动员每一天实际的比赛时间甚至能达到 2 到 3 个小时，而大型的比赛往往还会持续数天。相对来说，如今世界顶级乒乓球运动员的技战术水平相差并不是太大，所以每一局的比赛都容易陷入胶着状态，这种状况对运动员的耐力素质要求极为苛刻，很多时候比赛的胜负就取决于此。综上可知，乒乓球运动对运动员的身体机能要求极大。

在乒乓球运动过程中，不论是移动还是击球，大部分都属于有氧运动，即在此过程中运动员的身体在进行有氧代谢。但是，在击球的瞬间，因为需要运动员的瞬间爆发，动作幅度、瞬间爆发力、步法移动模式等都不同于周期性运动，所以此瞬间的运动模式为无氧代谢，即靠肌肉中糖的分解和释放能量来提供能源，也可被称为磷酸原系统（ATP-CP 系统）供能。

也就是说，乒乓球运动是一项以无氧代谢为主，有氧、无氧代谢共同参与的综合型供能运动，这就要求乒乓球运动员有良好的心肺供能以及较大的能

---

① 李智伟、陈志军、周烈铭：《乒乓球运动员体能特征分析及训练对策研究》，《四川体育科学》2007 年第 2 期，第 76-77，141 页.

量储备，同时需要拥有较高的磷酸原代谢水平以及灵活且稳定的神经系统，还需要拥有良好的身体机能恢复能力。因此，乒乓球运动对运动员的耐力素质、神经灵敏素质、爆发力强度和速度素质都要求极高，这些方面的素质是乒乓球运动员运动素质的重要组成部分。

三、运动员的运动素质

运动员运动素质的强弱在很大程度上影响着运动员在比赛场上的发挥，而每一项运动素质都在一定程度上匹配着运动员的某一类能力素质。运动素质分为专项力量素质、专项耐力素质、专项速度素质和专项灵敏素质四项。

（一）专项力量素质

力量素质指的是人体神经肌肉系统在工作时克服和对抗阻力的能力，而专项力量素质则更为细致，是针对乒乓球运动员击出球的威力来评价的，毕竟出球威力大小主要以运动员挥动球拍和击球瞬间的速度体现，击球时挥臂的速度和力量取决于上肢、肩部和腰腹的肌肉的爆发力。爆发力在乒乓球运动中表现为极短时间之内运动员发力肌肉快速收缩的能力。在如今乒乓球规则和器材的条件下，乒乓球运动员的专项力量素质已经成为影响比赛结果的极为关键的一项运动素质。直径在 40 毫米以上的大球和球拍的限制，使运动员要想击出速度够快、旋转力强的球，就必须拥有更大的爆发力。因此，现如今乒乓球运动的规则对乒乓球运动员的专项力量素质提出了更高的要求。同时，专项力量素质的提升对提高运动员神经系统的兴奋度以及抑制兴奋度强度都有一定的帮助，而这些则有助于发展专项速度素质。专项力量素质的训练在乒乓球运动中是极为重要的。

（二）专项耐力素质

耐力素质指运动员的身体机能在运动过程中能坚持的时间长短的能力。在乒乓球运动中，运动员所需的耐力则是一种在强度和速度不断转化以及结合速度和灵敏度的专项耐力。乒乓球运动的赛事通常会持续很长时间，且每一天、每一位参赛运动员需要打拼数场，这就造成乒乓球运动员需要承受极大的运动负荷。高密度、高强度的乒乓球运动比赛模式对乒乓球运动员的专项耐力素质提出了极大的考验，而且一般情况下比赛越到后期对抗就越激烈，这对运动员的专项耐力素质的要求也越高。所以，专项耐力素质对乒乓球运动来说象征着状态和发挥，如果运动员的专项耐力素质不够高，在高强度、高密度的竞赛中就容易出现越到后期发挥越不稳定、状态越差的情况。当身体机能无法为运动员提供强大的耐力支撑时，即使运动员的技术和战术水平很高，赛时的状态也不会太好，从而无法增加甚至降低比赛的胜率。

（三）专项速度素质

速度素质指运动员在运动过程中所展现出的移动速度和发力速度。而对乒乓球运动来说，不论是对来球的判断、针对来球情况进行的身体反应，还是通过调动全身肌肉进行行动准备以及开始发力进行位置的移动，到最后挥臂击球等，都需要速度的支撑，这就是乒乓球运动中的专项速度。在乒乓球运动中球的运行速度极快，留给运动员从判断到最后的挥拍时间极短，这对运动员的专项速度素质提出了极高的要求：需要快速对来球进行判断，然后在极短的距离内快速启动、制动以及变动方向，最后快速从脚到踝，再到膝到胯和髋，之后到腰腹和肩，通过所有部位和关节的发力带动手臂和肘、腕、手指挥拍击球。这个过程虽看似长久但实则需要仅仅在 0.15 秒的时间内做到，而且同时需要根据来球的特点进行不同细节的调整和变动，这些都对运动员的专项速度素质要求极高。

（四）专项灵敏素质

灵敏素质指运动员在各种突然变换的外界条件下，能迅速且准确地协调全身，从而改变空间位置、改变运动方向和调控发力力量的大小，最终适应变化的外部环境，做出最合理的反应。对于乒乓球运动来说，每一回合的攻防转换速度都极快，所以运动员要有非常良好的身体灵活性以及神经反应速度。运动员需要在很短的时间内做出准确的判断，之后还需要进行快速应变，这些综合起来就是乒乓球运动员的专项灵敏素质。如今乒乓球运动技术全面化已经成为趋势，同时竞技打法更为凶狠，这使专项灵敏素质的重要性更为突出，毕竟如果没有一个快速反应的身体，再好的技术意识和战术意识也无法发挥实效。

第三节　乒乓球专项力量素质训练

乒乓球运动所需要发挥的力量均属于动力性力量，体现为做动作时肌肉的张力不变，但收缩时肌肉的长度发生一定的变化，所以又被称为等张收缩，这种动力性力量作用就是让人的身体实现各种加速运动和位移运动。更进一步分析，乒乓球运动所用的力量大部分属于爆发力，也就是在极短时间之内肌肉快速收缩的能力，所以乒乓球运动员进行专项力量素质训练，不仅能促进速度、耐力和灵敏素质的提高，还能改善身体各肌肉群的高度协调性。具体而言，可以把专项力量素质训练分为上肢专项力量训练、下肢专项力量训练、腰腹部专项力量训练与专项核心力量训练。

一、上肢专项力量训练

在乒乓球运动中，运动员做的最多的动作就是挥拍击球，这些动作所需要的主要是上肢力量。根据不同的打法和技术，所运用的上肢力量也有很大区别。比如在扣杀时，所运用的上肢力量为手臂最大力的 90% 以上；在快攻和前冲弧圈球时，所运用的上肢力量为手臂最大力的 50% 左右；相持时的转攻和连续进攻会运用手臂最大力的 40%～50%；而推挡和过渡球技术、正手快带等，所运用的上肢力量更小，不会超过手臂最大力的 40%。

上肢专项力量训练的常见方法有以下五种。

（一）各种徒手挥拍动作练习

徒手挥拍的练习一方面锻炼挥拍动作的准确性和适应性，另一方面则通过球拍的自重锻炼运动员上肢的力量，每次徒手挥拍需要规定练习的次数或者时间，这些需要针对运动员自身体能情况和训练节奏来调整。

（二）铁质球拍挥拍动作练习

每一个铁质球拍约 500 克的重量，而常用球拍的重量为 160～190 克（直拍相对轻些，横拍相对重些，且根据球拍底板和套胶以及粘合剂的不同，会有一定的差别），两者间的差距相当大。铁质球拍挥拍动作的练习能让运动员增强上肢力量，同时在练习过程中保持挥拍动作的标准性，也能让运动员更清晰地感受挥拍时上肢肌肉的发力状态，以便对肌肉进行细微调控。之后可以将铁质球拍换为轻哑铃以进行各种挥拍动作的练习，这种强度较高的练习主要为了提高上肢的力量。经过一段时间练习之后，运动员再次运用常用球拍时则可以游刃有余。

（三）掷远练习和扣杀击远练习

掷远练习就是用执拍手进行物体的投掷或抛掷，主要为了锻炼运动员上肢力量、增强发力方向调整能力，同时能让运动员感受上肢发力时的用力模式，提高运动员挥拍的准确性和方向性。之后可以用球拍进行扣杀和扣球击远的练习，以锻炼运动员挥拍力量以及对方向的细微化掌控及调整能力，这些属于上肢力量运用的训练。

（四）阻力拉球练习

此项为难度较高的上肢专项力量训练，具体做法是将具有很大拉力的皮筋固定在一端，运动员拉起另一端进行拉球动作的训练。因为需要对抗皮筋的弹性，所以对运动员上肢力量的提升以及对精准控制上肢力量的能力提升都有好处。

（五）手腕手指力量专项练习

前面所说的多为较大块肌肉群力量的训练方法，但在乒乓球运动中，还需要注重手腕及手指的力量，因为大部分技术动作发力的过程都需要手腕和手指的配合。手腕和手指力量专项练习可以通过手持哑铃，向不同的方向转动手腕来刺激手腕肌肉，从而锻炼手腕力量；还可以通过执拍手变化正手和反手锻炼手指的力量。另外这些练习都需要注意手腕和手指的承受能力，超出界限则很容易让手腕和手指受到损伤。

上肢专项力量训练还需要遵循一定的练习顺序，最好能避免相邻的训练动作用到同一片肌群。专项力量训练练习顺序应该是先锻炼胸部和肩部肌群，主要锻炼肌群为胸大肌、三角肌前束；之后是上臂，主要锻炼肌群为肱二头肌；然后是前臂，主要锻炼肌群为桡侧腕屈肌；最后是手指，主要锻炼肌群为指屈肌。

二、下肢专项力量训练

乒乓球运动每一次位置移动和击球动作的力量来源都是脚和腿，也就是说乒乓球运动中下肢力量属于步法移动和击球准备动作时发力的根基。尤其对于乒乓球运动的步法来说，不管是脚步的移动还是通过腿脚协调完成上肢技术动作，所有的力量均需要通过腿和脚对地面产生作用力，然后地面对腿和脚产生反作用获得。可以说，不管是运动员的移动速度还是击球时完成技术动作所需要的力量，都有一部分取决于腿和脚的爆发力，也就是下肢的专项力量。

下肢专项力量训练的常见方法有以下四种。

（一）蹲跳力量练习

蹲跳力量练习需要用前脚掌内侧发力，以提升运动员的脚踝力量和大腿力量，此过程中需要根据运动员的身体情况对运动的强度和运动量进行适当的调整。

（二）短距离力量训练

可以用田径短跑训练方法训练运动员腿部专项力量，比如以数组的模式进行 60 米或 80 米或 100 米的冲刺跑；也可以用摸台角的方式锻炼腿部力量，即面向球台两脚分开，利用球台的长度锻炼腿部爆发力，用腿蹬地移动，让左右两手分别触摸左右的台角，可在限定时间内计数进行周期性运动。

（三）负重力量练习

负重力量练习可以和步法练习相融合，比如在适应负重半蹲跳之后，可以进行负重半蹲侧滑步练习，也可以进行负重交叉步移动练习，或者进行负重单脚跳和双脚跳练习。其主要的目的是增强运动员的下肢力量，同时练习步法移动能使运动员熟悉移动中的下肢发力技巧。可以使用负砂背心增加身体平均负重，也可以用负沙包护腿增加下肢负重。

（四）抗阻力训练

抗阻力训练即人为给下肢力量训练中的动作增加一项阻力，一般需要借助器物增加阻力。比如，使用坐式蹬腿训练器提高下肢力量训练效果，在整个动作过程中，腿部做蹬力运动时，要保证膝关节不超过脚尖，同时保持髋部和背部的姿势不变，且不能抬高臀部。又如，转体侧拉重物，在进行转体训练时加入侧拉重物，转体侧拉发力时要尽量快速，而回归初始状态时要保持慢速。抗阻力训练的强度一般比较大，需要视运动员身体状况进行相应的调整，一般以运动员能做的重复动作数量的最大数值设定训练负荷。

三、腰腹部专项力量训练

对于乒乓球运动员来说，腰腹部的力量虽然属于过渡力量，但它却极为重要，没有强大的腰腹部力量作为支撑，运动员的很多技术动作就无法达到应有的效果。进行腰腹部力量练习的方法可大体分为两种：一种是仰卧起坐，不过可以在仰卧起坐的基础上增加负重练习，也可以利用腹部的力量做不同方向的上半身摆动练习；另一种是原地蹬地转体练习，即双手叉腰两脚自然开立，然后抬起脚跟，以脚掌蹬地使身体绕中心轴来回转动，在这个过程中可以在腰腹肌肉群发力时减慢动作，以刺激肌肉群最大限度地发力。

四、专项核心力量训练

核心力量是一种以稳定人体核心部位、控制重心运动和传递上下肢力量为主要目的的力量。① 核心力量训练指针对身体的核心发力肌群以及其深层次小肌肉群进行力量、稳定性及平衡性等能力的专项练习。核心力量训练属于专项力量训练的一个分支，是在传统力量训练仅强调上下肢力量训练的基础上发展而来的专项力量训练方式。

（一）专项核心力量训练的作用

1.完善人体运动链

乒乓球运动中力的传导就是整个人体运动链，即由脚蹬地的力量使地面产生的反作用力向上传递到小腿，然后依次向上经过大腿、胯髋、腰腹、胸背、肩、大臂、小臂、手腕直到手指，最终通过手指的发力进行击球的过程。运动员最终击球发力的大小和运用力的效率体现了整个运动链的效能。核心力量训练的基础是将胯髋、骨盆、腰腹、胸背和肩带等肌肉和关节构成一个整体，然后锻炼由肩到髋整个身躯的正面、两侧和背面等能稳定人体核心部位、控制重心运动和传递上下肢力量的肌肉系统。专项核心力量训练能整合这套肌肉系统，从而提升运动员整个身体运动链的综合能力。

2.提升精细平衡控制能力

乒乓球运动的技术动作和需求本来就极为精细，在任何一次击球过程中，身体某个部位的肌肉发力不平衡，都有可能导致技术动作产生偏差，从而无法达到应有的效果。核心力量训练就包括核心稳定性训练，这些训练能整合肌肉控制系统，调动神经系统，从而提高核心肌肉群的力量，同时能提高神经肌肉控制的效率，完成对精细动作的控制。在乒乓球运动中，虽然四肢看似是主要的发力部位，但真正稳固躯干重心、保证身体机能最大化运用，以及使身体能更协调的还是核心肌肉群。而且在乒乓球运动过程中，重心经常需要发生上下左右的不同方向的改变，所以能够快速平衡重心、保持重心稳定性就成了异常重要的一个环节。运动员要想在比赛中凭借训练技术动作时所形成的肌肉记忆，快速而准确地对对手进行精确回击，就需要快速调整重心平衡，这其中包

---

① 陈小平、黎涌明：《核心稳定力量的训练》，《体育科学》2007 年第 27 卷第 9 期，封 3.

括从人体内部产生的一系列复杂的反应，比如视觉和听觉获取信息进入大脑，大脑对信息进行快速分析，得出分析结果之后通过神经系统传递运动信号，然后经由神经系统对肌肉进行控制，进而完成重心调整，之后才能通过肌肉记忆做出相应精准的技术动作。这属于乒乓球运动员对身体的精细控制能力，看似不起眼却影响重大。

3.减少无谓的能量消耗

如今乒乓球运动进入大球时代，且规则严明，采用无遮挡发球，这些变化使乒乓球竞技很难通过发球快速得分，而需要进行技术和战术的比拼后才能有结果，这就造成乒乓球运动员在竞技中体能消耗更。核心力量训练能减少运动员完成技术动作时不必要的能量消耗，从整体上使运动员的体能使用更加有效率。核心力量训练属于身体深层小肌肉群的锻炼，有所成效之后往往能提高运动员协调用力的效果。比如，在临近赛点时，或运动员处于过分紧张的状态时，外层的大型肌肉群往往会因为神经的兴奋度和紧张度提升，陷入一种紧张的状态，从而在外表现出肌肉僵硬、动作不自然，这属于浪费身体能量的一种表现。最佳的运用身体能量的情况应该是在准备和完成动作的阶段，整个身体的肌肉应该处在协调而自然放松的状态，只有在完成技术动作的过程中才进行能量传递和力量爆发，从而使能量最大限度地被运用到击球之中。要想达到这一步，核心力量肌肉群必须具有系统的协调性。

4.提升身体能量利用率

有的运动员发现，即使自己的身体力量、身体机能等全方位的能力都不差，可有时候就是打不出高质量的击球，其实最根本的原因还是身体能量利用率的问题。换个方式讲，运动员在击球时没有很好地通过腰腹背部肌肉群传递下肢的力量，使下肢力量在传输过程中能量损失过于严重，击球后才发现心有余而力不足，但事实是运动员发力并不小。核心力量训练能很好地锻炼腰腹背深层的肌肉群，从而让腰腹背部在传递下肢发力的过程中和外部的肌肉群协调起来，起到提高身体能量利用率的作用，最终让技术动作的发力效果事半功倍。

5.减少运动型损伤

在乒乓球运动员的职业生涯中，训练和比赛往往紧锣密鼓，而在此过程中如果稍不注意，就很可能造成四肢的肌肉关节或其他局部的肌肉以及关节因为超负荷运用而形成损伤，从而导致运动员伤病的增加和运动寿命的缩短。比如，乒乓球运动员的腰部长期进行扭转式发力，很多人都有不同程度的腰部损伤。而核心力量训练能锻炼身体躯干的调控力和平衡性，能培养精细控制的技巧，从而减少对四肢肌肉、关节，以及腰部外层肌肉和关节的负荷程度，减少运动对腰椎间盘等部位的压力，从而调节关节的张力，稳定脊柱的各个关节，最终减少运动员的运动型损伤。核心力量训练不仅能减小身体的运动负荷，还能大大延长运动员的运动寿命。

（二）专项核心力量训练方法

其实在上肢和下肢专项力量训练中，已经包含了一定的腰腹背部力量训练，只是这些训练仅仅是通过对腰腹背部浅层肌群的等张收缩进行锻炼的，提高了腰腹背部浅层肌群的力量，但对腰腹背部深层小肌群的力量以及平衡稳定控制方面并没有足够的刺激和锻炼。专项核心力量训练就是为了弥补这些力量训练的漏洞，针对核心肌群进行力量以及稳定性、控制力等能力的训练。需要注意的是，乒乓球运动项目本身的特点决定了这一运动对运动员的绝对力量的要求并不高，所以在进行专项核心力量训练时不需要考虑负重训练，训练负荷强度主要以自身体重和体能为依据即可。

1. 稳定支撑面的核心力量训练

顾名思义，这种训练方法就是以较为稳定的支撑面为基础进行核心力量训练，对训练的条件要求很低，只要是平稳、洁净、不坚硬的平面都可以进行。而且因为支撑面较为平稳，所以训练难度不大，且刺激强度不高，比较适合运动员核心力量训练打基础阶段。主要方法有以下两种：平板支撑，用以锻炼运动员腹部横肌及其他腹部肌群；仰卧拱桥，用以锻炼背部和臀部以及大腿的深层小肌群。稳定支撑面下的核心力量训练以静力支撑的形式为主，可以计时进行多组训练，逐渐增加训练强度从而达到调动腰腹背部核心肌群进行稳定性以及控制能力锻炼的目的。

2. 不稳定支撑面的核心力量训练

这种训练方法用不稳定的支撑面增强腰腹背部核心肌群在维持身体姿势平衡时的控制难度，从而有针对性地增强训练核心肌群。一般在完成稳定支撑面的核心力量训练基础上穿插这类训练，以加强核心肌群的锻炼。

（1）减少支撑点制造不稳定支撑面。此种方法较为简单，就是改变身体的支撑点，人为创造不稳定支撑面。在稳定平衡面上进行核心力量训练时，大部分情况下运动员在平稳的地面上都会有数个稳定的支撑点，比如在稳定平衡面进行平板支撑训练时，主要依靠四肢提供的四个支撑点来完成动作。若想进行不稳定支撑面锻炼，可以在做平板支撑时抬起一条腿，或者抬起一只手，让四个支撑点变为三个，人为加入不稳定因素，从而改变支撑点实现不稳定支撑面的核心力量训练。还可以抬起一只手和对角的一只脚，进行单手单脚平板支撑训练。

（2）借助器材实现不稳定支撑面。这种方法和第一种方法有异曲同工之妙，只不过不再是单纯地减少支撑点，而是将原本稳定的支撑点借助器材改变为不稳定的支撑点。比如，在进行平稳支撑面的核心力量训练时，用实心球、平衡球、平衡垫，甚至篮球或足球，替代其中一个稳定支撑点，如在平板支撑时在手臂下放一个平衡球或平衡垫，或者在脚下垫一个篮球或足球等。用圆形不稳定的支撑物替代原本稳定的支撑点，从而增加难度，达到刺激和锻炼核心力量肌群的目的。

（3）全身抗阻训练。此项训练在针对核心力量肌肉群进行锻炼时同样是以不稳定支撑面为基础的，如使用较为普遍的悬吊带进行核心力量肌肉群训练。此训练是在进行水平引体时，将手中握的单杠换为悬吊带的手柄，这样在进行水平引体过程中，发力的肌肉群就不再仅涉及上肢肌群，也涉及核心力量肌肉群中的竖脊肌、腰方肌、多裂肌、臀部肌群以及盆带肌等，这些核心力量肌肉群在此过程中也需要发力，从而实现对核心力量肌肉群的锻炼。

以上核心力量训练模式最好能采用相结合的方式进行，这样能将整个核心力量肌肉群协调起来，从而最大限度地锻炼核心力量肌肉群的力量。

第四节　乒乓球专项灵敏素质训练

运动员的灵敏素质通常指的是在面对突发状况或突然变化时，运动员能迅速并准确、协调且灵活地做出应对的能力，属于多种运动技能和身体素质在运动中的综合体现，也可以说，运动员的灵敏素质越高，那么他在竞技过程中就越能充分调动自己的体能，发挥自身力量、耐力和速度优势，从而提高运动的反应速度和动作的准确度及适时性。尤其在乒乓球运动中，球的每一个回合时间都极为短暂，相对来说哪一方能更快对来球做出判断，并更快做出应对，那么那一方就能在快速且多变的比赛中掌握主动。

一般情况下，如果运动员的某个动作很不协调，无法随机应变操控自己的身体，不能精准控制自己的身体以完成这个动作，就可以说这个运动员缺乏灵敏素质。加强灵敏素质最为简单的方法就是在对抗之中快速、准确地反复练习，最终做到全身协调统一。也就是说，专项技术的动作质量在很大程度上与专项灵敏素质相关。

一、融入式训练法

任何动作都需要身体力量的支撑，进行专项力量训练时加入灵敏素质训练，是灵敏素质训练最简单的方法。比如，在进行摸台角训练时，可以在规律的动作中，加入变换方向的突发性命令，以提升运动员的反应能力。又如，折返跑动时，在力量训练之中加入改变方向的规则，在某一限定区域内进行快速来回跑动时需要用手触动边线信号物然后改变方向。再如，滑步跳跃练习、屈体跳练习、弓箭步快速转体、转体立卧撑、后退跑等中均可以增加快速接受命令并反应的灵敏素质训练。

二、多球训练法

多球训练法是最适合专项灵敏素质训练的方法，因为多球训练法的性质就是以多球快速且不停歇的模式来锤炼运动员的某些技术动作，而此过程也可以锻炼运动员的灵敏素质。需要注意的是，采用多球训练法，不论是靠人工发球还是靠发球机发球，都需要遵循由少到多、由慢到快、由定点到不定点的原则进行训练，配合接球及发球抢攻的训练，既能在训练中锻炼技术动作，又能提高灵敏素质。如果是人工发球，还可以在此过程中，人为突发性改变供球模式，以锻炼运动员的反应能力，从而起到训练灵敏素质的作用。

三、综合训练法

可以在平时的跑和跳的训练之中，加入突然性命令，如改变方向的跑、躲闪、突然启动或急停以及迅速转体练习等。也可以在训练过程中逐步增加复杂度，比如躲闪跑或变化"之"字跑或变化追逐跑等模式，先规定某项运动规则，如直线跑动或"之"字跑动或追逐跑，之后再给予一定的听觉或视觉信号，命令运动员以最快的速度改变之前的模式，如直线变躲闪或转弯，"之"字变直线或横线，追逐跑变反追逐等。各种信号的提出最好能在锻炼运动员反应能力的基础上进行。还可以提前说明规则，如跑动方向需要和命令的方向相反，在进行训练过程中，先进行同信号跑动，然后突然性变化为反信号跑，从而锻炼运动员的灵敏素质。

四、游戏训练法

专项灵敏素质训练可以以带有趣味性和竞争性的游戏方式进行，这样不仅能提高运动员的兴趣度，还能让运动员积极思考、集中注意力以及锻炼其巧妙应对复杂场面的反应能力。比如，在人数较多的情况下可以进行喊数抱团，即所有人先绕一定方向慢跑或匀速跑，在教练喊出某个数字或某个算式后，运动员迅速按照数字或运算结果抱团。后期还可加大难度，如不同数字需要增加不同的反应，像单脚跳、反方向跑、蹲下等，或者在跑动前先报，然后根据喊出的数字或算式得数的奇偶制定不同的反应规则，以此提高运动员的灵敏素质。也可以以十字划区界定象限，教练喊出不同象限数，运动员快速反应并进行跳动。还可以在击球过程中加入转台击球的规则，四人分站在球台两头和球台两侧，其中一人击球后迅速移动到侧面，其他几人分别按同样转动方向依次跑到球台端进行击球，循环往复。还可以两人协作进行竞争性游戏训练，如模仿跑、摸肩躲闪、规定范围内手触对方膝盖等。以上游戏都可以锻炼运动员的灵敏素质。

五、器材训练法

可以借助器材的便利性进行灵敏素质训练，如单人球拍颠球或托球跑、抛球转体一周接球；也可以进行花样跳绳，如快慢结合或按不同要求进行跳绳；还可以仅用球进行灵敏素质训练，如运用不同步法接抛不同方向的乒乓球、多球训练中进行不定点摆速练习、球台上两球对击等。

两人则可以采用更多花样进行训练，如采用双杠两端支撑跳，然后互换位置追逐训练；也可以两人变换不同形式传接球，两人或多人颠球或托球接力等。

相对来说，专项灵敏素质训练应与其他专项训练相互匹配，只需要在正常的训练之中加入一些突兀性的命令或特殊的小规则，就能够达成灵敏素质的训练。

第五节　乒乓球专项耐力素质训练

耐力素质指肌肉长时间持续运动和对抗肌肉疲劳的能力，对于乒乓球运动来说，耐力素质对运动员保持良好的身体竞技状态起着至关重要的作用。乒乓球运动看似并不需要很强的耐力就足以完成，但看待事物不能仅看表面。根据世界乒乓球锦标赛的数据，一名运动员在一天的比赛之中需要挥动手臂3 000次到10 000多次，如果以每挥动一次手臂运动员需要移动1.5米的平均移动距离来计算，一名运动员每天需要移动4 000多米到近20 000米，由此可见乒乓球运动同样是一项极其考验耐力的项目。而且随着乒乓球运动竞技水平的不断提高以及如今乒乓球竞技规则和器材的改革，乒乓球比赛中每个球的回合次数越来越多，同时运动员的技术和打法的不断创新使比赛的对抗程度越来越激烈，这就造成运动员在比赛中消耗的体能越来越多。运动员要在高密度、高强度的比赛中拥有足够的体能以及长时间保持最佳竞技状态，就要具备良好的专项耐力素质。良好的专项耐力素质还对运动员的专项速度素质和专项灵敏素质都有积极的影响。

乒乓球运动员的耐力素质按照运动性质可以分为一般耐力和专项耐力，一般耐力训练主要提升的是运动员整体的体能和运动持续时间，而专项耐力训练除了提升整体体能之外，还能提高运动员的技术水平和战术动作的持续时间。

一、一般耐力素质训练

一般耐力素质训练的方法和其他运动类似，主要靠反复练习逐步提升身体的体能。一般耐力素质训练需要循序渐进，可以分为定点耐力训练和不定点耐力训练。定点耐力训练的代表是跳绳，可以逐步增加跳绳时间以提高耐力素质，如从1分钟逐步提升到3分钟或5分钟；还有各类快速掷球或抛球类训练，注重速度并持续一定时间，分多组进行练习。不定点耐力训练主要以跑步为代表，可以从中长跑开始逐步过渡到越野跑，之后再进行加速跑，即先适应800米跑、1 500米跑、3 000米跑等中长距离跑步，然后进行10分钟越野跑，或万米越野跑等，最后进行8到10次50米变速跑，根据运动员的体能变化可以相应增加训练次数和训练时间。一般耐力素质训练并不需要过度关注跑动的速度，以正常跑动速度为准，在前期长距离跑步或越野跑时相对跑动速度可稍微慢一些，后期在逐渐固定的训练次数和训练时间内提高跑动速度，从而提高一般耐力素质。

二、专项耐力素质训练

（一）以能量供应为依据

乒乓球运动员想要提升技术和战术以及各类意识需要长时间进行大负荷高强度的训练，这无疑需要消耗大量的能量，而在击球过程中能量的消耗则更为严重：先对来球的落点、旋转、速度以及弧线高低进行判断；然后根据判断快速制定对应措施，根据措施开始快速移动，到达合适位置后寻找最佳击球时间和击球点，调整准备动作；最后进行击球动作，要求击球有质量，并且击球后要快速还原以方便连续击球。整体过程虽然极为短暂，但是会使运动员的身体产生大量的乳酸并发生堆积，使机体肌糖原大量消耗、血糖浓度降低、体温升高且脱水，丢失体内部分无机盐，同时还会让运动员心跳加快、血压升高、心肺功能下降，甚至会引起心慌气短、胸闷腹痛、大汗淋漓等，这都是运动员机体出现疲劳感之后的反应。若想让运动员的专项耐力得以大幅度提升，就需要采用科学的手段有针对性地进行训练。

任何生物最直接的能量来源都是 ATP，即三磷酸腺苷。在生物细胞中，ATP 能和 ADP（即二磷酸腺苷）相互转化，从而实现储存能量和释放能量，保证了生物细胞各项活动的能量供应。在乒乓球运动中，ATP 是运动员肌肉收缩能量的直接来源，而供给 ATP 的途径有三种，一种是有氧代谢系统，一种是磷酸原系统（即 ATP-CP 系统），还有一种是乳酸代谢系统，后两种系统供能都不需要氧气。运动员应根据不同的供能特点和模式，有针对性地完成乒乓球专项耐力训练，以能量代谢的特点为依托，进行相对应的提高。乳酸属于最常见的导致疲劳的物质之一，因此在进行专项耐力训练过程中，可以以乳酸为指标掌握运动员训练时最适宜的强度。

1. 最大乳酸训练

这种训练方法的根本目的是发展身体中的糖酵解系统，从而提高运动员快速移动和快速挥臂的耐受能力。可以根据运动员血乳酸值进行限定，如以血乳酸值达到 0.877 5 g/L 为运动员的血乳酸疲劳值。在进行某项训练时可规定时间和技术指标或要求，最大限度发挥运动员的训练强度，直到运动员血乳酸值达到疲劳值。之后可以逐步提升训练强度，从而提高运动员身体耐受乳酸最大浓度的能力。而在专项耐力训练中，可以采用最大强度专项耐力练习，使血乳酸值达到最大值，然后进行两到三倍于训练时长的休息，按此方法连续进行数次训练，让血乳酸达到身体耐受最高值。提高身体耐受最大乳酸能力能很好地发展运动员身体机能中糖酵解系统的供能能力，从而逐步提高运动员的专项耐力。

2. 乳酸耐力训练

这种训练方法是以最大乳酸训练为基础，进行耐力训练使血乳酸达到较高水平后，采用超负荷训练方法，让血乳酸保持在这一水平，让运动员的机体在训练之中忍受较长时间的高乳酸刺激，从而提高身体的乳酸耐力。一般以血乳酸保持在 0.7 g/L 最佳，即不会对身体产生不良影响，也能逐渐使身体适应高乳酸的刺激，从而锤炼身体耐力。

3.磷酸原系统（ATP-CP系统）间歇训练

在严格控制时间的前提下采用多球训练法，让运动员身体达到或超出生理极限，然后根据运动员的身体素质逐步缩短时间。这种训练模式依靠ATP-CP系统供能，是不断超越极限的训练方法，可以增加肌肉中CP（即粗蛋白）含量，同时提高运动员身体能量来源ATP的功能以及恢复能力，可以有效提高短时耐力，即使在体力不支情况下，运动员依旧能坚持完成某些技术动作。每次训练间隔时间可以和训练时间持平，需要保证在训练过程中，每组练习之后血乳酸水平在 $0.117 \sim 0.234$ g/L。如果高于 0.234 g/L，则说明休息时间过短，ATP-CP系统没有得到恢复，而是转为用糖酵解系统进行供能，这将无法提升运动员的短时耐力，需要尽快调整训练模式，以保证训练效果。

4.有氧系统训练

乒乓球运动员在击球瞬间进行的是无氧运动，体内会堆积大量的乳酸，而在此过程中穿插的有氧运动则能有效排除体内的大量乳酸，一方面防止身体因为乳酸堆积产生酸中毒，另一方面能让运动员继续维持较高强度的运动。有氧运动能力越强，运动员身体机能恢复得越快，不仅包括运动后身体机能的恢复，还包括运动中身体机能的恢复。

在乒乓球运动员训练过程中，可以将无氧阈（即无氧界限，指有氧代谢尚未需要无氧代谢补充供能时的最大摄氧量值）作为专项耐力训练时的强度指标。将血乳酸浓度稳定在 0.234 g/L 的训练强度最为合适，更加有利于运动员身体机能有氧耐力的提高，因为在这种运动强度水平下，运动员运动半个小时内血乳酸的浓度一般不会进一步提升。因此，在进行专项耐力训练过程中，可以根据血乳酸浓度的值找到适合于个人的训练强度，即个人无氧阈，然后以此为开端进行耐力训练，经过一定训练之后，再进行血乳酸浓度测试，从而根据浓度的变化改变个人无氧阈，调整最合适的训练强度。这种方式能逐步提升运动员的耐力素质。

（二）以运动机能为依据

耐力训练一般无法单独进行，可以针对不同的运动机能，采取不同的耐力训练模式。

1.力量耐力训练

将耐力训练和力量训练结合起来就是力量耐力训练，可以在提高身体力量机能的基础上，逐步提升耐力。可采用多球训练法进行连续拉球、攻球或扣杀，甚至可以结合铁质球拍练习，一般每组 30 秒，间隔 15～30 秒再进行下一组，以 3 到 5 组为佳；也可以用铁质球拍进行徒手挥臂训练，在做正手和反手攻和拉的动作时，需要有明显的加速，一般每组 30～50 次挥拍，间隔半分钟到 1 分钟再进行下一组，以 3 到 5 组为佳。

2. 速度耐力训练

将速度训练和耐力训练结合起来就是速度耐力训练，即在训练过程中保证速度、保证动作标准性的同时进行计量或计时。比如进行 1 分钟以上组合技术的手法及步法结合练习，如左右步法和推攻技术结合的左推右攻、综合步法和推挡攻技术结合的推挡侧身攻后扑右角、前后步法和削球技术结合的正反手削长短球等，需要在保证动作质量和速度的前提下，逐步增加时间，以 30 分钟为上限；也可以在球台侧面进行端线间步法移动训练，以一定速度的节奏为基础做 1 分钟到 3 分钟的各种步法练习；还可以用多球训练法进行移动中连续扣杀训练，在训练步法和扣杀技巧的同时提高耐力素质，以 200～300 个球为一组。速度耐力训练的各种方法都需要以动作标准、速度有保证为基础。

3. 综合耐力训练

综合耐力训练分为两种。一种是采用实战比赛训练的模式，采用和国际大赛类似的强度和标准，进行多场次、高强度的连续数天的比赛，从而在提高运动员耐力素质的同时，让运动员感受比赛的氛围和节奏，并完善比赛中的技战术；另一种是小场地耐力性球类比赛，如足球或篮球，要求运动员保持精力充沛，对输掉比赛一方可以加罚一定程度的训练。

第六节 乒乓球专项速度素质训练

现如今乒乓球运动的发展越来越趋向于快速进攻，需要运动员抢时间进行突击夺得比赛的主动，这就需要以运动员的专项速度素质作为依托。乒乓球运动对运动员各方面的速度要求都非常高，首先比赛中球体在飞行过程中的速度要求运动员必须拥有与其匹配的反应速度，瞬间观察球路、分析球状态、进行战术计划等都属于反应速度；其次是移动速度，乒乓球在飞行过程中速度极快，也就意味着留给运动员移动的时间极短，要在极短的时间内移动到合适的位置以及做出击球前的正确准备姿势，需要运动员有极高的移动速度；最后则是动作速度，运动员要想将自己瞬间分析来球后所采用的战术有效实施出来，就必须拥有极高的动作速度，以便准确而快速地完成击球，同时需要以极快的速度还原身体动作，方便连续击球。

在乒乓球运动员的整体身体机能之中，身体的力量、耐力以及神经灵敏度都会影响专项速度的发挥，整体来说乒乓球运动就是运动员需要在特定的时间内做出反应，然后进行特定的位移，最终进行特定的动作完成击球的过程。乒乓球专项速度素质则体现了运动员完成特定专项动作时的竞技速度，可见专项速度素质在乒乓球运动中的重要性。运动员的专项速度素质包含如此多的方面，但真正影响运动员发挥的，却不是运动员的长项速度，而是弱项速度，这种特点可以用木桶效应理解。木桶效应即一个木桶能盛放水的量并不是由最长的木条决定的，而是由最短的木条决定的。乒乓球运动中的专项速度同样如此，如果运动员专项速度的某因素很差，即使其他专项速度因素超出他人一大截，该运动员的整体专项速度也会比其他运动员差。

一、影响专项速度素质的因素

（一）专项速度源于一般速度

对乒乓球运动员而言，速度被分为一般速度和专项速度，专项速度是运动员执行技术动作、进行移动、完成战术时速度的外在表现。专项速度必然需要以运动员的一般速度为基础，两者之间是即统一又矛盾的关系。相对来说，一般速度更能代表运动员的基本身体机能情况，而专项速度则体现为在完成技术动作过程中参与击球动作的所有肌肉群力量的募集能力、力量的传递方式和力量的快速释放能力，任何局部肌肉的力量和力量的传递方式都和基本身体机能相关。因此，在训练中首先要认清一般速度和专项速度的关系，然后在遵循人体运动力学规律和训练学规律的基础上进行有效训练，使两种速度相互促进共同提高，这才是速度素质提高的最佳办法。

（二）速度源于力量

在任何运动中，速度都是和力量相辅相成的，没有足够的力量进行支撑，速度无论如何也不会得到巨大的提高。力量越大，运动员的内部肌肉就越容易克服来自内外的各种阻力，从而产生快速地收缩速度。对于乒乓球运动而言更是如此，一般移动速度快、弹跳力强的运动员腿部的力量必然较强，这里说的力量是综合力量，需要结合腿部全部肌肉的质量来看待。击球时挥臂的速度也是由腰背部以及肩部、上臂、前臂、手腕等部位的肌肉力量决定的，力量越大的运动员，其肌肉组织的横断面越大，同时肌肉纤维的质量也越高，肌肉纤维韧性越强，肌肉的收缩和拉伸力越大。因此，想要提升专项速度，首先要提高运动员各部分肌肉的力量，否则追求速度就成了无根之水，无处也无法进行提升。

（三）保持速度源于耐力

拥有了足够的力量，按常理而言就能产生足够的速度，然而速度并非能一直维持在最高速度，这就需要运动员身体机能中的耐力来支撑。乒乓球运动员的训练和比赛使他们每天的运动量都极大，在体力充沛时速度自然能得以保证，但当耐力不够、体力不足时速度自然会急剧下滑，一旦耐力不足，运动员不管在训练还是在比赛中所展现出的状态将会和之前有很大差别。因此，虽然运动员提高和获得速度很重要，但保持速度也异常重要，而保持速度就要加强耐力训练，尤其在高强度、高节奏的世界大赛中，耐力更好的运动员到后期更容易取得好成绩。

（四）综合速度源于韧度

足够的力量能带给运动员足够的爆发力和瞬间速度，很好的耐力能让运动员长时间保持一定的速度，但在乒乓球运动过程中运动员的综合速度，包括运动员的步法移动速度、准备和完成动作的速度以及还原动作的速度等，与运动员身体机能的韧度密切相关，即运动员的肌肉弹性以及力量传递过程中主动肌与对抗肌之间协调交替的能力。运动员在完成某个动作过程中，除去反应因素、力量因素、耐力因素以及肌肉的弹性和协调交替能力，还有一个重要的因素影响着身体的综合速度，那就是力量的传递，即关节的韧度和灵活度。比如，在完成步法移动过程中，膝关节的柔韧性在大幅度步法中的作用极其明显，膝关节的柔韧性在很大程度上影响着位移速度，而腰椎关节、脊柱关节、肩关节和肘关节以及腕关节的柔韧性则在很大程度上影响着技术动作的标准程度和动作速度。因此，在训练专项速度过程中，还需要安排一定程度的身体关节柔韧性训练。

二、专项速度素质训练方法

"快、准、狠、变、转"为中国乒乓球运动五字指导思想，其中"快"就源于专项速度素质。可见专项速度在乒乓球运动中具有十分重要的地位，要想针对性地对运动员进行专项速度素质的训练，就需要清楚速度主要体现在反应速度、动作速度和移动速度三个方面。其中反应速度是针对运动员的神经系统而言的，动作速度是针对击球时运动员腰部以上躯干和上肢运动而言的，而移动速度则主要针对髋部和下肢运动而言。

（一）反应速度训练

乒乓球运动员的反应速度和运动员本身的神经系统灵敏度以及专项灵敏素质有关，运动员的灵敏反应就是神经系统在受到外界条件的刺激之后产生的传导兴奋所形成的结果，一般来说对外界刺激感受越灵敏，传导兴奋的反射系统越快，那么运动员的反应速度就越快，相对应身体行动速度也就越快。在乒乓球运动中，每一板球的速度都是异常迅速的，所以运动员从进入训练场和赛场的那一刻起，就需要保持精神的高度集中，需要对外界的任何变化以及对手的任何一个细微动作保持高度关注，从而对自身的神经系统产生足够的刺激，让其具有强烈的反应。在神经系统灵敏度较高的情况下，运动员就可以支配身体各个系统进行有节奏且动作迅捷的运动。对于运动员而言，提高神经系统的反射和反应速度是提高专项速度的第一要素。

（1）可以在颠球训练过程中，加入跑动和特殊信号，比如在颠球跑动中根据信号进行急停或急跑、急速转向跑、急速后退跑等，在此过程中可逐渐提升特殊信号出现的速率，以此锻炼运动员的反应速度。

（2）可以在小碎步训练过程中，在调整重心时根据信号做各个方向的挥拍击球动作，动作需要标准且无误；也可以在徒手模仿击球动作的过程中，根据信号改变击球动作，比如以几种特殊手势作为攻球、搓球、推挡、削球和拉弧圈球的信号，要求运动员看到手势后下一板改变动作。

（3）可以在多球训练过程中，不用球拍击球，而是将球连续抛到运动员的各个方向及位置，由运动员在这些球落地之前用手接住，也可以用不定位、不定性、不定时的多球练习锻炼运动员的判断能力和还击能力。

（二）动作速度训练

在乒乓球运动中，运动员的动作速度主要指击球前身体到位后上肢摆动完成击球动作的速度，也被称为运动员的摆速。很多时候，运动员在击球前不仅会判断和分析来球情况并制定击球方案，在实施击球动作时也会针对性地遮掩自身的动作，比如在击球的瞬间才会进行细微调整以改变击球方式，但在对手眼中运动员的击球动作可能是另外一种技术动作，这也是一种用以迷惑对手的战术手段。只是实施这种手段需要极为敏捷和精准的动作以及极高的摆速。

最寻常的摆速练习就是在动作准确且速度较为均衡的情况下，多次反复进行单一动作的重复练习，不管是乒乓球的单一技术动作还是结合技术动作均可以用重复练习的方式提高摆速。所秉承的训练指导思想就是熟能生巧，而且在重复过程中，还需要应用定时计算数量或定量计算时间的方法，逐步提高强度，从而让运动员的摆速提升。

也可以通过阻力训练提升运动员的摆速，可以在执拍手的手臂上拉上皮筋增加完成动作的阻力，或者以实心球等较重的球为训练工具进行投掷训练，此训练过程也需要定时计算数量或定量计算时间，之后逐步提高强度。

还可以采用多球训练法，在供球时调整给球的速率和方向，让运动员适应球速变化从而快速完成动作，实现摆速的提升。这种方法可以融合正反手技术动作的练习，一方面提升摆速，另一方面锤炼运动员的基本技术。

（三）移动速度训练

乒乓球运动员在移动的过程中，不但位置变化会耗费时间，而且启动身体和还原身体也需要花费不少的时间，所以提升移动速度除了要提升运动员各种步法、弹跳、蹬跨的速度，还需要锻炼移动前后的启动和还原的速度。启动主要包括蹬地发力、对准目标方向、调整身体姿态三个部分，每个部分所用时间和身体的反应速度息息相关，启动速度快才能争取到更多的时间，从而快速主动击球或者弥补判断中出现的误差；还原则主要包括放松身体、回拍和调整身体姿态三个部分，每个部分考验的是身体对节奏的控制能力，还原速度快能让身体快速进入恰当的位置，不给自己留下明显的空当，从而减少对手攻击弱点的机会。一般情况下移动速度训练和反应速度训练会结合进行。

可以在教练的信号变动中调整自身的步法启动方式和做变化方向的移动练习；也可以用移步换球或8字踩点的步法移动进行专门的身体移动速度训练；还可以单独训练各种步法以及完善各种步法的相互融合，以球台为范围进行定时计数或定数计时训练，逐步压缩规定时间，提升移动速度。

多球练习时可以刻意增加供球距离，增大方向变动的幅度，缩短供球的时间，从而让运动员在击球时加快步法移动的速度，此种训练方法需要在运动员全力以赴的状态下进行，比较考验教练员在训练过程中对运动员身体情况的把控能力。

非步法移动练习结合步法移动练习，可以先进行大阻力场地中的起蹬和回蹬动作练习，比如在沙坑、草地或锯末跑道等柔软材质的（添加）路面上进行；也可以负重蛙跳或负重变向蛙跳；还可以双跳绳变频率跳绳练习。这些训练手段在进行数组之后可以结合基本步法或某套步法动作进行练习。

三、专项速度素质训练关键点

（一）注重力量和韧性促进专项速度素质

力量是专项速度提升的基础，韧性则是专项综合速度提升的关键，因此在进行专项速度素质训练时首先需要注意力量的锻炼，拥有了足够力量才能获取足够的爆发力，从而得到快速力量。其次需要注意韧性的发展，韧性锻炼能给力量和专项速度之间架起一道桥梁，没有足够的韧性，力量再大也不容易转变为速度。最后则是增加阻力锻炼和增加肌肉合力的锻炼，阻力锻炼能促进肌肉的精准操作，而增加肌肉合力锻炼能提高力量的利用率，是将力量转化为速度的有效方法。这几项结合起来，才能更快地提升专项速度。

（二）注重身体机能年龄化特征

专项速度的大幅度提高在很大程度上受限于年龄因素，比如在少年时期身体处在快速增长期，此时是专项速度提高的黄金期，因为此时运动员的协调能力和神经系统都在快速发展中，在此阶段进行针对性的专项速度训练将起到事半功倍的效果。在 13 岁之前，可以将运动员训练专项速度的重点放在单个动作速度上，并有针对性地利用一切能提高单个动作速度的条件进行训练；在13 岁之后，就可以在保持单个动作速度的基础上，开始提高基础速度和身体力量及韧性的训练，这样科学而有针对性地训练，能最大限度地促进运动员专项速度素质的提升。

（三）预防和消除速度瓶颈

乒乓球运动员在进行专项速度训练过程中，当专项速度达到一定水平后往往会出现提升缓慢甚至无法提升的现象，这一方面是因为运动员的肌肉和神经系统发展到了一定的高度，另一方面则是因为比较固化的训练手段和训练强度已经对运动员的身体无法产生足够的刺激，不能继续提升专项速度。这种现象也被称为速度瓶颈或速度障碍。想预防和克服这种现象的出现，需要注意以下几项内容。

（1）基础训练不能丢。基础训练包括运动员基本技术以及基础身体素质两方面的训练。对乒乓球运动员来说，基础训练应该一直贯穿运动生涯的始终，只有全面提高基础身体素质水平，掌握并完善基本技术，才能为运动员打下坚实的体能基础。

（2）训练手段唯一不变的就是变化。在运动员进行训练过程中，教练员最好能有一定的创新性，使训练手段多样化，时常改变训练的节奏和频率，以便让运动员的神经系统保持灵活多变的条件反射能力，这样既可以让运动员在训练中不会感觉枯燥乏味，也能减缓速度瓶颈的出现。

（3）如果出现了速度瓶颈，就要从根本上寻找造成速度瓶颈的原因，然后有针对性地改变，打破原本固化的神经系统的反射能力，从而激活神经系统的活力。可以通过不同的手段和计划提升身体素质，并改变训练方法，加大训练量和训练强度，以不断突破自身极限为需求，打破已经到来的速度瓶颈。

第九章 乒乓球综合训练方法

第一节 乒乓球运动心理训练

当两位技术水平和战术水平相当，年龄及身体素质、战术意识等不相上下的运动员进行多场比赛时，可能出现两种比赛情况：一种是两人的胜负基本持平，另一种则是一面倒，其中一人输多赢少，而另一人则赢多输少。按常理来说，两人的技术和素质相差不多，最可能出现的结果应该是战况胶着，每个人都有输有赢，且相互差别不大。那为何会出现第二种情况呢？原因就在于两人的心理状态。心理状态是在一定时间范围内心理的变化，即人的主观意识对内外部环境影响因素做出的一系列反应。在乒乓球运动中，主观的心理状态在很大程度上决定着比赛的成绩，保持良好的心理状态，才能最大限度地将自身最强的能力充分展现出来。

一、影响心理状态的因素

影响运动员心理状态的因素有很多，比如情绪波动、环境变化、身体不适、各种心理活动等，这些因素可被划分为外部影响因素、内部影响因素和赛前准备三个方面。

（一）外部影响因素

乒乓球运动本身的行业特性决定了运动员一般都具备极强的求胜心理和证明心理，他们一方面渴望得到成功和人们的认可，另一方面则是期望用胜利验证自己的努力。正因为如此，运动员在比赛时很容易受到外界因素的影响，比如教练、同事、领导、家庭、朋友和无数双关注他们的眼睛。这些都会对运动员造成一定的压力和影响，这部分压力会加大运动员的求胜之心。如果运动员不能及时调整，就容易出现赛前紧张、无法释放压力的情况，这样就容易造成比赛中技术水平、战术能力等各个方面的发挥达不到最佳的水平。亲近人员和熟悉者的影响只是外部因素的一部分，外部因素还包括场地变化、天气阴晴、对手情况以及裁判和观众等多方面的因素，比如得知对手是某个技术水平和能力极高、经验丰富获胜无数的运动员，这无形中就会给运动员带来巨大的心理压力，甚至可能因为对方能针对自己的弱点开展攻击而心理状态一落千丈。以上的每一项因素都有可能对运动员的发挥带来影响。

（二）内部影响因素

内部影响主要体现在赛前和赛中两个阶段。在赛前阶段，运动员自身的心理素质、文化储备、性格特征以及本身的技能水平等各个方面，都有可能对运动员造成影响，但相对来说心理素质影响较大。在赛中阶段，每个运动员在处理关键球或关键局时心理上存在巨大差异。对性格较为外放的运动员来说，其求胜心强，喜欢表现，那么在进行关键球的处理时其心理状态就会比较兴奋，因为他们感觉这是表现的机会，也是胜利的机会，所以兴奋状态会影响到水平的发挥，很可能会使他们最大限度地展现自己甚至超水平展现自己。对自身技能水平并不自信、性格较为内敛的运动员来说，关键球很可能增加他们的紧张度，带给他们极大的压力，如果其心理素质不太强、无法尽快调整，那么他的发挥就很容易受到影响。

（三）赛前准备

这里所说的赛前准备主要是比赛前思想和心理的准备。这一阶段虽然对运动员在比赛场上的发挥有着间接影响，但却极为重要，因为赛前的心理准备在很大程度上会一直影响赛中运动员的心理状态。尤其是当比赛前发现运动员自身和对手的水平相当时，赛前准备的作用就会更加凸显：赛前准备充分则会带给运动员更多自信和兴奋度，从而将这份自信和兴奋度延续到整个赛中阶段，进而影响到运动员对比赛局面的控制，甚至会影响到最终的比赛胜负。很多在比赛中发挥失常或失误的运动员就是因为赛前准备不足才失利的。

二、心理训练的作用

乒乓球运动员的心理训练就是通过各种手段和方法，有意识地对运动员的心理状态进行调整，对其性格特性进行引导和影响，从而让运动员能在了解自己性格特征的基础上，熟练掌握如何调节自身心理状态的各种方法。心理训练在乒乓球运动训练和竞赛中贯穿始终，它本身就是在不断促进运动员心理的成熟和完善，从而让运动员的心理状态能适应训练和比赛，可以让运动员在比赛中以最佳的竞技状态投入战斗。

心理训练可以分为一般心理训练和赛前心理训练两部分，一般心理训练贯穿运动员的运动生涯，而赛前心理训练则主要是在比赛前进行的专门性心理调节训练。

（一）一般心理训练的作用

一般心理训练目的在于提升运动员与乒乓球运动相关的心理因素。第一步就是培养运动队员对乒乓球运动的兴趣和热爱度。毕竟在乒乓球训练过程中，绝大多数时间训练模式和训练方法都是较为无聊和枯燥的，虽然这种训练模式对提升运动员的技战术水平、能力以及性格个性和兴趣等方面有一定的作用，但却会限制运动员自身的情感因素、意志品质以及想象力，对运动员的心理发展和完善并不利。要改变这一状态就需要教练重视一般心理训练，首先将所谓的经验和习惯放在一边，着眼于在心理层面对运动员进行引导和培养，让运动员真正了解到乒乓球运动的特殊性以及有可能遭遇到的心理问题。然后在训练过程中要明白鼓励和批评是相辅相成的，这样做既促进运动员技术的成长和快速提升，又锤炼运动员的心理状态，让运动员能以不断学习、敢于面对难关、不畏失败和愈挫愈勇、奋起直追的心态看待乒乓球运动，让运动员在训练中有目标和期待，并能不断调整自我的心态而快步成长。

（二）赛前心理训练作用

赛前心理训练是在运动员参加比赛之前一段时间，对运动员的心理状态进行训练，一直持续到比赛开始，目的是让运动员在较短的时间内适应紧张气氛，学会自我调节心态的方法，使运动员在比赛中能控制心态，保持较高的神经兴奋度，做到头脑清醒且思维敏捷、心态平稳、斗志旺盛且态度端正，最终得以在比赛中发挥最佳水平。

三、比赛中常见的错误心理状态

（一）过度紧张

当运动员在比赛中无法正确认识比赛，就容易出现过度紧张的心理状态。

一般情况下运动员在比赛前都需要明确本次比赛的定位。比如，第一次参加正规比赛，运动员就需要将心态摆在学习和体验的位置，即为了扩充眼界和了解比赛节奏及气氛，在比赛中则要以熟悉比赛套路、尽最大努力发挥自身最佳技术的心态参加比赛，而不能一开始就将比赛的胜负看得极重，使自身压力或外部压力过大，从而让自己陷入过度紧张的状态。比赛中的过度紧张紧张绝大多数是了解到对手实力过强后而产生的紧张和焦虑，进而可发展为比赛恐惧和抑制心理，外在表现为沉默寡言、不积极不主动、出冷汗且脸色苍白、血压下降、表现消极、求胜欲望极低等。这样的心态容易让运动员在比赛中发挥严重失常，在整个过程中一无所获，甚至严重打击自己的信心，最终陷入一蹶不振的状态。

（二）过度兴奋

如果运动员在赛前兴奋过早，就容易让自己的身体过早进入兴奋状态，导致身体能量提前消耗。一般这种心理状态容易出现在表现欲极强、心理无太大压力、对自己的实力较为有信心的运动员身上。过度兴奋的心理状态容易造成运动员心跳加速、血压升高，甚至在比赛中虽然自己体力充沛、信心十足，但由于过度兴奋而击球用力过大过猛，从而使动作变形，击球效果大大折扣，最终无法发挥出自身最佳水平。更严重的还有在比赛前一天就过度兴奋，致使自身食欲不振、失眠、尿频，对体能严重消耗，容易影响赛场上的发挥。

（三）赛中心理不稳

这种情况在参加比赛较少的运动员身上容易产生。在比赛中若处于比分落后的状态时，经验较少的运动员很容易心理失衡，如对自己的实力产生怀疑，或一直回顾自己失分时的失误和做法，或在比赛中产生消极畏惧心理，从而注意力不集中，瞻前顾后甚至出手时畏首畏尾等；而当比分接近或比赛陷入焦灼状态时，经验不足的运动员则会不知所措，无法正常分析战术和执行战术，甚至盲目急躁致使失误连连等；当比赛得分领先时，他们又容易盲目自信，过于高估自身的实力，导致不按原定计划的战术进行比赛，盲目应战，最终无法发挥实力。

四、心理训练的有效方法

乒乓球运动的心理训练其实就是通过各种心理调控手段，对运动员的心理变化过程和性格心理特征等心理相关因素进行适当的影响和引导，从而让运动员能自发调节心理状态。

（一）放松训练法

一般情况下，运动员在赛前都会处于一定的紧张状态，有些运动员甚至会一直保持在高度备战状态，这会使运动员的身体肌肉一直处于紧张状态，从而造成身体发冷，严重影响运动员真实水平的发挥。遇到这种情况，就可以进行放松训练，使身体和心理相互牵引，以确保运动员身体和心理一起进入放松状态。

1.放松肌肉促进心理放松

通过按摩或转移注意力等方式，让运动员放松肌肉，从而使肌肉释放的能量减少，不再一直处于紧张和兴奋状态。肌肉放松之后，运动员的紧张情绪和心理也会得到一定的缓解。

2.深呼吸调节法

有时运动员进入紧张或兴奋状态后，会出现呼吸短促甚至喘不上气的现象，这时就可以运用平稳深呼吸、减缓呼吸节奏的方式，有意识地调节呼吸频率，减缓紧张和兴奋的心理状态。

3.心理暗示法

运动员可以通过自我语言刺激进行心理暗示，比如过于紧张和兴奋时，用语言暗示自己要沉着冷静、自己能控制好自己等，这种心理暗示需要准确且简便，且不能用带有否定意义的词，如"不要""不行"等。

4.外部发泄法

当心理紧张或兴奋时，运动员也可以通过外部发泄法将情绪释放出去，比如通过嘶吼发泄，这种方法不能在赛中使用，但可以在赛前到独立空间实行。需要注意的是外部发泄法不能采取破坏或攻击性动作，否则很容易造成机体不适甚至受损。

5.教练积极指令法

这种方法比较适合于赛中进行，用以稳定运动员的心理状态。一般运动员都对教练有很高的认可度，这时可以发挥教练对运动员的心理影响力，用积极的指令疏导运动员的心态，比如缓解运动员紧张时可以告诉运动员"我相信你"，当运动员丢分急躁时可以告诉运动员"没关系，集中精神拿回来"等。以积极的指令影响运动员，可以让运动员快速稳定心态，重新进入最佳战斗状态。

相信很多人都对2016年里约奥运会男单四分之一决赛中张继科第一局失

利后教练刘国梁说的话印象深刻："一定要醒醒！得兴奋起来，这是奥运会！"
之后张继科连赢四局一举拿下了比赛。虽说当时刘国梁的这个指令有其特殊的
背景，但这种积极指令的方式却能最大限度地鼓舞运动员，从而使其快速调整
状态。

当然，这些方法在实行过程中还需要视情况及运动员而定，不需要生搬
硬套，只要能起到作用，可以快速调整运动员的心理状态即可。

（二）集中注意力训练

乒乓球运动中球速极快，打法变化多样，击球动作复杂且极为细微，这
些特点要求乒乓球运动员在进行击球时注意力高度集中，否则就容易因为观察
不够准确产生错误的判断，从而失球或陷入被动。集中注意力训练就是对运动
员击球时的专心程度进行锻炼，使其不会被外界因素影响而分心，如在 20 世
纪七八十年代，国际乒乓球联合会曾禁止运动员在发球时跺脚，因为发球跺脚
在某一方面会影响运动员对球路和击球手法的判断。集中注意力训练主要有以
下几种方式：将注意力完全集中到球上，并对球的运动进行观察和具体的描
述，不论是接发球还是其他球，都可以相应地锻炼注意力的集中能力；也可以
将注意力集中到人上，对人的击球动作进行观察和具体的描述；或者在击球过
程中加入外界信息干扰，以此锻炼运动员在击球过程中的抗干扰能力，直到运
动员做到不为外界影响，注意力高度集中在球或人上。集中注意力训练能帮助
运动员保持稳定而冷静的心态，对掌控自身和发挥实力有极大的作用。

（三）模拟训练

模拟训练就是对比赛场景或者在比赛中有可能遇到的情况进行模拟，以
此锤炼运动员的心理状态。首先需要对对手的情况、比赛的环境和条件等方
面进行一定的了解，然后有目的、有针对性地模拟比赛状况，增加运动员适应
环境和对手打法的能力。可以从以下几方面进行模拟训练：场地和环境模拟训
练，还原比赛场景，甚至可以增加一些观众或专业裁判；对手模拟训练，模拟
对手的技术打法、语言、性格等特征，以增加运动员对对手的适应性；错误判
断或失误判断的情况模拟，增强运动员调节心理状态和情绪以及随机应变的能
力；赛点关键球模拟，即模拟赛场上 9：10 落后、10：10 平局、10：8 领
先等不同情况，以加强运动员在处理关键球时的心理承受能力，因为心理状态
对关键球处理影响巨大，此类练习能减少运动员不良心理因素，从而使其以平
稳心态处理关键球，以自身最大的实力应对对手。

运动员进入比赛场地进行比赛时，不管自身的技术和实力还有性格有多稳，都或多或少会受到现场气氛的影响，从而产生紧张、压力或不安等情绪。进行一定的模拟训练能让运动员适应这种特殊情况，从而提高运动员的心理稳定程度。这样在正式比赛时，运动员就能保持更好的平稳心态，发挥出自身最强的实力。模拟训练是乒乓球运动员心理训练中最为主要和核心的训练项目之一。

（四）意志训练

意志训练的主要目的是提高运动员的自我情绪调节能力。在训练初期，应让运动员认清行动的目的，比如，为什么要成为乒乓球运动员，有了明确且清晰的目的，运动员才能在心中树立一根标杆，并持续不断为这个目的努力。这样，当他在训练或比赛中遇到艰苦和磨难时，就会有足够的心理支撑，愿意为了这个志向拼搏。在平时的训练中要刻意增加一些困难，比如设置击球困难，或者改变训练环境和训练对手等，让运动员经受一定的挫折，从而提升运动员的意志力，增强心理稳定度。在平时的训练中还要培养运动员坚强的自我意志，养成自我鼓励、自我督促、自发反省、自主提升的习惯，这样能减少运动员在遇到挫折后产生消极情绪的情况，甚至要告诉运动员人的意志能克服各种困难。当运动员拥有了足够坚韧的意志，在进行心理和情绪调节时就能快速适应，从而发挥出自身最佳的状态。

（五）表象训练

表象训练又被称为念动训练和想象训练，属于心理训练法的一种，具体指的是通过一定的指导，让运动员有意识地利用自己大脑中已经形成的记忆表象，对自身的技术动作进行回顾，从而强化肌肉本体的记忆和感觉，提高对技术动作的控制，还能通过训练加深对正确动作的记忆，有助于同自身动作进行对比，促进自身错误的纠正，能让运动员更快速地掌握动作技术。利用记忆表象对比正确技术动作与自身动作，运动员需要拥有一定的本体感觉，即运动员通过反复训练，使肌肉和中枢神经系统对外界情况变化产生反射性判断和相应的控制行为，类似于一种条件反射。表象训练通过不断对比正确技术动作与自身动作，刺激身体产生条件反射，有助于运动员提高本体感觉，从而促进自身的技术动作向正确的方向快速靠拢。同时，良好的本体感觉还能反过来为表象训练提供最佳的感受，因此表象训练和本体感觉是相互促进、相辅相成的关系。可以在训练技术动作时加入表象训练，以便运动员快速达到规范动作，从而掌握技术动作。

第二节　乒乓球运动步法训练

在乒乓球运动过程中，任何球的线路、落点、力量、弧度和旋转等都不会完全一致，就像全世界不存在两片完全相同的树叶一样，乒乓球运动是一项一直处在变化中的、动态的运动。正因为这种特性，不管是训练中还是比赛中，步法移动就成了其中最为重要的一个训练部分，甚至在进行单线训练时，也不会遇到完全相同的来球，所以击球时必然需要运动员对身体位置进行细微调整。

一、乒乓球步法的重要性

任何乒乓球技术手法想要真正发挥出效用和实力，必然需要熟练而扎实的移动步法配合。如果没有稳定的步法，在进行技术训练时技术动作就无法做到位，做不出高质量的击球，所以步法是整个乒乓球技术的基础。在乒乓球运动中步法移动包含身体启动、范围移动、重心调整转换、身体还原等一系列动作，每一种步法均需要全身上下发挥协调作用，这也是步法重要性的绝对体现。

二、步法与各方面的关系

（一）身体素质与步法

好的身体素质是练就扎实步法的根基，毕竟步法移动依靠腿和脚带动全身动作。腿脚蹬地产生的作用力大小由身体素质决定，而蹬地作用力的大小又决定了反作用力的大小，从而决定了步法移动时的效果。因此，想练好步法首先需要具有好的身体素质，身体素质也是乒乓球运动的根本，不管是步法还是技术，或者是战术和意志以及心理，都或多或少和运动员的身体素质有一定关系。

（二）身体重心与步法

步法的移动的本质就是人身体的重心移动过程，练就稳定而扎实的步法的目的是拥有平稳而快速的重心移动能力。在步法移动过程中，支撑重心的腿的主要作用是发力，例如进行踏、蹬、碾、跳等动作；而不支撑重心的腿则主要用于调整方向和转移重心，它没办法做强发力动作，但却可以抬步和改变方向。步法移动的根本就是重心在支撑腿和非支撑腿之间的不断转换，只有重心转换平稳而快速，身体才能移动得轻松、灵活和准确，才能创造出良好的移动条件，从而能准确完整地进行击球动作。重心转换的外在表现就是我们所看到的步法，所以步法的核心就是重心转换。

（三）躯干与步法

人的躯干负责发挥整体协调性和身体灵活性以及保证平衡性。协调性是躯干协调身体各个部位，使各部位在击球中发挥作用作用，其中步法就属于躯干协调过程的源头，毕竟有了移动和腿脚发力，才能从下到上完整发挥出身体各部位的力量进行击球。平衡性则是通过躯干的协调作用来保证步法移动时身体重心处在平衡状态，以及在击球时保持合理的姿势并使动作快速还原。灵活性则是通过躯干的调节平衡的作用，达到重心灵敏而快速的变化，使身体随着步法移动产生灵活的变化和做出灵活的动作。躯干和步法相互补充并且相互关联，因此在进行步法锻炼时也需要关注躯干的配合作用。

（四）手法与步法

乒乓球技术不仅包含手法技术，还包括了部分步法技术，击球手法要想到位和合理化，就需要以步法到位和合理为前提，通过步法移动到最有利的位置，同时用步法和躯干调整好重心，保持平稳性，之后才能靠手法保证击球技术的正常发挥。步法在技术动作中属于基础，有了基础，才能把灵巧的手法和运动智慧结合起来进行合理的击球，发挥出技术动作的最大威力。因此，在进行技法训练时，不能仅从手法上进行训练和改变，还需要考虑到步法对技术动作的影响，只有协同进步，才能让技术动作快速提升。

三、步法移动时常出现的问题

步法移动时容易出现的问题主要体现在两个方面。

（一）判断能力

合理和准确地对球路进行判断是步法移动快速且到位的根本，如果判断错误，即使步法移动得再准确合理，也无法真正移动到最佳击球位置。

想提高判断力从而提升步法移动的准确性和合理性，第一步是在平时的训练中注意集中力的锻炼，要集中精力盯紧球或对手，善于从对方击球的动作、拍面角度的变化、发力的模式和击球的声音等方面判断来球的落点和旋转方式以及力度，或者关注球体的运动轨迹、旋转特性以及飞行路线和速度等，准确观察球的特性，提高判断能力和反应能力；第二步是不能盲目被动地移动，而应该对来球加以判断，并进行快速思考，找准时机移动至最佳击球位置进行反击。

（二）动作跟不上思路

对来球有了准确的判断、确定了击球思路后，下一步就是开始行动。但是，有些运动员进行步法移动时动作无法跟上思路，动作启动慢，致使身体无法到达最有利的位置，只能勉强击球，最终因击球动作变形影响击球效果。步法移动启动慢的最主要原因是蹬地和移动重心的习惯不够好，这需要在训练中向运动员强调重心的转移，然后规范蹬地发力的步法动作，可以在移动前先上体微微前倾，两膝自然弯曲，用前脚掌着地发力，这样下肢会比较有弹性，发力迅速且启动变快。

四、步法移动的训练方法

步法移动的训练方法主要有两个方面，一个是步法意识的训练，另一个是步法动作的训练。步法意识是步法动作标准化和快速化的前提，因此在进行步法动作训练之前需要先锻炼步法意识。

（一）步法意识的训练

1. 提前意识

不能等到来球快要到跟前时才进行步法移动。运动员必须拥有提前意识，即先对来球的位置和情况做出预判，再进行步法移动。料敌为先才能真正把握住场上的主动性。

2. 击球点意识

提前意识有助于提前确定准确击球的身体位置，而击球点意识则用来找准球拍击球时球所处的空间位置。拥有击球点意识即可对来球位置和情况进行预判。运动员应加强对球的旋转、路线、力量和击球时间的理论认知，只有有了扎实的理论知识才能进行分析和判断，从而得出准确的击球点，进而针对性地进行步法移动。

3. 连续击球意识

乒乓球运动不是靠一击定胜负的运动项目，很多时候击球之后对方会进行回击，甚至会增加各种技术动作提高对手接球的难度，所以运动员必须要有连续击球的意识，即要明确意识到击球后必须快速进行重心转换，还原身体姿势，集中注意力关注对手击球的情况，然后再次移动步法做出下一次击球前的准备动作。毕竟乒乓球运动节奏很快，来球的频率极高，运动员只有做到每球必争、每分必争，才能更好地把握住得分的机会。

（二）步法动作的训练

乒乓球步法动作的训练分为单一步法训练和复式步法训练两种，其中单一步法训练属于步法动作训练的基础，是准确完成各种击球技术动作的保障。单一步法训练没有太大的技巧性，主要靠的是熟能生巧，通过反复练习单一步法动作不断加深对其的印象，比如结合左推右攻技术训练并步、结合反手训练侧身步、结合扑正手训练交叉步、结合削近台训练跨步等，也可以运用多球训练法强化单一步法的熟练度和移动速度及步调，直到单一步法逐渐成为稳定的条件反射为止。而复式步法将各种单一步法以不同方式进行了组合，是比赛场上主要用到的步法，所以复式步法才是步法动作训练的重点。一般复式步法训练多运用多球训练法结合特定技术以满足步法训练的密度和强度。

1.正手大角攻球或拉球训练

受运动员身体结构的影响，一般情况下正手比反手更容易发力，也更有杀伤力。而随着乒乓球规则的完善，现如今乒乓球的球速下降、转速降低，所以比赛中回合数往往会增加，运动员要想在相持时获得更多正手出手的机会，步法移动必须配合到位。可以采用正手进行两大角攻球或拉球的训练，即供球者向受训者全台两个大角依次交叉供球，或者用多球训练机械向受训者两个大角依次供球，这样能锻炼运动员左右并步或跨步的步法动作。

2.中路侧身攻正手训练

乒乓球运动中出现中路来球的概率并不低，面对中路来球时，根据运动员常规站位，一种方式是反手回击，另一种方式则是结合步法移动进行侧身回击。根据世界顶尖运动员的表现，我们可以发现90%以上的高水平运动员处理中路球时都采用侧身正手进攻，毕竟正手失误较少且能力较强，所以在步法训练中要逐步培养运动员侧身使用正手处理中路球的意识。可以让供球者依次给受训者的中路、反手和正手直线大角供三个球，受训者必须全部用正手进行处理，这就要求受训者必须依靠步法动作来保证正手动作的准确性和击球质量。在这种球路训练中运动员侧身时多采用并步结合后交叉步，然后扑正手时则多采用前交叉步，将两者结合起来训练能加强运动员后交叉步和前交叉步转换及调节的能力，有助于其掌握其中的细微技巧，从而能快速调整重心或控制重心转换。

3. 推挡侧身扑正手训练

当来球偏向中路时可以采用侧身攻正手，但如果角度过大无法直接侧身用正手处理时，就可以采用反手推挡，然后转侧身再进行正手攻击的方式。而且在对两面弧圈球打法逐步熟悉后，一些顶级运动员的反手进攻能力会越来越强。对手反手进攻最为常见的回球就属于大角度球，所以运动员必须锻炼用反手牵制对方攻势，然后寻找机会用侧身扑正手进行大杀伤力攻击的能力。推挡侧身扑正手的训练要求运动员有正反手衔接并转换的能力，同时需要结合并步、后交叉步、前交叉步再前交叉步的步法动作进行动作的衔接。该训练能提升运动员全台大范围反手和正手交换衔接的能力，也能提升步法调节转换的能力。

4. 正反手前后训练

虽然乒乓球运动中左右移动进行击球的频率极高，但同样会有大量力量变化和旋转变化形成的长短球，这就需要运动员具备前后移动的步法能力。可以采用正手一个短球接一个长球或反手一个短球接一个长球的方式，训练运动员前后快速移动的步法。主要训练的步法为跳步和跨步。长短球交接时，运动员需要向前跳步或跨步以及向后跳步或跨步，在训练过程中还可以不断变化击球节奏，从而综合锻炼运动员对击球节奏的掌控能力。另外，可以增加难度，将正反手结合起来一起进行训练，从而锻炼运动员连续正反手击球和进行步法移动的能力。

乒乓球运动具有极强的灵活性和变化性，在具体比赛中步法的组合方式也会多种多样，因此在训练过程中还可以结合运动员自身的特点和比赛实际情况适当调整步法动作训练方法，以达到运动员能全面掌握各种步法动作并且能快速合理地对各种步法进行组合的目的。另外，还需要培养运动员把控步法节奏和调节步法节奏的能力。把控步法节奏能让运动员快速适应多变的球路，使击球时的移动和击球的动作衔接更顺畅，过渡更自然；而调节步法节奏能让运动员在不影响自身发挥的情况下，快速而恰当地处理各种刁钻球路，并能迅速调整状态，摆脱被动。

第三节　乒乓球运动间歇训练法

间歇训练法的重点在于间歇，即利用训练的不同间歇时间促进运动员训练能力的提升。这种训练法对训练的负荷强度、间歇的具体时间、训练的动作结构等都具有非常严格的要求，需要在受训运动员的身体机能未完全恢复的状态下反复进行练习。因为这种训练方法多用于挖掘身体机能潜力，刺激并提升身体机能，稍有不慎就可能对运动员的身体机能造成一定程度的损伤，因此这种训练法适用于有一定训练基础的运动员，同时需要加强医务监督，确保运动员的健康。

一、间歇训练法对运动员的影响

间歇训练法是全方位提升运动员能力的一种训练手段，它的作用是帮助运动员适应比赛的高强度和强对抗性，提高运动员的身体素质和适应能力，提高运动员在训练和实战过程中技战术的稳定性和熟练程度。

（一）提升心肺功能

在严格控制间歇训练过程的基础上，让运动员不断锤炼自身的身体机能，从而有效提升运动员的心肺功能，用以满足乒乓球运动过程中有氧运动和无氧运动的需要，满足运动员激烈运动时身体对输氧的需求。

（二）适应比赛状态

乒乓球运动员在比赛过程中，有时会进行持续数天的高强度运动，这无疑会使运动员的身体机能状态以及恢复能力大幅度降低。在未完全恢复身体机能的状态下进行比赛可能会成为高强度比赛后期阶段的常态，而控制间歇时间能让运动员的身体机能处于和比赛后期阶段类似的状态，从而助其适应比赛的节奏，确保其在身体机能未完全恢复时也能正常发挥自身的实力。

（三）提高机体耐酸性

乒乓球运动中主要的供能方式是以糖酵解供能为代表的有氧和无氧混合代谢，这个过程会让运动员的身体产生大量的乳酸，从而使机体疲劳感加重。严格控制间歇时间和多次重复性训练能让运动员在保证身体机能不受损的情况下适应机体内存储一定量的乳酸，从而提高机体的耐酸性。

（四）提高机体混合供能系统

不同类型的间歇训练方法能促使无氧代谢系统和有氧代谢系统的有效统一，从而提高机体混合供能系统的能力，为运动员打造更为适应比赛模式的身体。

二、间歇训练法注意事项

虽然间歇训练法能为运动员提供巨大的帮助，但其生效的前提依旧是采用科学而严谨的手段，避免运动员在机体受损的情况下进行训练。

由于每个运动员的身体机能、素质水平不同，因此在专项素质提升时出现的问题有所不同，采用相同训练方式时对体能提升的效果也有所不同。在进行间歇训练时一定要根据不同的个体进行细微的调整，以最适合个体的方式进行有计划的训练。

一般间歇训练的间歇时间取决于个体的心率，只有在严格控制的基础上调整训练计划，才能让运动员得到提升。比如，当运动员的心率降低到每分钟120 ~ 140次时，就需要让运动员继续进行训练，若心率降低到此数值之下，训练要变为普通重复性训练。间歇训练的效果除了和间歇时间有关，还和训练强度、负荷量以及训练组数有关。训练强度应该以提高训练密度和平均训练强度为前提，不能过大或过小；而训练时间则取决于训练强度，随着训练强度的增大，训练时间应缩短。因此，针对不同运动员需要精心设计训练内容，采取不同的负荷和训练强度及组数，这样才能有针对性地提高训练效果。

在间歇训练过程中，还需要不断细微调整实施方案的细节，比如可以变换各因素参数，以便更契合运动员的实际情况。新方案实施后也需要不断观察和了解运动员的情况，有针对性地逐步完善，比如实施一段时间新方案后，运动员的身体机能和技战术都有了一定提高，那么就需要增加训练难度，促使运动员再次提高。

采用间歇训练法必须加强医务监督以及运动员机能评定，医务监督可避免运动员机体受损，运动员机能评定来评估实施的训练方案是否适合，避免运动员的机体过度疲劳。

三、间歇训练法的实施方案

间歇训练法经过细微差别设计，可以分为三种训练方案，即发展性间歇训练方案、强化性间歇训练方案和高强性间歇训练方案。每种训练方案都可以针对身体机能或技战术进行对应训练。

（一）发展性间歇训练方案

发展性间歇训练中针对身体机能的训练模式主要侧重提高运动员有氧代谢系统的能力以及对心肺功能的强化。这种训练方案相对负荷强度较小，只是负荷时间较长，能提升运动员身体的载氧能力，从而提升运动员有氧耐力，而有氧耐力是无氧耐力的基础。此方案的特点是训练时间至少要 5 分钟以上，负荷强度则控制在每分钟心率 160 次左右，一组训练结束后，以运动员心率降到每分钟 120 次为下一组训练的开始，以两组训练为准。比如可以进行 5 分钟跳绳间歇训练或 5 分钟综合素质间歇训练。

而针对技战术的发展性间歇训练主要侧重提高组合技术能力且全面锻炼技术动作，负荷强度变化比较大，负荷时间也比较长。比如可以用多球训练法进行两组，每组 3 分钟，或进行两组配合性实战训练，每组 10 分钟。

（二）强化性间歇训练方案

强化性间歇训练针对身体机能的训练方案能很好地提升运动员的体能，尤其可以提升速度耐力和力量耐力，一般每组训练的训练时间是 40 秒到 3 分钟。速度耐力训练时强度可以略低于比赛强度；而力量耐力训练时可以将负荷强度控制在每分钟心率 170 或 180 次，同样以心率降到每分钟 120 次为下一组训练的开始。可以采用 400 米冲刺跑的方式锻炼速度耐力，以 3 组为准；也进行杠铃高翻锻炼力量耐力，负重为最大力量的一半，以 3 组为准，每组 20 次；还可以针对整体专项素质进行立卧撑跳训练，以 3 组为准，每组 1 分钟。

强化性间歇训练针对技战术的训练方案将组合技术动作和身体的速度耐力和力量耐力结合起来，能提高运动员在高强度对抗中有效使用技术动作的能力。针对不同负荷程度的技术动作，该方案可被细分为以下两种不同的方案。一种方案用以提高负荷强度适中的技术动作，可以提升身体有氧代谢和无氧代谢混合代谢系统的供能能力以及在此供能状态下身体的力量和速度耐力。具体训练方案为挥铁质球拍或举哑铃，球拍或哑铃的重量为普通球拍的 6 至 7 倍，运动员的负荷心率控制在每分钟 170 次，3 组为准，每组 3 分钟；还可以进行 3 组以 3 分钟为限的模拟实战训练。另一种方案用以提高负荷强度较高的技术动作，可以提高身体以糖酵解供能为主的供能能力和在其供能状态下身体的力量和速度耐力。具体训练方案为见光训练，即在身体四肢上安装感应器，在屏幕上投影出四个角代表四肢，灯亮时运动员快速触碰相应肢体的感应器进行灭灯，训练负荷心率控制在每分钟 180 次，每组 1 分钟进行 3 组；或者进行听声训练，即先进入接发球站位然后听口令迅速做相应动作，训练负荷心率同样控制在每分钟 180 次，每组 1 分钟进行 3 组。

（三）高强性间歇训练方案

高强性间歇训练针对身体机能的训练方案能提高运动员完成动作的速度和力量，从而提高运动员在比赛场上进行激烈对抗的能力。高强性间歇训练每次练习的负荷时间都较短，对力量的负荷强度要求较小但对速度的负荷强度要求较大，负荷心率控制在每分钟 190 次左右，负荷时间控制在 50 秒以下，以心率降到每分钟 120 次为下一组训练开始。具体训练方法以专项素质训练为代表，比如移步快速换球、10 米快速移动、徒手快速挥臂等，均以 50 秒为 1 组练习 3 组。

高强性间歇训练针对技战术的训练方案则能提高运动员技术动作的熟练度和动作的稳定性，以及提高运动员在运动中的速度、爆发力以及耐力，能提高运动员 ATP-CP 系统和乳酸能系统供能的能力。训练特点以负荷强度较大、负荷密度较高为主，负荷心率控制在每分钟 190 次，负荷时间控制在 20 ～ 40 秒，以心率降到每分钟 120 次为下一组训练的开始。具体训练方法可以是反手推挡训练或正手对攻练习或拉冲快带弧圈球训练，均以 40 秒为 1 组练习 3 组。

乒乓球运动中实行间歇训练法能很好地提高运动员的心肺供能和技战术的熟练度及稳定性，能让运动员比较快速地适应比赛的对抗强度和体能需求，从而在一定程度上提高运动员的实战能力。最需要注意的是在进行间歇训练法的过程中，必须密切关注运动员的身体状态，避免因为训练计划不合理或不契合运动员身体状态而损伤其身体机能。另外，需要注意的是在比赛备战阶段，要有计划地提高负荷强度以让运动员适应比赛节奏。

第四节　乒乓球不同练习法在训练中的应用

乒乓球练习法属于教学范畴的一种实用方法，即在教学中根据任务有目的地反复练习某项动作从而让运动员掌握的方法。练习法虽然种类繁多，但其特性却极为明显：其一是任何练习法都需要持续一定时间，且需要根据实际情况调整练习频率，其二是每一种练习法都需要有一定的目的性，需要完成和解决一定的问题。

练习法需要遵循循序渐进、逐步提高的宗旨，首先以简单的要求提高运动员对练习法的兴趣，之后再逐步加深难度，从而达到提高各种技术动作的目的。因为各种练习法需要不断重复进行，所以会比较枯燥和无聊，但对于运动员来说，各种练习法能促进运动员身体形成动作记忆，从而形成良好的本体感觉，同时能加强运动员对各技术动作的理解深度。练习法其实可以将乒乓球运动中大多数的训练方法囊括其中，比如常见的多球训练法就属于练习法的一种，这里我们介绍几种尚未详细介绍的练习法，以方便教学和帮助运动员自主练习。

一、徒手练习法

徒手练习法属于较为基础却应用频率较高的一种练习方法，即仅仅手持球拍却不进行击球，以此锻炼各种技术动作，熟悉技术动作的过程、感觉和挥拍的轨迹。徒手练习会让运动员将注意力集中在技术动作上，有利于运动员记忆正确技术动作，若能配合表象训练法则能促使运动员快速形成动力定型，并改正错误动作，更快地掌握规范的技术动作。徒手练习法较为方便的一点是可以对复杂的技术动作进行分解，能有效降低掌握技术动作的难度，也有益于正确和快速掌握技术动作。

（一）单一技术动作徒手练习

在初步接触乒乓球运动时，运动员对乒乓球技术动作并不了解，不论对其中的原理还是对关键动作以及特点都处于懵懂状态。单一技术动作徒手练习就是为了让初接触乒乓球运动的运动员快速了解技术动作的特点，从而在头脑中建立起正确的动作概念，然后通过简单而单一的反复练习和教练的示范及对不规范动作的纠正，掌握正确的技术动作。单一技术动作不仅包括手法技术动作，还包括基本步法的技术动作。单一技术动作徒手练习主要以反复练习单一的技术动作或分解的单一技术动作为主，可以更直观、更迅速地对错误和问题进行改正和解决，能有效帮助运动员打牢技术动作的基础。

（二）组合技术动作徒手练习

当单一技术动作徒手练习拥有一定效果之后，比如技术动作已经足够标准，就可以将两个单一技术动作进行组合进行徒手练习，比如推挡侧身、左推右攻等。随着对动作熟悉度和掌握程度的提升，训练还可以结合步法将多个单一技术动作组合起来，提高步法和手法技术动作的衔接流畅度和熟练度。

（三）定点徒手练习

定点徒手练习就是在无球的状态下，想象来球落点是一个固定不变的点，这样能让运动员不去考虑球的落点问题，而将主要注意力集中在技术动作的正确性和标准性上，从而有利于运动员快速掌握技术动作，为形成自身技术动作体系打下基础。定点徒手练习可从单一技术动作开始练习，然后组合技术动作，再加入一些变化技术动作的命令，以便练习某些技术动作的衔接，让练习过程有一定的节奏。

（四）移动徒手练习

移动徒手练习指在以上练习的基础上加入手法和步法的相互配合与衔接，比如将定点徒手练习中想象的来球落点进行变动，或定多点依次完成技术动作，从而提高手法和步法的配合以及增强移动的意识。

二、重复练习法

通过徒手练习法掌握一定的技术动作之后，运动员就需要逐步过渡到有球训练中，毕竟无球的徒手练习只是讲究动作的标准和正确，却无法根据现实来球的情况进行调整，所以想真正熟悉和掌握技术动作，就不能只靠徒手练习法，还需要和有球练习有机结合。重复练习法是在一些固定条件的基础上进行不断反复的练习，可以将其看成徒手练习法的升级版。

重复练习法需要遵循循序渐进的原则，比如先练习单一技术动作，供球线路、落点、节奏、力量等相对不变，让运动员快速适应来球和回击的技术动作，对其有一定掌握后，再变化某一条件，让运动员能更精细化地感受技术动作的变化，同时熟悉来球的变化。重复练习法可以作为徒手练习法向有球训练的关键性过渡，让运动员能用正确标准的技术动作完成击球，当增加来球变化后，还能让运动员快速适应乒乓球运动的特性，从而真正掌控技术动作。不过重复练习法较为枯燥，容易降低练习者的兴趣，所以可以和其他能提升兴趣的练习法结合使用。重复练习法对供球者的水平要求比较高，毕竟每一次供球都需要将球喂到准确的点位，否则就容易因为供球落点不准致使练习者动作走形或错误，若不及时纠正甚至会造成练习者的错误技术动作动力定型，从而拉低练习效果。

三、循环练习法

循环练习法偏向训练身体体能，但同时能训练技术动作和步法动作。循环练习法即设定两个有一定规则和局部性以及针对性的位置，让练习者通过一定的手段和方法在两者之间反复循环，形成一个闭环，从而达到提高身体素质以及巩固技术动作的目的。比如，可以设定在球台一端模仿某个具体动作，如正手攻球，首先手扶球台进行推撑，之后俯卧抬腿，再利用并步和跨步沿球台边线挪动到球台对面一端，再进行正手攻球模仿，之后重复以上动作，形成循环。这种练习法能提升训练密度，可以提高运动员的身体素质和体能，同时能有效发展某个专项素质和技术动作。在循环过程中需要注意每个动作尽量做到符合标准和要求，从而提高技术动作的质量和稳定性，对耐力提高和巩固动作质量有很好的作用。循环练习法以练习者不致疲劳为界限，属于次极限强度的训练方法，所以一定要控制好循环的量，避免因为运动员疲劳而产生机体损伤。循环练习法可以采用不同的较为多变的内容方式，分块对运动员的身体机能和技术动作进行锻炼，可以根据不同的场地、器材条件、人群等设计循环练习内容。另外需要注意其中的动作项目应从较为简单和难度不大且容易掌握的动作为主，可以促进练习者快速熟悉和掌握这些动作。

四、变化练习法

变化练习法其实包括了很多已有的训练模式，但相应地也可以根据实际情况进行内容设定，比如可以针对运动员的某一项弱点技术动作或某几项弱点技术动作进行加强性练习，如将来球的节奏、落点、旋转、速度和力量设定为按一定规律的变化，也可以设定为随机变化。在初期可以以有规律和单线的变化形式为主，让运动员先熟悉和适应，然后逐步提高难度，进行多线或无规律的变化。多线和无规律的变化练习模式已经接近实战状态，可以提高运动员对实战的适应能力和加固技术动作的衔接。当然，变化练习法对供球者的要求极高，最简单的变化练习法就是陪练训练，以陪练自身特点击球，类似于乒乓球的实战过招，让练习者体会到真正的实战感觉，提升运动员的整体素质和比赛适应力。另外需要注意的是，采用这种练习法的运动员需要拥有较为扎实和牢固的技术动作基础，否则变化练习法会影响运动员的技术动作准确性，甚至会令练习者的技术动作发生变形和错误。因此，可以将变化练习法视为练习法中较为专业和高级的练习方式，主要针对已经具有完备基础的运动员，对其进行针对性的提高。

　　以上各种不同的练习法虽然难度不同，但依旧有其练习的规律，比如初期阶段需要通过示范和讲解让练习者熟悉基础，可以不用完全理解技术动作的规律，主要为了提升练习者接受外界刺激的能力，属于简单的泛化熟悉过程，在这一阶段最重要的是实现动作的标准化，为后续训练打下扎实的基础；中期阶段属于逐渐进入正轨的阶段，练习者已经对乒乓球技术动作的内在规律有了一定理解，甚至能在练习中有意识地将身体的多余动作或不协调动作逐步消除和改正，从而能较为顺利和连贯地完成整套技术动作，此阶段练习者已经初步建立了动力定型，只是并不够稳固，还需要加强和反复练习，所以练习时要注意主动改正一些较为细微的错误动作，让动作更为精准；后期阶段属于巩固和提高阶段，此时练习者的运动条件反射系统已经基本稳固，开始逐步形成肌肉的动作记忆，所以能出现一定的动作自动完成的现象，此阶段主要用以巩固条件反射系统以及动作记忆，并在巩固的过程中逐渐提高自身对各种情况来球的判断和反应能力，形成自身独特的动作系统和风格。

　　这三个阶段是递进的，又是相互促进的，而且最终的巩固和提高阶段并非运动员训练生涯的一个阶段，而是贯穿其整个运动生涯。毕竟当技术动作达到一定阶段后，再进行提升就需要依靠一定的经验和对现实情况的把握，需要具体情况具体分析，就如同乒乓球运动的规则一直在发展，若仅靠以前的技术手段和战术方法，很可能会被对手快速甩开，因此只能不断进步、不断提高、永不停歇、不断努力，保证自身的能力维持在高水平，并跟上变化的步伐。

第十章　乒乓球项目教学与训练中常见问题解答

一、乒乓球训练，为什么特别注重单一技术的规范性

乒乓球运动作为一项体育项目，是集身体灵敏度、身体协调性和反应速度、战略意识于一体的综合型运动项目。运动员只有将以上几项协调统一、完美融合，才能在乒乓球竞技中发挥最大的实力。

万丈高楼平地起，千里之行始于足下，任何高超技术和战术的实施，都是建立在基础技术规范和标准之上的。乒乓球运动的基础技术是单一技术，如果将乒乓球运动看成一栋建筑，那么单一技术就是这栋建筑最坚实也最不起眼的地基，若没有扎实且规范的地基，地面之上的高层建筑就会如水中浮萍，当遇到稍微大些的风雨就会站立不稳，甚至最终彻底崩塌。因此，在乒乓球训练之中，必须特别注重单一技术的规范性和准确性，单一技术就是乒乓球运动中所有技术动作的基本单元，比如发球，普通的平发球、奔球等看似并不重要，威力也并不起眼，但是若没有这些基础，一些高难度的发球技术根本无法实施。

首先，单一技术是构成结合技术的根基，而相对而言单一技术的质量往往决定着结合技术水平的高低。如今的单一技术总结和归纳了数十年来乒乓球运动前辈的广泛经验，具有极强的普及度和规范性。虽然进行单一技术学习时，有些极为细微的动作会因为个体因素的不同而有所变化，但整体的协调性和标准性却必须要有所规范，否则会严重影响单一技术的质量，从而影响结合技术的质量。

其次，在训练之中，单一技术往往是贯穿整个运动生涯的基础训练，如果没有规范单一技术或达不到单一技术的准确性要求，这往往意味着运动员的基础多多少少存在一些细小的瑕疵，这些细微的瑕疵虽然看起来不起眼，但经过数年乃至十数年的锤炼，就会成为巨大的弱点。随着时间的推移，瑕疵也会逐渐成为结合技术中异常不和谐的因素，在运动员遭遇意外事件或巨大压力时，这些不和谐因素就很可能爆发，从而影响技术的发挥和水平的展示。

再次，大部分单一技术不仅仅包含击球的动作，还包括步法的移动以及对环境的观察和判断。整体而言，单一技术是通过标准的执拍和挥拍动作，对球进行控制和支配，然后结合基本步法的移动，再通过对环境和来球的观察和判断，最终形成的协调性技术。虽然单一技术只是结合技术的基础，但它依旧是由多种基本元素组成的，若在训练之中无法实现单一技术的规范性，就很可能影响运动员对球的控制和支配，同样会造成步法的不合理，导致观察和判断产生误差，还会破坏其基本元素的动作规范性，从而产生更多的问题。

最后，单一技术看似基础，但能锻炼运动员的战斗意识、身体素质和反应能力。如果不注意单一技术的规范性，就无法形成行而有效的战斗意识，也会出现或多或少的错误应激反应，甚至还会因为动作的不规范造成身体损伤，从而影响身体素质的提升和锤炼。

综上，单一技术的重要性不言而喻，若想让自己的乒乓球运动水平得到快速而平稳地提升，在训练中就必须注重单一技术的规范性。有了扎实的基础，运动员才能拥有良好的身体素质、灵敏的反应速度以及较高的技术水平，形成战斗意识，从而在竞技中发挥出自身最强的水平。

二、少儿乒乓球启蒙阶段先练反手球还是先练正手球

乒乓球运动员想要创造良好的运动成绩和锤炼出扎实的技术技巧，就必须经过长期且系统和科学的针对性训练，因此大部分乒乓球运动员都是从少儿时期开始进行启蒙训练的，然后随着年龄的增长和身体的发育，再系统地进行训练强化提高。

少儿时期的启蒙训练尤为重要，因为此时期属于练就基础，打造身体素质，培养乒乓球意识的关键阶段。少儿时期大脑皮层对外界刺激的神经灵敏度极高，且少儿对新鲜事物的接受度也比较高，又处于高速学习阶段，善于模仿；少儿的身体骨骼、肌肉、内脏器官、神经系统等各个方面都处于高速生长阶段，身体灵活性好、可塑性高。因此，少儿启蒙阶段训练不但能促进少儿身体素质的基础提升和潜力挖掘，还能通过全面而基础的训练，让少儿的力量锻炼均衡起来，同时对速度和耐力的提高有促进作用，并且能激活少儿神经灵敏度，锻炼身体柔韧度，使其更轻松地掌握基本技术，最终收到事半功倍的效果。但是相对来说，少儿时期大脑皮层的兴奋度与抑制功能并不均衡，比较容

易受到外界因素的影响，此阶段学习技术不够稳定，技术动作也容易变形。同时，少儿时期身体和神经系统处于发育阶段，还无法承担大负荷的训练和激烈的比赛。因此，在少儿启蒙阶段，练习乒乓球应该以基本技术为重点，做技术动作的正确定型训练，不能急功近利，否则形成错误动作或错误思维后，将会对以后的训练产生极大的障碍和影响。

从这个角度分析，少儿阶段应该关注的是基本技术动作的准确性和乒乓球意识的正确性。而针对在启蒙阶段先练正手还是先练反手，在社会上有各种不同的看法和理由，有的认为应该先练正手，因为正手比反手具有更大的进攻优势，是今后比赛的重要得分点，且对发力和基本技术的掌握都有一定的帮助；有的则认为应该先练反手，因为动作幅度小，反手技术动作较为简单，易掌握；有的则认为只要技术动作准确、标准、规范，那么先练正手还是先练反手没有太大区别。

对于先练正手还是先练反手，各种看法层出不穷，可以说各有各的理由，各有各的侧重，那么到底应该先练哪种呢？从科学的角度分析，针对少儿启蒙阶段的训练需要结合少儿的身体情况以及正反手的难易程度开展，同时需要考虑正手和反手最大的差别，综合考虑才能得出最佳的结论。

首先，从正反手的技术需求和身体构造分析。

正手位在乒乓球运动中属于较为契合身体发力模式和身体构造的方位。一般来说正手位的技术动作更轻松和简单一些，练好正手位的基本技术动作较为容易，可学好正手技术让其拥有足够的威力并能随机应变运用该技术却较为困难。另外，正手位更需要发力技巧，学会发力才能让正手位的技术更加具有威胁性。

反手位虽然对身体构造和发力模式来说较为别扭，但相对而言反手位的动作幅度小，能极好地锻炼手腕和手指的灵活度，而且反手位属于运动员的弱势方位，练好反手位能补全技术的短板，让运动员拥有相对全面的技术基础，不至于在比赛中被针对。另外，反手位虽然发力困难，但却比较容易借力，能通过较为轻松的方法处理各种不同的来球。

相对而言，正手位的基本技术动作掌控起来更为轻松和简单，也就是说在基础阶段正手位占有一定优势；而反手位能补全技术短板，从而让运动员的技术动作更加完善，所以也不能不重视。

其次，从熟悉竞技五要素的容易程度分析。

乒乓球运动的竞技五要素分别是力量、速度、旋转、弧线和落点，只有对这五要素有足够的了解和认识，并在训练中有意识地熟悉，逐渐对五要素有一定感觉后，才能说拥有了一定的技术功底，毕竟所有的技术动作都是为竞技服务的。相对来说，用正手位感受竞技五要素会更简单一些，毕竟正手位的活动空间较大，而且进行动作练习时更加自由，发力过程也更加简单，感受也更加明显，所以在感受发力、体验球速和旋转等方面更占优势。而落点的熟悉则需要正反手相配合，毕竟作为竞技要素，球的落点一般都在不断变化之中，正手位和反手位都会遇到。

整体而言，在少儿乒乓球启蒙阶段，应该先练正手，但先练正手不是主练正手，而是在启蒙阶段，通过正手体验更为细微和敏感的感受，熟悉球感，快速领悟判断来球的力量、速度和旋转的方式。当对这些要素有一定掌握之后，则需要穿插反手练习。这时少儿对来球的要素已有一定了解，所以练习反手会更简单一些，能通过小幅度的动作变化感受反手击球的过程。先练正手再练反手是建立在所有的动作结构和身体的协调性及流畅性都已经有所掌控的基础之上的，即对基本技术动作、基本步法移动等都已非常熟练，并且能根据一定的需求进行相应的组合。认为应先练反手的理由和解释，比如较为简单、容易掌握等，其实都是建立在基本动作已经形成、对来球的感觉已经较为敏感的基础上，也就是正手练习掌握球感之后才会进行反手动作练习，这也是有人说反手更为简单的原因。

三、在技术形成的初级阶段，如何处理单项技术练习与组合技术练习的关系，如何训练

乒乓球运动员在技术形成的初级阶段已熟练掌握了单项技术和组合技术，开始进入学习新的技术动作，或通过现实情况进行技术动作的自发组合阶段，即正在进入自身技术风格的养成阶段。

在此阶段，单项技术和组合技术的练习依旧不能停止，可以适当减少基础技术动作的训练强度，但仍然需要不断加深基础技术动作的锻炼。因为在形成自身技术风格的养成阶段，运动员的技术水平还处于从基础规范性动作向实践性动作过渡的阶段，想让这个过渡阶段更轻松更省力，就需要在保证基本技术动作规范的基础上，融入自己的技术打法，比如多种单项技术的变相组合，其中必然还需要加入步法移动以及身体重心调整和各方面协调的技巧。在这种环境下，规范的基本技术动作能让动作组合更加轻松，也能让身体更加协调，从而加快自身风格的技术形成过程。

另外，单项技术和组合技术包含的多数是较为枯燥和固定的技术动作，而想要形成带有自身风格的技术打法，就需要以灵活和多变的方式训练，将枯

燥固定的技术动作和不固定的移动、重心转移等技术结合起来，以快速适应从固定模式向动态模式过渡的阶段。比如，可以采用单球训练的方式，由教练进行喂球，采用较为有规律的球路、落点和旋转，促使运动员将技术动作和步法移动以及对来球的判断等有机结合，在这个过程中基本技术动作若有偏差，教练一定要及时指出并更改。经过过渡期，就可以有针对性地进行技术动作的多项融合训练了。

最后，根据自身的特点和情况，摸索出最适合自身的技术打法。比如，在过渡训练中，如果运动员脚步灵活且思维敏捷，就可以建议他尝试快攻型打法，若运动员能快速适应或快速提升，说明快攻型打法较为适合他；如果运动员体能较好，力量充沛，善于中远台控球，就可以建议他尝试弧圈球结合快攻型打法。也可以说，在进行单项技术和组合技术训练时，运动员还仅仅处于动作规范和模仿阶段，重在熟悉球感和纠正基本技术动作；但在技术动作开始形成的初级阶段，首先要跳出原本的模仿观念牢笼，结合自身的特征和优势进行有效的转变，最终形成具有个人风格的技术习惯。

当然，即便个人风格技术习惯已经形成，单项技术和组合技术的基本训练依旧不能停止，因为这些技术动作是乒乓球运动的基础。这一方面是为了不断加深肌肉记忆，另一方面是为了不断弥补自身技术动作方面的漏洞和缺陷，从而完善自身的技术打法，从基础上进行提高。

四、在乒乓球训练和比赛中，遇到握拍不舒服的情况怎么处理

在乒乓球训练和比赛中，如果遇到握拍不舒服的情况首先需要分析清楚到底是做基本技术动作时握拍不舒服，还是进行技术动作转换时握拍不舒服，比如正手转反手或反手转正手。

对于乒乓球运动的握拍动作，从长远角度考虑运动员需要在初期熟悉技术动作时就选定直握拍还是横握拍，然后在后期的训练和比赛中不再进行变化，以便形成习惯，最终形成属于自己的技术风格和打法风格。当然，确定握拍法之后，还需要选择球拍，因为如今的乒乓球规则并未对球拍底板和拍柄形状进行比较统一的要求。如今常见的乒乓球球拍根据底板手柄的不同分为四种：直板短手柄，即 CS，特征是手柄较短，上粗下窄，使用时正手能发挥手腕的灵活多变性；横板长直柄，即 ST，特征是手柄上下粗细均匀，且手柄较长，使用时适合正反手的转换；横板收腰柄，即 FL，特征是手柄较长，但上粗下窄，类似直板短手柄的加长版，使用时正手发力顺畅，力量较大，但发球时有些不方便发力；横板葫芦柄，即 AN，特征是手柄呈葫芦状波浪，粗细有

所变动，属于最符合人体工程学的一种手柄。根据不同生产厂家品牌，乒乓球球拍的手柄还分为圆柱形和扁平两种。当然，专业球拍的手柄多为圆柱形，另外拍面也有椭圆正圆两种，因此在选择时需要针对个人感受和挥板时的舒服程度进行相应的选择。

如果在训练和比赛中发现做基本技术动作时握拍不舒服，那么就要看是因为自身的基本技术动作不规范，还是因为自己不适应。若是因为动作不规范，就需要重新将动作规范化、标准化，需要用强度较高的训练进行纠正；若是因为自己不适应，那就需要克服这种感觉，需要在确保基本技术动作标准和规范的基础上逐渐形成肌肉记忆，转变对标准基本技术动作的感受，最终形成规范的技术动作。

如果在训练和比赛中发现进行技术动作转换时握拍不舒服，先要确定在转换技术动作的过程中是否存在动作不规范和不标准的问题，若存在则进行纠正，若并无动作问题，那就进行详细分析，寻找到底是哪里出现了问题。比如，执拍时手指发力动作存在问题，可以根据自己的发力模式进行细微调整，前提是动作必须规范；在进行技术动作转换时，重心转换和上肢动作不协调，可以通过专项身体训练逐步改善；正反手转换时拇指位置移动不合理，可以通过发力模式进行细微的调整，在保证不影响技术动作规范以及不影响击球的情况下，进行拇指移动的调整；步法移动和上肢动作结合不科学或不熟练，可以通过加强步法移动的熟练度解决，找准两者相结合的最佳时机，弱化握拍的不舒服感。

五、如何进行特长技术和短板技术训练

在乒乓球运动中，运动员的技术风格和自身条件有很大的关系，完全全面发展的运动员较少，一般运动员都有特长技术和短板技术。

在进行训练时，要合理安排特长技术和短板技术的训练。特长技术是运动员的重点突出技能和主要得分手段，当然需要加强训练。特长技术是运动员自身的长项，在训练时必须保持稳定性，不能自以为某项技术更好、更容易得分就欣然学习甚至花费极大的精力去训练，却疏于对自己长技术的加强和保持，从而造成高不成低不就。另外，对于自身的特长技术，运动员需要不断进行一定程度的创新，但不能完全改变自己的风格，比如运动员擅长台内短控，那就不要非让他加强两面相持的能力；若运动员擅长近台搓攻，那就不要非让他加强弧圈球中远台拉攻的能力。技术风格的调整不仅会花费极多的时间，而且会削弱自身的特长优势，最终不但会因为精力和特长不契合致使无法快速掌

控新技术，还会因为在自身特长技术的基础上加入了不符合自己风格的技术打法，造成技术风格产生偏斜，从而丢失特长技术。

对于短板技术，运动员既然知道其是自身的弱点，就需要在训练中不断加强，弥补自身的短板，也可以以发挥特长的方式弥补自身的短板，比如自身属于进攻类打法风格，在防守方面存在一定的短板，那在训练之中就不必要求自己的防守技术达到炉火纯青的地步，不必达到攻防结合毫无弱项，而应在尽量加强防守技术训练的同时，以进攻手段弱化防守技术，或者提高自身以攻对守的意识和技术水平，使自己短板的影响尽量小一些。当然，对于极明显的弱点和短项，必须重视，一定要尽快且尽量加强，防止其成为比赛中对手的突破口，但不要将其作为自己的主要得分手段。在训练过程中一定要分清主次，以全力发挥自身优势靠特长技术得分为主，以尽力弥补弱势、填补自身空白为辅。只有合理安排特长技术和短板技术的训练，才能在比赛中扬长避短，游刃有余。

六、如何处理进攻技术训练和防守技术训练间的矛盾关系

在任何体育竞技，进攻与防守、主动和被动、优势与劣势、顺势与困境相互交替出现。乒乓球运动中这种交替更为快速，也许上一板还处于优势，但对手的回球就可能让己方瞬间陷入劣势。因此，乒乓球运动的一切技术和战术都是围绕着进攻和防守设计的，比如远近结合、发球抢攻和接发球抢攻等。不过与足球或篮球之类运动不同，乒乓球竞技不仅进攻能得分，防守同样可以得分，因此乒乓球运动更倾向于控场，即以自己的技术手段达到控制对手节奏从而战胜对手的目的。也可以说，乒乓球运动中虽然分出了进攻技术和防守技术，但并没有绝对的靠进攻取胜或靠防守取胜这一说法，而是借助进攻技术和防守技术的相互交替操控对手节奏，最终使自身战术得以实施，从而获胜。

不仅乒乓球运动的每场竞技是进攻与防守的结合体，每一板球的争夺也都是进攻与防守技术的综合运用，比如对手的来球属于进攻技术，己方进行回球时既能用防守技术回球也能用进攻技术回球，具体如何实施则根据比赛中的具体情况具体分析，但必须要清楚一点：乒乓球竞技回球采用进攻还是防守技术并非关键，战胜对手或使对手失误也属于成功，乒乓球竞技的最终目的就是每一板球都能得分。

因此，在训练过程中不要纠结于到底偏向进攻技术还是偏向防守技术，而应该做到进攻中有防守、防守中有进攻，进攻是为了让对方难以防守，而防守是为了增加对方的进攻难度，从而为自己创造得分的机会。在乒乓球运动

中，进攻与防守属于矛盾却又统一的结合体。

在进行乒乓球训练时，一旦明确了最终目的就不需要纠结到底该进行进攻训练还是防守训练，而应该将攻防技术统一看待，最终想要达到的结果就是不管采用进攻技术还是防守技术，核心都是提高击球或回球的绝对质量。从竞技五要素的角度分析，乒乓球竞技中每一板球的五要素都是相互联系、相互影响并相互制约、相互促进的关系，进攻和防守也就是运动员在击球时运用五要素能力的过程。

如今乒乓球运动已经进入了大球时代，大球意味着想让回球具备更高的速度和旋转，就要加大力量，力量成了回球质量的基础。对于近台快攻型运动员来说，加大力量能让球获得更快地飞行速度，从而以"快"获取优势；而对弧圈球型运动员或削球运动员来说，加大力量是为了让回球获得更大的旋转强度，借旋转的变化控制场上的比赛节奏，获取最终的优势。从这两种打法来看，近台快攻型运动员主打的是快，也可以说更偏向于进攻技术，球速快和变化快是这种打法的关键，快速的进攻和快速的变化能让对手陷入被动，回球质量容易降低；而削球型运动员则主打旋转，更偏向于防守技术，但是击球旋转的变化能让球产生各种各样的球路偏转，让对方回球困难，使对方陷入较大的判断混乱，能打乱对手击球的节奏。虽然从技术角度看削球型运动员更偏向于防守，但从击球的效果和特点上看削球型运动员同样偏重于进攻，因为给对手造成更多困难就是为了给自己提供进攻的机会。从这个角度讲，乒乓球运动并没有绝对的进攻技术和绝对的防守技术，更多的是攻守兼备的技术打法风格。

在乒乓球竞技中，不管进攻技术还是防守技术，都有着主动和被动的区别，主动的进攻能充分发挥进攻的凶猛和优势，但被动的进攻则属于消极进攻，容易让看似进攻的动作最终成了防守，甚至直接失去比赛的控制权。防守技术也是如此，主动的防守具有进攻的效果，也就是给对手创造足够多的麻烦和困难，让己方对比赛节奏拥有控制权，而被动的防守则是被动挨打的局面，即通过被动防守防止丢分。在如今的乒乓球竞技过程中，运动员的技术手段和战术意识已经完备，要想在比赛中取得绝对的控制权，就必须在态度上积极主动，以主动的心态抉择是进攻还是防守。

通过以上分析，我们知道不管是进攻型运动员还是防守型运动员，真正需要做到的是攻守结合，甚至攻守相互转换。要做到这一点，首先需要了解进攻技术和防守技术的根本：各种基本技术的熟练有效运用和组合，即运动员控制球和反控制球的能力。只有运动员能熟练且灵活地运用各种基本技术，具有积极主动战斗态度，并且拥有足够的心理素质和身体素质，才能在比赛中成为主控制方，占据比赛优势，获得胜利。

七、如何看待训练时技术规范性与比赛时技术变形之间的矛盾关系

很多运动员在进行训练时，对技术动作的规范性和准确度把握得很好，但是一进入实战或比赛中有些技术动作就会完全变形。针对这个问题可以从以下几个角度分析。

首先是训练的量变和质变。训练时技术动作能达到标准，但比赛中却完全变形，原因在于训练的量已经达到，技术的熟练度已经很高，但依旧还没有实现质变，即技术动作还未成为运动员自身的肌肉记忆或者条件反射，训练仅仅处于量的积累状态，训练的效果并未完全展现出来，再加上比赛时较紧张，比赛中出现技术变形就不足为怪了。

其次是训练的方法和模式。在训练过程中，要熟练掌握基础技术动作需要的是苦练，但达到一定的程度之后，就需要有技巧地训练，比如增加一些变化的元素以进一步熟悉技术动作，提升应变能力。在技术动作熟悉阶段，多数运动员都是通过发球机或多球训练方式来快速熟悉技术动作，虽然在这个过程中动作已经足够规范，但这只是技术动作定型的基础，还完全达不到熟能生巧的地步。动作熟悉之后，还应该增加下一阶段的递进练习，比如进行单球训练，用同样的技术动作回击不同形式的来球，以此锤炼运动员的应变能力。再进一步则需要结合步法移动融合上肢和下肢技术动作，毕竟在比赛过程中没有一板球是完全相同的。结合完步法训练就需要结合不同基本技术动作组合，先进行定点组合，即固定站位时多种技术动作的组合，然后加入步法，进行不定点组合。总之就是完善训练方法和模式，将原本完全定点和固化的技术动作练习，变成灵活化、移动化的练习，从而提高身体的适应能力，为后期的比赛打下坚实的基础。

最后则是实战训练。在进行实战训练之前，可以先进行来球观察能力和预判能力的训练，比如根据不同来球采用不同的组合技术进行处理，锻炼自身的盯球和预判能力；然后进行模拟实战，即按一定模式对赛事进行模拟，在此过程中提高对来球情况的认知和判断水平，灵活多变地运用技术；之后和不同风格、不同特点、不同水平的对手进行实战比赛，这个过程一方面能让运动员体会到比赛的紧张氛围，熟悉比赛的规则，另一方面则能熟悉各种不同技术风格的打法，锤炼自身的技术动作应用技巧。

综合以上三点，训练时技术动作规范但比赛时技术动作变形的处理方法用三个字总结就是"量、活、战"，层层递进才能练就扎实的基础技术并将其

运用到比赛之中。

八、如何看待训练和比赛之间关系

乒乓球运动中的训练，究其根本还是一种手段，而比赛则是验证训练结果和运动员技术的最终方式。训练之时，运动员没有相应的紧张感和应变性，而比赛则考验着运动员的身体素质、技术水平、战术意识和应变能力。训练能提高运动员的身体素质和技术水平，但真正能将运动员的战术意识、应变能力以及战斗力激发出来的手段，只有比赛，即比赛结果能展示出训练和实战的差距，从比赛结果能找出运动员的弱点和尚不完备之处，以便之后更有针对性地开展训练。在运动员技术水平提升之路上，训练和比赛是相互联系的有机整体，缺一不可。

乒乓球训练不仅仅要有技术训练，还应有身体训练和战术训练。

技术训练是基础。技术训练首先是为了让运动员快速建立动力定型，形成对相关基本技术的肌肉记忆，对动作的规范性和准确性有非常高的要求，但是对击球的效果并不太看重；其次在动力定型的基础上，进行动作协调性训练，即在动作规范和标准的基础上，增加击球的准确性和变化性，比如采用规律训练和无规律训练结合的方法，能有效提高运动员快速分析来球性能的能力，也有利于运动员对技术进行系统整合；最后则根据不同的来球性能，进行专项技术训练，提高运动员的应变能力。

身体训练是保障。身体训练是为了让运动员可以适应高强度、高运动量的比赛。首先进行普通身体素质训练，以有效提高运动员的力量、速度、耐力和灵敏度，可以通过有效的训练手段，不断挖掘运动员的身体体能潜力。其次进行专项训练，以最大限度发挥运动员乒乓球运动能力，比如专项力量，其并非简单的力量训练，而是结合力量的运用和发力的手法，快速改变身体重心，有效提高身体的协调度；比如专项速度，其并非依靠类似田径训练的方法就能获得提升，只有提高运动员的反应速度和身体应激速度，将这些速度有效结合起来，才能加快击球速度和移动速度；比如专项耐力训练，也并非靠简单的马拉松式训练就能获得提高，而应采用科学的手段，让运动员适应乒乓球运动中有氧运动和无氧运动，同时增加身体的恢复速度以及耐乳酸能力，为运动员参加高强度的比赛打下坚实的基础；比如专项灵敏，也并非简单的提高身体的外在反应速度，而是在提升身体韧性的基础上，提升对身体细微肌肉的微控能力，以及观察能力和判断能力，将这几方面融合起来才能提升身体的专项灵敏。

最后进行战术训练。战术训练分为战术计划和战术意识两方面针对不同的现实情况，对比赛进行战术安排，然后在执行战术计划的过程中，通过分析和判断，针对比赛中的变化快速制定新的战术规划并实施。战术训练需要通过比赛和实战来实现，在一场场比赛和实战中，不断对场上的情况进行分析，提出应对方案，考察自身的做法是否最佳，然后通过反思和修正再次进行训练，掌握之后再进行比赛和实战，即将训练和比赛相结合，最终完善自身的战术和意识。

综上所述，训练和比赛是相互促进、相互完善和相互提高的必经过程，在乒乓球运动中，训练和比赛哪一项都不能少，仅训练无法提高实战能力，而仅进行比赛却不进行反思和针对性训练，则无法快速提升运动员的相关能力。因此，要在训练的基础上结合比赛，通过比赛结果和过程反哺训练，这样才能在不断比赛的过程中更加有针对性和专业性地进行训练，从而使运动员得到快速而有效的提升。

九、在教学过程中，如何解决学生爱打球却不重视技术规范训练的矛盾

在如今的普通乒乓球教学中，多数学生并非专业乒乓球运动员出身，有些学生的乒乓球基础较差，比如基础握拍姿势、站位、预备姿势和基本技术动作都不规范，身体协调性不佳，对乒乓球运动的规则和理论知之甚少，有些错误已成为习惯等。很多学生虽然喜爱乒乓球，但是对技术的规范性并不重视，甚至有些学生认为即使技术动作不规范，照样能打好球。

针对这样的状况，教学工作者首先需要加大理论知识的传授。乒乓球运动理论知识是正确认识乒乓球的基础，虽然看似普通，但其深层的作用却不言而喻。理论知识大部分都较为枯燥，而乒乓球运动本身偏重于实践，所以在传授理论的过程中，可以运用多媒体进行更直观、更精彩的理论讲解，同时可以在实践过程中穿插讲解，比如发球的力学原理、旋转的力学理论等，以及一些较为枯燥的规则和乒乓球术语，这些都可以在进行教学时，以花样教学的方式展示出来。这样既能提高学生的兴趣，也能让他们加深记忆，在脑海中形成理论架构。

其次展示技术规范的重要性。一种方法是通过比赛回顾，对顶级运动员的某场比赛进行解构，从中挖掘出基础技术动作，然后以此作为教学模板进行展示，比如有些学生对某个运动员较为崇拜，但是却对技术规范性不屑一顾，那么教练就可以解构该运动员的比赛视频，让学生清晰地看到其崇拜的运动员

的高超技术一样建立在技术动作规范化的基础上；另一种方法是示范教学，不是简单地向学生展示技术动作的规范，而是将展示和实战结合，比如让学生以不同模式发球，教练采用最基本且规范的技术动作进行处理，让学生看到技术动作规范化的效果，从而让他们明白技术动作规范化的好处和强大，改变他们不重视规范的态度。

最后采用游戏的教学方式，在提升学生兴趣的同时，让他们认识到技术动作规范化的重要性，比如锻炼球感的游戏，让学生认识到执拍动作规范化的重要性。

乒乓球技术动作的规范化是乒乓球运动的核心基础。学生若想通过乒乓球学习提高自身的实力，就要从思想上予以重视，然后在行为上逐步改正，最终做到知行合一，真正实现乒乓球技术水平的提升。自身技术水平得以提升、比赛水准得以提高，学生自然会对乒乓球训练更加期待、更加感兴趣，最终形成良性循环，能自发自主地进行学习和提升。

参考文献

[1] 崔瑞华，于文谦.乒乓球教育与训练[M].大连：辽宁师范大学出版社，2007.

[2] 文世平.现代乒乓球教学与训练[M].长沙：湖南大学出版社，2005.

[3] 程云峰.图解乒乓球基础技术[M].哈尔滨：黑龙江科学技术出版社，1998.

[4] 李铁.乒乓球基础训练[M].哈尔滨：黑龙江人民出版社，2009.

[5] 蔡明枢.乒乓球基本技术与训练[M].广州：广东人民出版社，1990.

[6] 黄静娴.乒乓球竞赛规则演变对乒乓球运动发展影响的研究[D].桂林：广西师范大学,2019.

[7] 毛煜.乒乓球运动竞赛规则演变对乒乓球运动影响的研究[D].西安：西安体育学院,2015.

[8] 成波锦.乒乓球运动创新方法的系统研究[D].北京：北京体育大学,2016.

[9] 储靖之.乒乓球规则演变的多维思考[D].武汉：武汉体育学院,2013.

[10] 张运霞.世界乒乓球运动发展现状及对策的研究[D].武汉：武汉体育学院,2012.

[11] 常芹.走世界乒乓球运动均衡发展之路[D].苏州：苏州大学,2012.

[12] 徐梅.关于规则演变对乒乓球运动技战术发展影响的研究[D].济南：山东体育学院,2012.

[13] 张红玲.当今乒乓球运动技战术发展趋势[D].北京：北京体育大学,2006.

[14] 武睿琪.乒乓球运动发展中的哲学原理探析[D].天津：天津体育学院,2017.

[15] 刘凤梅.世界竞技乒乓球运动发展不平衡现状及对策研究[D].武汉：武汉体育学院,2009.

[16] 马秋萍.乒乓球运动的特点及教育价值研究[D].大连：辽宁师范大学,2010.

[17] 佘竞妍.乒乓球技术体系的分类及效用研究[D].上海：上海体育学院,2010.

[18] 李荣芝.乒乓球运动的历史演进及跨文化传播研究 [D].上海：上海体育学院,2012.

[19] 王娟.影响世界乒乓球技术打法的演进因素研究 [D].北京：北京体育大学,2008.

[20] 刘怀杰.乒乓球技术打法的演进过程及其发展趋势 [D].大连：辽宁师范大学,2011.

[21] 张欣.多球与单球结合练习对乒乓球技术效果影响的实验研究 [D].济南：山东师范大学,2018.

[22] 王磊.近期乒乓球竞赛规则的演变对乒乓球技术和训练的影响 [D].武汉：武汉体育学院,2008.

[23] 刘金增.核心力量训练在乒乓球教学中的应用——以滨州学院体育系专选班为例 [D].成都：成都体育学院,2016.

[24] 许立南.多球训练法在乒乓球组合技战术中的应用 [D].武汉：武汉体育学院,2012.

[25] 成凌霄.表象训练法在小学初学阶段乒乓球教学中的应用研究 [D].西安：西安体育学院,2014.

[26] 梁丽娜.技战术特征反馈训练法提高青少年乒乓球运动员训练效果的研究 [D].上海：上海体育学院,2016.

[27] 王潇.多球训练在乒乓球训练中的实验研究——以多人供球为例 [D].济南：山东体育学院,2014.

[28] 翟星辰.乒乓球运动员削球打法训练方法的研究 [D].郑州：郑州大学,2014.

[29] 刘迪,张冰雨.乒乓球训练中常见运动损伤的致因分析与预防策略 [J].当代体育科技,2017,7(19):6+8.

[30] 许帅.乒乓球教学中的步法教学及训练 [J].农村经济与科技,2017,28(16):294.

[31] 陈宇翔.乒乓球训练中体能训练方法浅谈 [J].时代农机,2018,45(11):139.

[32] 王晟.体育教学中乒乓球训练质量提升路径探索 [J].当代体育科技,2018,8(30):52+56.

[33] 方翔.少儿乒乓球运动员启蒙训练要点探究 [J].运动,2018(19):23-24.

[34] 董莉.少儿乒乓球训练战术意识的探讨 [J].当代体育科技,2019,9(7):38+40.

[35] 孙彬,张瑞勇.乒乓球训练中体能训练方法探讨 [J].当代体育科技,2019,9(14):45+47.

[36] 樊汶桦.青少年乒乓球训练中身体素质训练要点研究 [J].青少年体育,2019(9):102-103.

[37] 梁超明.心理训练在高校乒乓球训练教学中的运用 [J].教育现代化,2019,6(88):219-220.

[38] 张傲.乒乓球运动员的专项素质及其训练 [J].当代体育科技,2019,9(31):60+62.

[39] 方翔.青少年乒乓球训练方法创新研究 [J].青少年体育,2019(12):95-96.

[40] 骆伟勇.多球训练法在少年乒乓球训练中的研究与运用 [J].当代体育科技,2012,2(15):23-24.

[41] 原超.乒乓球训练的探索与研究 [J].当代体育科技,2012,2(10):29-30.

[42] 雷宇.多维视觉乒乓球训练 [J].中国眼镜科技杂志,2013(10):27.

[43] 周宇.多球训练法在高校乒乓球训练中的运用 [J].当代体育科技,2013,3(32):43-44.

[44] 王飞.多球训练法在乒乓球训练中的应用 [J].赤子(上中旬),2015(5):278.

[45] 石霞.多球训练法在高校乒乓球训练中的应用 [J].体育世界(学术版),2015(5):76-77.

[46] 郭路.乒乓球训练中多球训练法的应用探究 [J].当代体育科技,2015,5(15):54-55.

[47] 袁晓阳.间歇训练法在乒乓球运动员基础阶段训练中的应用 [J].运动,2011(8):50-52.

[48] 曹爱斌.普通高校乒乓球训练中体能训练方法研究 [J].搏击(体育论坛),2011,3(8):77-78.

[49] 张利,杨三军.乒乓球运动起源与技战术发展研究进展 [J].体育文化导刊,2016(6):98-99+108.

[50] 钟宇静.世界乒乓球运动可持续发展策略研究 [J].沈阳体育学院学报,2011,30(3):120-123.

[51] 袁玉峰.世界乒乓球运动发展现状与趋势研究 [J].体育文化导刊,2013(6):63-66.

[52] 肖丹丹,苏丕仁,胡宗祥.运动生物力学在乒乓球运动中的应用与展望 [J].北京体育大学学报,2007(10):1381-1382+1391.

[53] 孙成福,吕吉旭.视觉表象训练对乒乓球运动技能效果的影响 [J].哈尔滨体育学院学报,2017,35(4):87-91.

[54] 陈德权,衣雪洁,张东军,等.乒乓球运动中的能量代谢特点与供能系统的评定 [J].南京体育学院学报(自然科学版),2015,14(1):16-21.

[55] 唐建军.乒乓球战术体系:技术动作的战术形成及其运用模式[J].北京体育大学学报,2009,32(4):105-107.

[56] 梁建军.高校乒乓球技术教学方法研究与应用探析[J].安阳工学院学报,2009(6):118-120.

[57] 柯向阳.技术规则变化对乒乓球运动技术影响探究[J].佳木斯职业学院学报,2017(6):363+365.

[58] 赵俊安.乒乓球技术体系的分类及效用研究[J].理论观察,2017(9):174-176.

[59] 何美玲.使用大球对乒乓球技术发展的影响与训练对策[J].当代体育科技,2016,6(2):24+26.

[60] 耿烨,钟建伟.浅析乒乓球技术训练与战术运用[J].当代体育科技,2016,6(17):20-21+23.

[61] 尹忠根,黄淑婷.乒乓球器材革新与技术打法演进的研究[J].青少年体育,2016(9):127-129.

[62] 李嘉睿.乒乓球步法训练中存在的问题及改进策略[J].当代体育科技,2018,8(32):40-41.

[63] 张新.浅析乒乓球新规则对乒乓球技术的影响[J].安徽体育科技,2005(1):29-30.

[64] 马勇.乒乓球技术力学原理分析[J].重庆工学院学报(自然科学版),2007(12):178-180.

[65] 张新.浅析乒乓球技术的创新与竞赛规则的变革[J].辽宁体育科技,2002(3):37-49.

[66] 韩同康.乒乓球的动态特性——旋转与速度相对原理[J].体育科学,1994(6):48-56.

[67] 鲁杰斯.论乒乓球技术与战术意识[J].当代体育科技,2013,3(31):179+181.

[68] 陈露,李振彪,徐君伟,等.有机胶水禁用对乒乓球运动的多维影响及对策研究 [J].沈阳体育学院学报,2008,27(6):103-105.

[69] 汪浩.乒乓球技战术分析与训练[J].安庆师范学院学报(自然科学版),2008(3):117-118.

[70] 刘峰.浅谈物理学原理在乒乓球技术教学中的应用[J].吉林体育学院学报,2008(4):137+140.

[71] 袁海军.近20年乒乓球双打科研现状及发展对策研究[J].学理论,2009(14):217-218.

[72] 孙长武.对乒乓球双打战术训练及运用的研究[J].科学大众,2008(2):108.

[73] 刘健,杨德敏.乒乓球双打训练方法探析[J].当代体育科技,2014,4(6):35+37.

[74] 刘瑞.对乒乓球双打战术训练及运用的研究[J].黑龙江科技信息,2016(25):47.

[75] 林云祥,薛海玲.多球训练法在高校乒乓球队双打训练中的应用分析[J].运动精品,2018,37(8):112+114.

[76] 余保星.乒乓球双打及其训练[J].武汉体育学院学报,2002(3):88-89.

[77] 向小华.乒乓球双打训练方法初探[J].怀化学院学报(自然科学),2006(8):130-131.

[78] 葛平厚.乒乓球双打的步法移动与练习方法[J].安徽体育科技,2000(3):31-32.

[79] 魏利婕,史桂兰.乒乓球削球打法的现状与持续发展的可行性研究[J].北京体育大学学报,2006(12):1709-1711.

[80] 吴忆秋.浅析乒乓球削球打法的技巧[J].湖北体育科技,2011,30(4):415-416.

[81] 宋柄言.心理训练在高校乒乓球教学中的应用探究[J].当代体育科技,2014,4(2):40-41.

[82] 谷云峰.浅析心理素质对高水平乒乓球运动员技战术的影响[J].南京体育学院学报(自然科学版),2014,13(2):100-103.

[83] 郑向千,刘青.略论乒乓球运动的心理训练[J].湖南商学院学报,2004(6):117-118.

[84] 梁超明.心理训练在高校乒乓球训练教学中的运用[J].教育现代化,2019,6(88):219-220.

[85] 胡桃,朱婧.高水平乒乓球运动员心理训练方法及实施效果探究[J].当代体育科技,2016,6(24):21+23.